Knaur.

Marina
Nemat

Ihr
werdet mich
nicht
besiegen

*Eine Christin kämpft gegen
die Schrecken des
iranischen Terrorregimes*

Deutsch von Elisabeth Liebl

von Deiner Freundin

Bubi

zu Deinem Geburtstag

Knaur Taschenbuch Verlag

Die kanadische Originalausgabe erschien 2010 unter dem Titel
»After Teheran. A Life Reclaimed« bei Penguin Canada.

Besuchen Sie uns im Internet:
www.knaur.de

Deutsche Erstausgabe September 2012
Knaur Taschenbuch
© 2010 Marina Nemat
Für die deutschsprachige Ausgabe: © 2010 Knaur Taschenbuch
Ein Unternehmen der Droemerschen Verlagsanstalt
Th. Knaur Nachf. GmbH & Co. KG, München
Alle Rechte vorbehalten. Das Werk darf – auch teilweise –
nur mit Genehmigung des Verlags wiedergegeben werden.
Redaktion: Ariane Novel
Umschlaggestaltung: ZERO Werbeagentur, München
Umschlagabbildung: © Lorella Zanetti
Satz: Adobe InDesign im Verlag
Druck und Bindung: CPI – Clausen & Bosse, Leck
Printed in Germany
ISBN 978-3-426-78444-0

2 4 5 3 1

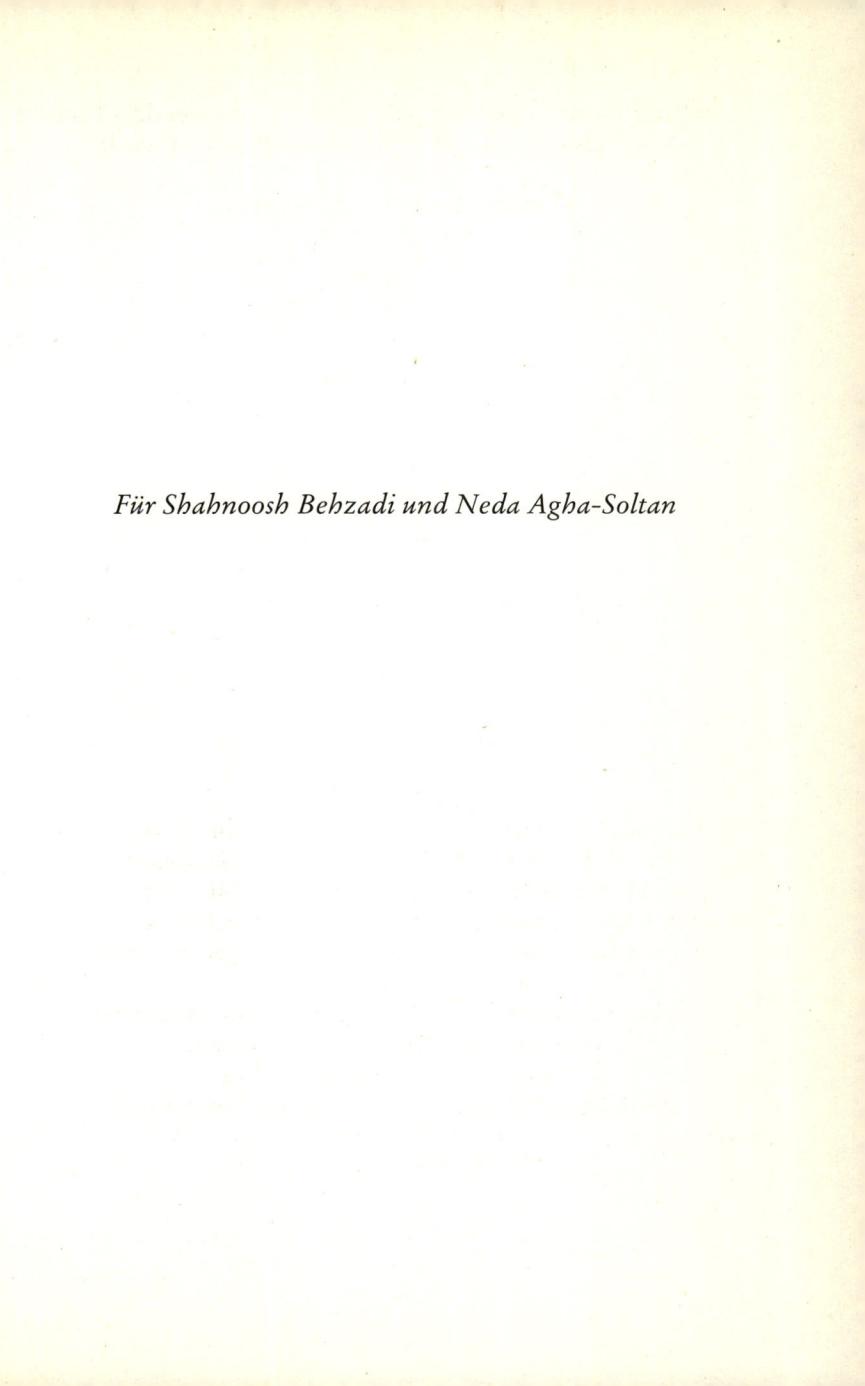

Für Shahnoosh Behzadi und Neda Agha-Soltan

Inhalt

Vorwort der Autorin

Obwohl diese Geschichten den Tatsachen entsprechen, habe ich manche Namen und manche Details verändert, um die Identität beziehungsweise die Privatsphäre anderer Menschen zu schützen.

Neunzehn Jahre nachdem ich den Iran verlassen habe, träumte mir plötzlich immer wieder dasselbe: Ich legte verschiedene Dinge in einen Koffer, um sie mit in die nächste Welt zu nehmen. Ich machte mich gleichsam bereit zum Sterben.

In meinem richtigen Leben wusste ich nur, dass ich in meinem roten Kleid und mit meinem Ehering am Finger beerdigt werden wollte.

In diesem Buch wird die Geschichte jedes einzelnen »Traumdings« erzählt. Jedes dieser Dinge bildet (manchmal zusammen mit einem anderen) eine Kapitelüberschrift über den hier versammelten Erzählungen.

Dies sind beileibe nicht die einzigen Gegenstände, die ich mit mir in die nächste Welt nehmen möchte. Doch diese habe ich in Augenblicken des Zorns, der Frustration, der Verwirrung, aber auch in den erstaunlichen Momenten der Gesundheit weggegeben, weggeworfen oder gar begraben.

Das silberne Schmuckkästchen meiner Großmutter

Sieh nur, was du angerichtet hast! Du hast deine Mutter umgebracht!«, sagte mein Vater auf Persisch zu mir, als die Sanitäter an einem bewölkten Oktobertag 1998 meine Mutter auf einer Trage die enge Treppe in meinem Vorstadthaus in Toronto hinuntertrugen. Ich stand in der winzigen Diele, die Eingangstür weit geöffnet, und fröstelte im kalten Wind, der bereits nach Schnee roch. Ich war nur froh, dass die Sanitäter unsere Sprache nicht verstanden. Einer von ihnen sah mich mit fragenden Augen an. Vermutlich hatte er den Zorn in der Stimme meines Vaters gespürt, schneidend wie zerbrochenes Glas. Mein Vater suchte jemanden, dem er die Schuld in die Schuhe schieben konnte, so, als ob dann alles wieder in Ordnung käme und Mutter plötzlich wieder gesund wäre, wenn er den Verantwortlichen für ihre plötzliche Erkrankung fände.

Die Sanitäter eilten mit meiner Mutter an mir vorüber, und ich konnte einen flüchtigen Blick auf ihr Gesicht erhaschen. Es war blasser als sonst, und die Falten um ihre braunen Augen schienen tiefer. Doch da war noch mehr: Ihre Augen waren anders. Sie waren nicht mehr so streng und missbilligend, wie sie immer gewesen waren. Sie erinnerte mich an ein trotziges Kind, das man auf frischer Tat ertappt hatte und das doch nicht einen Moment lang bereute, was es angestellt hatte. Ich verließ hinter den Sanitätern und meinem Vater das Haus, Tränen liefen mir über die Wangen. Ich wischte sie mit dem Handrücken weg. Ich war doch stärker. Und trotzdem stand ich hier, eine Frau von neununddreißig Jahren, und kam mir vor, als wäre ich acht Jahre alt und zurück in Teheran.

Ich sah dem Krankenwagen nach, bis seine Rücklichter um die Ecke verschwanden. Dann ging ich zurück ins Haus. Andre, mein Mann, und ich hatten es im Juli 1993 gekauft, zwei Jahre nachdem wir unsere Aufenthaltsgenehmigung für Kanada erhalten hatten. Meine Eltern waren im Herbst jenes Jahres nachgekommen. Die Wand neben der Treppe war oben gelb gestrichen, unten pistaziengrün. Ein breites Band blauer und weißer Blumen trennte die beiden Farbflächen. Ich hatte die Wand gleich nach unserem Einzug streichen wollen, doch da ich einen Teilzeitjob bei McDonald's und später bei der Restaurantkette Swiss Chalet hatte und außerdem noch Mutter von zwei kleinen Jungen war, kam ich zunächst nicht dazu.

Ich schloss die Tür hinter mir. Unfähig, mich noch länger auf den Beinen zu halten, sank ich gleich hinter der Tür auf den Boden. Ich war froh, dass ich allein zu Hause war. Die Kinder waren in der Schule, Andre in der Arbeit. Mir war bewusst, dass ich ihn anrufen und bitten musste, die Kinder abzuholen und schnell nach Hause zu kommen, damit wir ins Krankenhaus fahren und nachfragen konnten, was mit meiner Mutter los war. Doch im Augenblick war ich wie gelähmt.

»Sieh nur, was du angerichtet hast! Du hast deine Mutter umgebracht!«

Reagierte mein Vater jetzt doch noch auf das, was vor sechzehn Jahren in Teheran geschehen war? 1982 war ich im Alter von sechzehn Jahren wegen sogenannter politischer Umtriebe verhaftet und ins berüchtigte Gefängnis von Evin gebracht worden. Ich wusste, dass meine Haft von meinen Eltern ihren Tribut gefordert hatte. Doch sie hatte auch von mir Tribut gefordert. Ich hatte seit Jahren nicht mehr an Evin gedacht. Meine Vergangenheit war ein Gespenst, das ich ebenso wie meine Familie zu ignorieren beschlossen hatte, obwohl es unleugbar im Raum schwebte. Ich hatte meinen Eltern nie erzählt, was mir im Gefängnis widerfahren war, zum einen, weil sie mich nie danach gefragt hatten, zum anderen, weil sie mir klar zu verstehen gaben, dass sie die ganze Angelegenheit aus ihrem Gedächtnis streichen wollten. Unmittelbar nach meiner Freilassung *wollte* ich auch gar nicht über meine Haft sprechen, doch hätte es mir zweifellos ein Gefühl von Sicherheit gegeben, zu wissen, dass sie mir zuhören würden, sobald ich zum Reden bereit wäre. Nun lag meine Mutter im Sterben, und meine Eltern hatten immer noch keine Ahnung, was damals hinter den Mauern von Evin passiert war. Wie sollte ich ihnen sagen, dass man mich gefoltert hatte und meine Hinrichtung schon angesetzt war? Mit welchen Worten sollte ich beschreiben, dass man mich gezwungen hatte, einen der Männer, die mich verhört hatten, zu heiraten, und die Nächte mit ihm in einer leeren Zelle zu verbringen? Und da war noch mehr, so viel mehr …

Das Telefon läutete, aber ich nahm nicht ab. Und wenn meine Mutter gestorben war? Und wenn mein Vater recht hatte und ich meine Mutter wirklich umgebracht hatte?

Bald erfuhr ich, dass nicht ich die Schuld am Herzanfall meiner Mutter trug. Sie hatte Gallenblasenkrebs und musste sich einer Operation unterziehen. Meine Mutter wusste schon seit einiger Zeit, dass sie Krebs hatte, hatte es uns aber verschwiegen. Als wir sie später fragten, warum sie nie etwas gesagt hatte, meinte sie, sie hätte nicht gewollt, dass wir uns Sorgen machen.

Meine Eltern und ich haben nie miteinander gesprochen, sind nie gut miteinander ausgekommen. Als Kind sperrte meine Mutter mich manchmal auf den Balkon unserer Wohnung im Stadtzentrum Teherans, wenn sie mich bestrafen wollte. Wir lebten in zwei miteinander verbundenen Wohnungen über einem kleinen Restaurant und einem Möbelgeschäft an der nordwestlichen Ecke der Shah- und der Rahzi-Avenue. Unsere drei Schlafzimmer, die kleine Küche und das Bad lagen zu beiden Seiten eines dunklen, engen Ganges zwischen dem Schönheitssalon meiner Mutter und dem Tanzstudio meines Vaters.

Ich kann mich noch genau daran erinnern, als meine Mutter mich zum ersten Mal auf den Balkon sperrte. Es war kurz nach dem Tod meiner Großmutter väterlicherseits. Sie hieß Xena, und ich war damals sieben. Meine Großmutter Xena, oder *Babu*, wie ich sie nannte, lebte bei uns und führte den Haushalt. Sie kochte, putzte und kümmerte sich um mich. Sie ging jeden Tag mit mir in den Park und las mir etwas vor. Sie war meine beste Freundin. Meine Mutter bekam ich kaum zu Gesicht. Sie arbeitete den ganzen Tag in ihrem Schönheitssalon, und abends ging sie gewöhnlich aus. *Babu* stammte, wie auch meine Großmutter mütterlicherseits, aus Russland und war Christin. Meine russischen Großmütter hatten Iraner geheiratet, die vor der kommunistischen Revolution von 1917 nach Russland gegangen waren, um dort zu arbeiten. Nach der Revolution mussten beide Familien das Land verlassen, da die Männer nicht die russische Staatsbürgerschaft besaßen und Ausländer sich nicht länger im Land aufhalten durften. Als Xena und Esah, mein Großvater, aus Russland in den Iran emigrierten, war Xena gerade mit meinem Vater schwanger.

Tamara, das einzige Geschwisterkind meines Vaters, war damals vier. Mein Vater kam 1921 in der Stadt Maschhad zur Welt. Kurz nach seiner Geburt zog die Familie nach Teheran. Nur ein paar Wochen später wollte Esah, er war Juwelier von Beruf, den Schmuck verkaufen, den er aus Russland mitgebracht hatte, um vom Erlös ein Haus für seine Familie zu kaufen. Doch er wurde ermordet, und alles, was er bei sich trug, wurde gestohlen. Xena, die kein Wort Persisch sprach und fremd war im Iran, schaffte es trotzdem, zu überleben. Schließlich eröffnete sie eine Pension und konnte ihre beiden Kinder angemessen versorgen. Sie hat nie wieder geheiratet.

Esah hatte Xena ein silbernes Schmuckkästchen geschenkt. Nach seinem Tod verwendete sie es als Zuckerdose, die immer auf dem Küchentisch stand. Immer wenn sie ihren Tee süßte, wurde sie an ihn erinnert. Ich mochte dieses Schmuckkästchen, und nach ihrem Tod wollte ich, dass es nur mir gehörte. Also kippte ich eines Tages den ganzen Zucker auf den Tisch und versteckte das Schmuckkästchen unter meinem Bett. Meine Mutter fand natürlich schnell heraus, wer für diese Ferkelei verantwortlich war, und so sperrte sie mich zur Strafe auf den Balkon. Das sollte nicht mein letzter Aufenthalt dort sein. Ich war nämlich ein ebenso neugieriges wie eigensinniges Kind. Zudem war ich nicht auf den Mund gefallen, und ein Nein gab es für mich nicht. Jedes »Nein«, das ich hörte, war mir eine spannende Herausforderung, die ich stets mit einem »Warum« parierte. Meine Mutter war schön, vielbeschäftigt und von aufbrausendem Naturell. Da sie außerdem unter starken Wechseljahresbeschwerden litt, brachte sie einfach nicht die nötige Geduld für mich auf. Und so ersann sie die perfekte Strafmaßnahme, um mich abschieben zu können: Sie sperrte mich auf den Balkon. Mein Bruder war nicht da und konnte mir nicht helfen. Alik, mein einziges Geschwisterkind, war vierzehn Jahre älter als ich. Er war mit achtzehn Jahren von zu Hause fortgegangen, um in einer anderen Stadt zu studieren.

Ich hasste den Balkon. Immer war es da draußen entweder zu heiß oder zu kalt, und – was das Schlimmste war – ich war dort ganz allein. Immerhin lernte ich so Geduld, eine Tugend, die mir nicht in die Wiege gelegt war. Noch mehr als eingesperrt zu werden hasste ich es allerdings, wenn ich gedemütigt wurde. Und so machte ich nie eine Szene: Ich schrie nicht, hämmerte nicht gegen die Balkontür und stampfte nicht mit den Füßen. Ich weinte leise vor mich hin und beobachtete über den Rand der Bambusmatten, welche meine zwei Meter vierzig auf einen Meter zwanzig große, nicht überdachte Zelle einfassten, die Straße unter mir.

In der gepflasterten vierspurigen Straße toste während der Stoßzeiten der Verkehr, und die Luft stank nach Autoabgasen. Auf der anderen Straßenseite bot Hassan *Agha*, der einarmige Verkäufer, im Frühjahr saure grüne Pflaumen feil, Pfirsiche und Aprikosen im Sommer, gekochte Rote Bete im Herbst und verschiedene Sorten Kekse im Winter. An einer Ecke der Kreuzung streckte ein alter blinder Mann den Passanten seine knochige Hand entgegen und rief von morgens bis abends: »Helft mir, um der Liebe Gottes willen!« Unserer Wohnung gegenüber glänzten die großen Glasfenster eines fünfzehnstöckigen Bürogebäudes in der Sonne und spiegelten das Ziehen der Wolken wider. Abends gingen die Neonlichter über den Läden an und tauchten die Dunkelheit in farbiges Licht.

Meine Verbannung auf den Balkon dauerte von einer halben Stunde bis zu mehreren Stunden an. Den Großteil dieser Zeit hörte ich Walzer- oder Tangomusik, die aus meines Vaters Tanzstudio drang. Manchmal konnte ich ihn auch zählen hören: »Eins, zwei, drei … eins, zwei, drei …« In meiner Fantasie sah ich die Tanzschüler meines Vaters, elegant gekleidete Paare, wie sie sich zur Musik drehten und schwebten. Ich wünschte mir so sehr, Teil der verbotenen Welt des Tanzstudios zu sein. Doch mein Vater erlaubte mir niemals Zutritt, wenn er Unterricht gab. Oft, wenn ich morgens früh erwachte und noch alles schlief, schlich ich mich in das Studio und wirbelte zur Musik eines imaginären Walzers herum, bis mir schwindlig wurde und ich auf den kühlen braunen Linoleumboden stürzte, der nach Bohnerwachs roch.

Als kleines Mädchen hatte ich Angst vor meinem Vater. Ich beäugte ihn immer, während er allabendlich im Wartebereich der Tanzschule in seinem Lieblingssessel aus schwarzem Leder saß und Zeitung las. Seine Haltung war stets perfekt – der Rücken kerzengerade. Störte ich ihn, weil ich etwas sagte oder ein Geräusch machte, sah er mich mit seinen ernsten, bernsteinfarbenen Augen an, sein Mund eine harte Linie, die unmöglich zu einem Lächeln aufbrechen konnte. Auch er hatte keine Geduld mit kleinen Kindern. Ich wusste nur zu gut, dass er mir eine Ohrfeige verpassen würde, sollte ich mich danebenbenehmen, und das hätte ich als größte Erniedrigung empfunden.

So wuchs ich heran, als Fremdkörper, der seine Familie stets aus der Entfernung betrachtete. Es war, als stünde eine Wand zwischen uns, die mit jedem Tag dicker wurde. Trost fand ich in Büchern, in der Schule und bei meinen Freundinnen. Die meiste Zeit verbrachte ich mit Lesen und Lernen. Da ich immer eine der besten Schülerinnen meiner Klasse war, beschloss ich mit zwölf, Ärztin zu werden. Alle Lehrer bestärkten mich in meinem Wunsch und meinten, dass ich bei meinem Durchhaltevermögen alles erreichen könnte, was ich mir vornehme. In der Zwischenzeit lebte ich fast wie ein ganz

normales nordamerikanisches Mädchen. Jeden Donnerstag-
abend schaute ich im Fernsehen (die persisch synchronisierte
Version von) *Unsere kleine Farm* an, freitags standen regelmäßig *Donny & Marie* (auf Englisch) auf dem Programm.
Mit zwölf war ich unsterblich in Donny Osmond verliebt!
Wir hatten ein Häuschen am Kaspischen Meer: Dort verbrachte ich meine Sommerferien mit Fahrradfahren und Son-
nenbädern am Strand, feierte Partys mit Freunden oder tanzte
zur Musik der Bee Gees.

Die Islamische Revolution trat ihren Siegeszug an, als ich
dreizehn war. Sie veränderte meine Welt so, dass ich sie bald
nicht mehr wiedererkannte. Von meinem Fenster aus beobachtete ich den Sturm, der sich da zusammenbraute. Das an-
fängliche Nieseln verwandelte sich in eine Sturzflut, welche
über die Straßen schwappte und die Normalität unseres Lebens mit sich riss. Unsere Straße, einst von Autos verstopft
und von hastenden, bummelnden, feilschenden Menschen erfüllt, lag nun still und verlassen da. Selbst die Bettler waren
verschwunden. Bald standen an jeder Ecke Militärfahrzeuge.
Alle paar Tage füllten Hunderte wütender Demonstranten
die Straße, an ihrer Spitze bärtige Männer, dahinter Frauen im
Tschador[1]. Die Fäuste schwingend, schrien sie: »Nieder mit
dem Schah!«, und »Unabhängigkeit, Freiheit, Islamische Republik!« Zum ersten Mal in meinem Leben hörte ich Gewehrschüsse. Das Militär hatte das Feuer auf die demonstrie-
rende Menge eröffnet. Meine Mutter befahl mir, von den
Fenstern wegzubleiben, und diesmal gehorchte ich ohne Widerspruch.

Obwohl die Revolution Tag für Tag Anhänger gewann,
glaubten meine Eltern nicht, dass ein Haufen Mullahs und
unbewaffneter Zivilisten je etwas gegen die militärischen Ein-
heiten des Schahs ausrichten könnte. Doch sie sollten sich ir-

ren. Der Schah ging ins Exil, und Ayatollah Khomeini, der viele Jahre im Exil gelebt hatte, kehrte in den Iran zurück. Dies war die Geburt der Islamischen Republik Iran und das Ende unserer Welt sowie der Regeln, die sie zusammengehalten hatten. Die Menschen im Iran hatten die Demokratie gefordert. Doch sie bekamen etwas ganz anderes. Bald wurde das Tanzen zum Satanswerk erklärt. Mein Vater musste seine Tanzschule schließen und nahm eine Stelle als Büroangestellter im Stahlwerk eines seiner Freunde an. Er hasste seine neue Arbeit, doch er hoffte, dass die neue islamische Regierung sich nicht lange halten würde. Make-up, schöne Kleider und westliche Bücher wurden verboten. Ehe ich mich versah, löste sich mein Traum, Ärztin zu werden, in nichts auf. Fanatische junge Frauen der Revolutionsgarden, von denen die meisten nicht einmal einen höheren Schulabschluss hatten, ersetzten nach und nach unsere bisherigen Lehrer. Der Unterricht dieser unqualifizierten neuen Lehrkräfte bestand in der Hauptsache im Herunterbeten von Politphrasen. Als ich mich einmal bei der neuen Rechenlehrerin beschwerte, sie solle uns doch das Rechnen beibringen, statt die Großtaten Khomeinis für den Iran aufzuzählen, meinte sie, ich solle das Klassenzimmer verlassen, wenn mir die neue Ordnung nicht passe. Ich ging hinaus und setzte so unbeabsichtigt einen Schulstreik in Gang, der drei Tage dauern sollte.

Im Laufe der folgenden Monate gründete ich eine Schülerzeitung und schrieb Artikel gegen die Regierung. Unsere neue Schulleiterin, um die neunzehn Jahre alt und Mitglied der Revolutionsgarden, sollte in mir eine ihrer erbittertsten Feindinnen finden. Die meisten meiner Freunde sympathisierten nun mit regierungsfeindlichen marxistischen beziehungsweise marxistisch-islamistischen politischen Gruppierungen, und ich versuchte nach Kräften, mich ihnen anzupassen. Doch obwohl ich die neue Regierung hasste, war ich eine überzeugte Christin, die jeden Sonntag zur Messe ging, und so stand ich bald ziemlich allein und ziemlich verzweifelt da. Meine Eltern wussten zwar über die meisten meiner Aktivitäten Bescheid, doch versuchten sie nie, mich von irgendetwas abzuhalten. Schließlich tat ich ja nichts Schlechtes, zumindest an normalen Maßstäben gemessen. Alles, was ich wollte, war, dass man mir etwas über Mathematik, Naturwissenschaften und Literatur beibrachte, statt mir Regierungspropaganda einzubleuen. Schließlich zeigte die Direktorin mich und viele andere »antirevolutionäre« Mitschüler beim Islamischen Revolutionsgericht an.

Am 15. Januar 1982 wurde ich gegen neun Uhr abends verhaftet. Ich war gerade einmal sechzehn Jahre alt. Zwei Jahre lang saß ich im Gefängnis. In dieser Zeit machten meine Eltern Schlimmes durch. Sie wussten, dass die politischen Gefangenen in Evin gefoltert wurden. Sie hatten von den Vergewaltigungen junger Mädchen und den täglichen Massenhinrichtungen gehört. Jeden Tag mussten sie fürchten, dass man sie anrief, um ihnen mitzuteilen, man habe mich hingerichtet und sie sollten meine Sachen am Gefängnistor abholen.

Evin war ein Staat im Staat. Es hatte seine eigenen ungeschriebenen Gesetze und in gewisser Weise auch seine eigene Regierung und seine eigene Armee. Die Wachen und Verhörbeamten besaßen nahezu unbegrenzte Macht. Die Gefangenen in Evin waren sämtlicher Rechte beraubt und galten als weniger wert als Sklaven. Die meisten Häftlinge durften regelmäßigen Besuch von engen Familienangehörigen erhalten, und so sah ich meine Eltern einmal im Monat für fünf bis zehn Minuten. Der große Besucherraum wurde von einer dicken Glasscheibe geteilt. Da es während der ersten Monate meiner Haftzeit noch keine Telefone im Besucherraum gab, konnten wir nicht miteinander reden und mussten uns gestikulierend verständigen. Bewaffnete Revolutionsgardisten standen in jeder Ecke und überwachten jede unserer Bewegungen. Meine Eltern weinten die ganze Zeit über, also versuchte ich, zu lächeln und ihnen zu versichern, dass es mir gutgehe. Bei einem ihrer Besuche, es muss so sechs Monate nach meiner Verhaftung gewesen sein, erzählte ich ihnen, dass ich zum Islam übergetreten sei. Sie fragten erst gar nicht, warum. Sie wussten, dass man mich dazu gezwungen hatte. Niemand wagte zu fragen, was im Evin-Gefängnis vor sich ging.

Als ich nach zwei Jahren, zwei Monaten und zwölf Tagen entlassen wurde, taten meine Eltern so, als wäre ich nur zu einem längeren Urlaub fort gewesen. Am ersten Abend, den ich wieder zu Hause verbrachte, saßen wir alle um den Esstisch. Ich hörte mit Befremden zu, wie sich meine Eltern über das Wetter unterhielten. Fast hatte ich das Gefühl, wieder auf dem Balkon ausgesperrt zu sein. Ich brauchte ein paar Tage, um zu begreifen, was mit ihnen los war. Schließlich sagte ich mir, dass das Schweigen ihre Art war, sich selbst und mich zu schützen. Sie wollten nichts wissen von dem Leid und den Schrecken, die ich im Gefängnis erlebt hatte, und so taten sie, als wäre all das nie passiert, in der Hoffnung, wir könnten das Vergangene vergessen. Doch ich vergaß nichts. Ich schob nur meine Erinnerungen in eine dunkle Ecke meines Bewusstseins, wo sie viele Jahre vor sich hin schlummerten. So saß ich nun im Gefängnis des Schweigens.

Nach meiner Freilassung im Jahre 1984 weigerte sich die iranische Regierung sechs lange Jahre, mir einen Pass auszustellen. Schließlich erhielt ich eine Ausreisegenehmigung unter der Bedingung, innerhalb eines Jahres wieder in den Iran zurückzukehren. Um dies sicherzustellen, musste ich fünfhunderttausend Toman, etwa dreitausendfünfhundert

US-Dollar, hinterlegen. Käme ich zurück, würde mir das Geld zurückerstattet, andernfalls fiele es dem Staat zu. Zu jener Zeit verdiente Andre etwa siebentausend Toman im Monat, was ungefähr sechzig Dollar entsprach. So viel Geld hatten wir nicht, und es dauerte eine ganze Weile, diesen Betrag zusammenzubekommen. Als wir das Geld schließlich hinterlegen konnten, ließ uns die Regierung ausreisen. Da ich aber nach einem Jahr nicht wieder in den Iran zurückkehrte, bestand die Gefahr, dass die Revolutionsgarden meine Eltern verhaften würden, um mich zu bestrafen. Nach all dem, was ich im Iran erlebt hatte, hätte ich keine ruhige Minute mehr gehabt, bis meine Eltern sicher in Kanada angekommen wären. Und so bat ich im August 1991, kurz nach unserer Ankunft in Toronto, meinen Bruder Alik, für unsere Eltern zu bürgen. Andre und ich hätten das selbst getan, aber solange wir die kanadische Staatsbürgerschaft nicht besaßen, war dies vor dem Gesetz nicht gültig, und das Einbürgerungsverfahren zog sich gewöhnlich über drei Jahre hin.

Meine Mutter starb im März 2000 an Krebs, noch ehe ich bereit war, mit ihr über all das zu reden, was ich tief in mir verborgen hatte. Doch die Vergangenheit hatte mich eingeholt, und ich konnte mich ihr nicht länger entziehen. Sechzehn Jahre lang hatte sie sich wie Lava in einem Vulkan angestaut, und der Ausbruch stand unmittelbar bevor. Als damals Mitglieder der Revolutionsgarde zu uns nach Hause gekommen waren, um mich zu verhaften, und mir ihre Gewehrläufe vors Gesicht hielten, fühlte ich nichts. Es war, als hätte ich meinen Körper verlassen und sähe alles wie in einem Film. In diesem schrecklichen Moment war ich in einen noch heute andauernden Schockzustand verfallen. Ohne dass es mir bewusst geworden wäre, war ich unfähig geworden, tiefe Gefühle zu empfinden. Angst, Liebe, Zorn und Hass streiften zwar meine Poren, gingen mir jedoch nicht unter die Haut. Dies wurde mein Überlebensmechanismus in einem Gefängnis, dessen Insassen zu neunzig Prozent Teenager waren, die man aus ihren warmen Betten gerissen hatte und deren Fußsohlen von Peitschenhieben so angeschwollen waren, dass sie nicht mehr gehen konnten. Die »Verbrechen« dieser Kinder bestanden darin, dass sie westliche Romane, die Werke von Marx und Lenin oder Schriften verbotener politischer Gruppierungen gelesen hatten. Andere hatten gegen Kleidungsvorschriften verstoßen oder sich kritisch über die von der Islamischen Revolution vertretenen Werte geäußert. Einige hatten an Protestkundgebungen gegen das Regime teilgenommen oder Flugblätter »antirevolutionärer« Gruppen verteilt. Man hätte Evin für eine Highschool in der Hölle halten können.

Mitte März 2000, unmittelbar nach der Beerdigung meiner Mutter, hatte ich einen regelrechten Nervenzusammenbruch. In Parkas, Mützen und Handschuhe eingemummt, stiegen Andre, mein Vater, meine sieben beziehungsweise zwölf Jahre alten Söhne Thomas und Michael und ich in unseren goldfarbenen Toyota Camry. Sogar die Kinder waren still. Irgendwie spürten sie, dass man jetzt an nichts rühren durfte. Das Schweigen war Teil meiner Familie geworden. Wie Unkraut hatte es jeden freien Raum zwischen uns zugewuchert und nährte sich von einem zähen, dickflüssigen Gebräu aus Geheimnissen, Schmerz und Wut. Der Wagen rollte über graue Straßen unter einem grauen Himmel. Der Frühling schien noch in weiter Ferne zu liegen. Die Menschen eilten durch die Straßen, den Rücken wie Schildkröten gekrümmt, um sich gegen den Wind zu schützen. Ich fragte mich, ob meine Mutter uns zusah, ob Gott ihr gesagt hatte, was mir in Evin widerfahren war, und ob sie endlich verstand, wie einsam ich gewesen war. Würde sie mich nun in ihre Arme nehmen und mir ein paar tröstliche Worte zuflüstern können, die mir etwas von meiner Trauer nehmen würden?

Eine Welle von Schuldgefühlen brach über mich herein. Wie konnte ich nur so selbstsüchtig sein und am Tag ihrer Beerdigung an mich denken?

Doch meine Mutter war tot, während ich weiter zusehen musste, wie ich mit dieser Welt zurechtkam. Sollte ich Gott bitten, ihr zu verzeihen? Hatte *ich* ihr denn vergeben? Und *was* vergeben? Eine einsame, häufig auch von Angst erfüllte Kindheit – um nur einen Punkt zu nennen. Manchmal, wenn ich ungezogen war, drohte sie mir, mich für immer zu verlassen. Ein paarmal tat sie wirklich so, als würde sie gehen. Sie griff nach ihrer Handtasche und stürmte wutentbrannt die Treppe hinunter, während ich mich an ihren Rock oder ihre Beine klammerte und sie anflehte, bei mir zu bleiben. Sie verließ mich nie wirklich, sondern ging nur Lebensmittel einkaufen oder machte andere Besorgungen. Währenddessen saß ich am Fenster und weinte, bis sie wiederkam, weil ich Angst hatte, ich würde meine Mutter nie wiedersehen. Doch dafür hatte ich ihr schon vor langer Zeit vergeben. Das war wohl, als ich dreizehn wurde. Ich war zu einem selbständigen Kind herangewachsen, das begriff, dass es sich zum Überleben auf sich selbst verlassen musste. Die Angst, meine Mutter könnte mich verlassen, war schließlich von mir abgefallen. Machte ich ihr Vorwürfe, weil sie mich nie gefragt hatte, was im Evin-Gefängnis passiert war? Nein, ich machte ihr nicht wirklich Vorwürfe, doch die Last der Vergangenheit allein zu tragen stimmte mich traurig und gab mir in gewisser Weise das Gefühl, noch immer im Gefängnis zu sein. Ich hätte mir einfach gewünscht, dass sie versteht, wie es mir geht, und dass sie die Wahrheit kennt. Ich wollte nicht, dass ich ihr leidtat oder so etwas. Ich bedauerte mich ja auch nicht. Es wäre einfach tröstlich für mich gewesen, zu wissen, dass sie wusste.

Wir hielten bei Loblaws an der Ecke Yonge Street und Steeles Avenue, um Blumen zu kaufen. Pinkfarbene und weiße Gladiolen. Die Lieblingsfarbe meiner Mutter war Blau, doch im Laden hatten sie keine blauen Blumen. Ein paar Tage vor ihrem Tod bat sie mich in einem ihrer wenigen wachen Momente, doch dafür zu sorgen, dass man sie in dem purpurfarbenen Kleid beerdige, das sie bei meiner Hochzeit getragen hatte.

»Bitte kümmere du dich darum. Dein Vater ist im Moment viel zu durcheinander. Aber du bist vernünftig. Ich weiß, dass ich mich auf dich verlassen kann«, sagte sie zu mir.

Vernünftig?

Stets war ich davon überzeugt gewesen, dass meine Mutter – hätte sie mich mit einem Wort beschreiben müssen – das Adjektiv »dumm« gewählt hätte. Der Krebs hatte meine Mutter verändert, so als hätte er nicht nur ihren Körper, sondern auch ihre Seele befallen. Und es war nicht nur der Krebs, der an ihr zehrte, sondern auch das Morphium.

Einmal erwachte sie aus ihrem narkotischen Schlaf und warf verängstigte Blicke um sich wie ein verwundetes Tier.

»Was ist denn, *Maman?*«, fragte ich sie und sprang von meinem Stuhl auf, den ich nah an ihr Bett gerückt hatte.

»Sie kommen mich holen … sie sind da … schau, da drüben!«, sagte sie und deutete zuerst auf einen leeren Fleck vor der Tür und dann auf das Fenster. Doch dort war niemand.

Sie packte meine Hand mit ihren kalten, knochigen Fingern. Ihre Haut war so trocken wie Wüstensand. Ich erinnerte mich wieder daran, wie sie als gesunde, junge, schöne Frau ausgesehen hatte, an ihre warmen, weichen Hände, die immer nach Rosen dufteten.

»Marina, sag mir, dass du sie siehst! Schau nur! Dort sind sie!«

»Wen siehst du dort, *Maman*? Wenn du mir sagst, wie sie aussehen, kann ich vielleicht machen, dass sie weggehen.«

Als ich sechs Jahre alt war, hatte *Babu* dasselbe zu mir gesagt. Sie wollte mich dazu bringen, dass ich ihr von meinen Alpträumen erzählte, aus denen ich zitternd und weinend, aber stumm erwachte. Und ganz, ganz leise flüsterte ich *Babu* alles ins Ohr. Denn wenn ich lauter spräche, würden *sie* mich vielleicht hören und mich bestrafen. Ich erzählte *Babu* von den wandernden Schatten, die ich in meinem Zimmer zu sehen glaubte, wenn ich mitten in der Nacht erwachte. Sie waren groß und trugen lange schwarze Mäntel und waren schwärzer als die Dunkelheit, die mein Zimmer einhüllte. Langsamen, gleichmäßigen Schrittes gingen sie im Kreis. Ihre Gesichter waren nicht zu sehen, da sie den Kopf stets gesenkt hielten. Ich wusste, dass sie sangen, doch es war, als seien ihre Stimmen aus Finsternis gemacht. Ich konnte ihren Gesang beinahe sehen, doch hören konnte ich ihn nicht. Ihr Gesang war offenkundig ein wohlgehütetes Geheimnis, das nicht für meine Ohren bestimmt war. Nachdem ich *Babu* alles von ihnen erzählt hatte, sah sie mich nachdenklich an. Dann inspizierte sie mit ihren bernsteinfarbenen Augen mein Zimmer. Es war helllichter Tag und von Schatten keine Spur.

»Das sind Mönche«, sagte sie mit beruhigender Stimme und lächelte.

»Mönche? Wer sind sie? Sind sie böse? Wollen sie mir etwas tun? Ich habe Angst vor ihnen!«

»Kannst du hören, was sie sagen?«

»Nein.«

»Haben sie dir schon mal was getan?«

»Nein. Sie gehen nur im Kreis herum.«

»Dann werden sie dir nichts tun.«

»Bestimmt nicht?«

»Bestimmt nicht.«

»Aber woher weißt du das? Sind sie auch in deinem Zimmer?«

»Nein, aber ich habe auch schon Alpträume gehabt.«

»Aber ich kann sie sehen, *Babu*. Das sind keine Alpträume. Die sind echt!«

»Ich weiß, ich weiß. Ich habe auch solche Träume gehabt. Glaub mir. *Babu* weiß Bescheid. Was du mir erzählst, hört sich ganz genau nach Mönchen an. Sie sind gut. Sie gehen im Kreis und beten. Vielleicht beten sie für dich.«

»Wirklich?«

»Es kann gar nicht anders sein. Glaubst du, der Teufel würde so eine nutzlose Bande losschicken, die nichts anderes macht, als in deinem Zimmer herumzugehen, wenn er dir etwas Böses tun wollte? Welchen Sinn sollte das haben?«

Das leuchtete mir ein. Der Teufel hatte vermutlich einige ziemlich furchteinflößende Ungeheuer in seinem Gefolge. Sehr viel furchteinflößender jedenfalls als meine Mönche. Es war gut, ihre Namen zu kennen. »Mönch« klang sehr viel besser als »dunkler Schatten«.

»Aber … was soll ich denn tun?«, wollte ich wissen.

»Zeig ihnen, dass du weißt, dass sie da sind.«

»Wie denn?«

»Rede mit ihnen.«

»Niemals!«

»Warum denn nicht?«

»Weil sie mir Angst machen!«

»Angst? Du hast doch gesagt, dass sie dir nie was tun.«

»Hm … Ich weiß auch nicht … Was soll ich denn sagen?«

»Nun, wie wäre es mit einem Ave-Maria?«

»Gut … Ich werde es versuchen.«

»Marina, du kannst vor Schatten und Alpträumen nicht davonlaufen. Du musst ihnen direkt ins Gesicht schauen.«

Ich brauchte ein paar Nächte, aber am Ende wisperte ich ein Ave-Maria für die Schatten. Jedes einzelne meiner Worte war nicht mehr als ein Hauch, der sich widerstrebend von meinen bebenden Lippen löste, ohnmächtig hinaus in die Nacht driftete und von dem schwarzen Alptraum, der in meinem Zimmer hauste, aufgesogen wurde. Die Schatten hielten einen Moment inne, doch dann nahmen sie ihren gewohnten Schritt wieder auf. Aber ich konnte etwas hören. Überraschend fest hörte ich meine Stimme widerhallen: »Gegrüßet seist du, Maria, voll der Gnade, der Herr ist mit dir. Du bist gebenedeit unter den Frauen, und gebenedeit ist die Frucht deines Leibes, Jesus. Heilige Maria, Mutter Gottes, bitte für uns Sünder jetzt und in der Stunde unseres Todes.« Als das Gebet mein Gesicht berührte, löste sich meine Angst allmählich auf. Ich sagte »Gute Nacht« zu den Mönchen, drehte mich auf die Seite und schlief schnell ein. Ich hatte jetzt keine Angst mehr, zumindest nicht mehr so viel Angst wie vorher. *Babu* hatte recht gehabt. Das waren einfach nur ein paar dumme Mönche, die nichts Besseres zu tun hatten, als in meinem Zimmer im Kreis zu marschieren.

Jetzt wurde meine Mutter von Schatten heimgesucht. Wir hatten unsere Plätze getauscht. Nun war ich die Große und sie das Kind.

»*Maman*, wenn du mir sagst, was du siehst, kann ich dir helfen«, sagte ich.

»Sie kommen mich holen. Sie wollen mich mitnehmen und einsperren. Sie werden mir das Blut aussaugen.«

»Wer?«

»*Pasdarah.*«

»*Maman*, hier gibt es keine Revolutionsgarde. Was du siehst, ist Vergangenheit. Wir sind in Kanada. Hier sind wir sicher.«

»Aber sie sind hier, Marina! Und diesmal wollen sie *mich* mitnehmen!«

»Ich lasse nicht zu, dass sie dich mitnehmen, *Maman*.«

»Aber sie sind *meinetwegen* hier. Ich weiß es!«

»Nein, *Maman*. Sie sind meinetwegen hier, und ich werde ihnen sagen, dass sie mich schon mitgenommen haben, dann
werden sie gehen.«

»Ja, das tust du«, sagte meine Mutter erschöpft.

»Verschwinde!«, rief ich mit scharfer Stimme. »Du hast mich
schon mitgenommen. Lass uns in Ruhe!«

Schlagartig war meine Mutter ruhig. Atmete sie noch? Ich
legte meine Hand auf ihre Brust. Ihre Rippen hoben sich
leicht unter meinen Fingern. Sie lebte.

Näher sollten meine Mutter und ich dem Thema »Evin« nicht
mehr kommen.

Kurz nach dieser Halluzination erkannte meine Mutter keinen von uns mehr wieder. Sie war wach, aber tot. Ihre Augen
waren nicht mehr die, die ich ein Leben lang gekannt hatte.
Sie waren zu Glas geworden. Kalt, zerbrechlich, kein Nacht-
mahr und kein Traum lebten mehr in ihnen. Ihre Seele hatte
ihren Leib verlassen.

Im Bestattungsunternehmen angekommen, wärmten meine
Kinder und ich uns am Kamin, doch alle Feuer der Hölle
hätten nicht vermocht, mein Zittern zu beruhigen. Mir war
eiskalt. Widerstrebend zog ich meinen Mantel aus. Ich trug
nicht Schwarz, sondern einen beigen Pullover und einen
braunen Rock. Das waren meine schönsten Sachen. Als ich
mich anzog, um zum Beerdigungsinstitut zu fahren, fiel mir
auf, dass ich kein einziges schwarzes Kleidungsstück besaß.
»Welche Frau trägt nie Schwarz?«, fragte ich mich. Nach
dem Sieg der Islamischen Revolution im Iran durften die
Frauen nur noch Kleidung in dunklen Farben tragen. War

das der Grund, warum ich Schwarz hasste? Hatte ich deswegen unser Wohnzimmer in einem »interessanten« Gelbton gestrichen, wie Andre es höflich formulierte? Warum gingen mir bei der Beerdigung meiner Mutter solch alberne Gedanken durch den Kopf?

Wir mussten eine enge Treppe hinaufgehen, um in den Aufbahrungsraum zu gelangen. Ich trug Schuhe mit hohen Absätzen, und die Füße taten mir jetzt schon weh. Es wäre viel vernünftiger gewesen, Hosen und Stiefel anzuziehen. Mein Vater ging mir voran. Er war jetzt neunundsiebzig, aber seine Haltung war immer noch perfekt. Er hatte immer noch diese vollkommene tänzerische Eleganz. Jede seiner Bewegungen besaß eine Leichtigkeit, als gälten die Gesetze der Schwerkraft nicht für ihn. Als er seinen Arm ausstreckte, um den Leuten die Hand zu schütteln, meinte ich fast, im Hintergrund wieder die Walzer und Tangos aus seinem Tanzstudio zu hören. Wie hatte er sich gefühlt, als ihm die Islamische Republik die Musik nahm? Was wird aus einem Land ohne Farbe, Musik, Dichtung, Literatur? Was wird aus *uns,* wenn Schönheit zum Verbrechen wird?

Die Anwesenden nickten, lächelten, machten traurige Gesichter. Ein paar von ihnen kannte ich, doch die meisten waren Freunde von Alik, die ich noch nie zuvor gesehen hatte. Ich fühlte mich schuldig, wie ich so dastand, Fremde begrüßte und ihre Beileidsbezeigungen entgegennahm. Sie wussten nicht, dass ich eine schlechte Tochter war, die mit sechzehn für zwei Jahre ins Gefängnis musste und ihren Eltern viel Leid verursacht hatte. Fragten sie sich, warum ich nicht Schwarz trug? Ich sah ein paar von meinen Freunden und seufzte erleichtert. Auch wenn ihnen keine Einzelheiten bekannt waren, so wussten sie doch, dass ich im Gefängnis gewesen war, und waren trotzdem zur Beerdigung gekommen.

Der blumengeschmückte Sarg meiner Mutter war an der gegenüberliegenden Seite des Raumes aufgestellt. Ich wusste, dass man ihr das purpurfarbene Kleid angezogen hatte. Bei meiner Hochzeit hatte sie wunderbar darin ausgesehen. Sie hatte an diesem Tag nicht geweint, wie das manche Mütter tun, deren Töchter heiraten. Sie war wütend auf mich gewesen, weil ich Andre heiratete. Warum ich etwas so Unsinniges tun wollte, konnte sie nicht verstehen. Nichtsdestotrotz spielte sie die Rolle der stolzen, glücklichen Mutter, ohne zu weinen, und ich war ihr dafür dankbar. Ich selbst hatte nicht gewusst, warum ich Andre heiraten wollte, doch ich war mir ziemlich sicher, dass ich ihn heiraten musste. Das war so, als hätte ich großen Hunger und müsste unbedingt etwas essen. Obwohl ich unmittelbar nach meiner Freilassung wieder in meine Kirche zurückkehrte, war ich für die iranische Regierung nach wie vor Muslimin. Da aber eine Muslimin keinen Christen heiraten darf, bedeutete die Rückkehr in meine Kirche und meine Heirat mit Andre für mich automatisch das Todesurteil. Wollte ich sterben? Hatte ich Andre deswegen geheiratet? Oder war diese Heirat eine Art Kampfansage, mit der ich der Welt zeigen wollte, dass ich immer noch ich war, obwohl die Islamische Republik versucht hatte, mich zu zerstören, und damit fast Erfolg gehabt hätte?

Vom Friedhof fuhren wir mit Freunden und Familie zu Alik nach Hause, um dort das Trauermahl zu halten. Alik und mich trennten vierzehn Jahre, daher waren wir uns nie besonders nahe gewesen. Auch äußerlich könnten wir nicht unterschiedlicher sein: Er ist dünn und gut zwei Meter groß, hat helle, fast weiße Haut, dunkelbraune Augen und eine riesige Nase. Ich bin etwas über einen Meter fünfzig, habe dunkle Haare und dunkle Augen. Der Catering-Service hatte ein persisches Gericht mit Basmatireis, Huhn und Rinderkebab zubereitet, doch ich hatte keinen Hunger. Die Leute aßen und unterhielten sich. Zum Nachtisch gab es Schälchen von *sholeh zard*, einem persischen Reispudding, der mit Rosenwasser, Safran und Zimt gemacht wird. Ich nahm mir einen Pudding – mein Körper brauchte unbedingt Zucker – und setzte mich neben meinen Vater.

Der Zimtduft ließ mich die Augen schließen und über das Glück nachdenken. War ich glücklich mit diesem meinem Leben? Ich hatte Evin überlebt, den Mann geheiratet, den ich liebte – wenn auch unter seltsamen Umständen –, ich hatte zwei prächtige Kinder, ein schönes Haus und, alles in allem, ein wunderbares Leben als Kanadierin. Musste Glück denn lauter Jubel sein? Während ich so meinen Betrachtungen über das Glück nachhing, schweiften meine Erinnerungen zurück zu jenen Kindheitstagen am Kaspischen Meer, als ich, Zimtkekse knabbernd, am Strand saß und den Sonnenuntergang betrachtete.

»Marina, deine Mutter hat dir vergeben, bevor sie starb«, ließ sich plötzlich mein Vater vernehmen.

»Was?«, hörte ich mich sagen.

»Ja, sie hat dir vergeben.«

Ich starrte ihn an, und ein eigenartiges Gefühl schoss mir aus der Magengrube in die Brust. Es durchtränkte mein Herz und meine Lunge und fühlte sich an wie eine dicke, kalkige Flüssigkeit. Einen Augenblick lang glaubte ich, mich übergeben zu müssen. Aber ich tat es nicht. Stattdessen fing ich zu meiner eigenen Überraschung an zu schreien. Keine Worte, ich schrie einfach nur. Ich hatte nicht geschrien, als ich gefoltert wurde. Nicht, weil ich dagegen ankämpfte, sondern weil jeder Peitschenhieb, der meine nackten Fußsohlen traf, mir jeden Funken Energie auszusaugen schien. Unter der Folter konnte ich nicht richtig atmen, so als hätte ich vergessen, wie das ging. Hamed, der Mann, der mich auspeitschte, hielt mein Schweigen für Trotz und schlug noch härter zu. Warum schrie ich jetzt? Ich wusste es nicht, aber ich konnte nicht mehr aufhören. Ich dachte, ich müsste aus Augen, Ohren und Nase bluten, ich dachte, meine Haut würde platzen. Wut. Ein Gefühl, das ich nicht mehr gespürt hatte, solange ich denken konnte.

Ich schrie so laut, dass ich nicht mehr atmen konnte. Ich rannte hinaus an die frische Luft.

Die Gesichter um mich herum verschwammen zu einem einzigen, sich bewegenden, ineinanderfließenden Flimmern von Farben und Formen. Zwischendrin kristallisierte sich eines scharf heraus, aber alles, was ich darin lesen konnte, waren Schock und Angst. Immer noch schreiend, kam ich in den Vorhof. Ich hätte Hilfe gebraucht, um mich wieder zu fangen, aber alle starrten mich nur an. Schließlich brach ich zusammen. Eine Freundin von mir, eine Ärztin, beugte sich über mich. »Du bist okay«, sagte sie. »Es ist alles in Ordnung. Schau mich an und atme.« Ich starrte in ihre wohlbekannten braunen Augen. Ich vertraute ihr, wie ich ihr immer vertraut hatte. Im Iran waren ihr Mann und Andre Kollegen gewesen und sie unsere Hausärztin. Ich konzentrierte mich auf ihre Stimme.

Ich kann mich nicht mehr erinnern, wie ich nach Hause gekommen bin. In den folgenden Tagen rief niemand an, um sich zu erkundigen, wie es mir ging. Niemand fragte, was mit mir los gewesen war. Ich vermutete, die meisten glaubten, der Tod meiner Mutter habe mich so aufgeregt. Nur passte so ein Ausbruch überhaupt nicht zu mir. Was ich getan hatte, war alles andere als normal. Mit Trauer hatte das nichts zu tun. Warum stellte mir niemand eine einzige Frage? Vielleicht hatten sie ja recht. Vielleicht sollte ich ja tun, was ich all die Jahre getan hatte: nach vorne schauen. Ich hatte einen Job, ich hatte eine Familie, ich hatte mein Leben hier, und darum musste ich mich kümmern. Als versuchte ich, genau das zu tun! Ich servierte weiter Hähnchenschenkel im Swiss Chalet, lächelte meine Kunden an und fragte, ob sie Pommes oder Salat als Beilage wünschten. Und an jedem Werktag, wenn meine Mittagsschicht vorüber war, holte ich meine Kinder von der Schule ab, fuhr nach Hause und kümmerte mich um Wäsche und Essen.

Eds Rechnung

Im Frühjahr 1994 begann ich, bei McDonald's zu arbeiten. Obwohl Andre nicht schlecht verdiente, konnten wir nichts zur Seite legen. Mittlerweile lebten meine Eltern bei mir, und die Kinder wurden langsam größer. Wir brauchten daher ein bisschen Geld zusätzlich. Michael war damals fünfeinhalb und ging in den Kindergarten, Thomas war gerade ein Jahr alt geworden. Meine Mutter passte auf Thomas auf, während ich in der Arbeit war. Zu meinen Kindern war sie gut und schenkte ihnen die Liebe, die sie mir nie zu geben vermochte. Mit meinem ersten Gehaltsscheck – dreihundert Dollar – kaufte ich eine Kinderschaukel für die Jungs. Ich war so ungeheuer stolz, etwas zum Familieneinkommen beitragen zu können.

Als meine Eltern nach Kanada kamen, freuten sie sich, endlich bei uns zu sein. Doch sie hatten sich das Leben hier ein bisschen leichter vorgestellt. Ich konnte ihre Erwartungen nicht erfüllen. Ich musste arbeiten, und wenn ich zu Hause war, kümmerte ich mich um meine Kinder. Ich hatte mir geschworen, ihnen eine gute Mutter zu sein. Um dieses Versprechen einzulösen, versuchte ich, so viel Zeit wie irgend möglich mit ihnen zu verbringen. Wir gingen in den Park, ins

Schwimmbad, in die Bibliothek. Sobald sie alt genug waren, nahm ich sie ins Kino mit. Wir fuhren gemeinsam Rad und machten lange Spaziergänge. Außerdem durften sie Klavierspielen lernen und im Soccerteam der Schule mitspielen. Ich wollte ihnen all die Möglichkeiten bieten, die ich nie gehabt hatte. Trotzdem versuchte ich, sie nicht allzu sehr zu verwöhnen. Sie wussten, dass sie nicht alles haben konnten, was sie wollten. Andre und ich arbeiteten hart. Wir machten ihnen klar, dass wir von ihnen dasselbe erwarteten. Das trug Früchte, sie waren recht gut in der Schule.

Meine Eltern aber fühlten sich in Kanada bald ziemlich isoliert. Mein Vater kam noch besser mit seiner Adoptivheimat zurecht, weil er Englisch sprach. Meine Mutter aber konnte sich so wenig verständigen, dass sie die meiste Zeit zu Hause blieb. Ziemlich schnell wurde es ihr schlicht langweilig. Im Iran hatte sie Freunde und Verwandte, mit denen sie ihre Zeit verbringen konnte. In Toronto kannte sie nur Alik, meinen Vater sowie Andre, mich und unsere beiden Söhne. Sie fand keine Freunde, weil sie so gut wie kein Englisch sprach und in einem hauptsächlich »weißen« Viertel lebte, wo es außer uns kaum Perser gab. Außerdem lebten wir in einer kleinen Doppelhaushälfte, was dem Einzelnen nur wenig Privatsphäre ließ. All diese Probleme und dazu der lange, harte kanadische Winter zehrten an den Nerven meiner Mutter. Einmal meinte sie mir gegenüber, sie käme sich hier vor wie im Gefängnis. Fast hätte ich gesagt, sie habe keine Ahnung, wie es in einem Gefängnis sei, aber ich biss mir lieber auf die Zunge. Mit der Zeit wurde sie ziemlich reizbar und regte sich über jede Kleinigkeiten auf. Ich betete darum, sie möge einsehen, dass ihr Leben, und das meines Vaters, sehr viel schwieriger geworden wäre, wenn sie in Teheran geblieben wäre. Bevor Andre und ich aus dem Iran weggingen, ja sogar noch während der Zeit, als wir in Zahedan leben mussten, in einem anderen Teil des Landes, weil Andre dort Arbeit gefunden hatte, hatten wir für meine Eltern die Hälfte der Miete beglichen. Andernfalls hätten sie nicht länger in einem guten Viertel wohnen können. Nach der Revolution aber war alles sehr viel teurer geworden, so dass mittlerweile sogar Mittelschichtfamilien ums Überleben kämpften. Meine Eltern konnten in Kanada vielleicht kein Luxusleben führen, aber immerhin waren sie in Sicherheit und hatten es einigermaßen bequem. Zumindest sah ich das so. Meine Mutter aber war nicht glücklich. Wir stritten und stritten, bis wir irgendwann kaum noch miteinander redeten. Meine Eltern meinten, wenn ich wolle, dass sie auf Thomas aufpassten, während ich arbeitete, müsse ich sie bezahlen. Ich willigte ein. Gleichwohl wurde die Situation immer schwieriger. Ich hoffte, dass sich ihre Unzufriedenheit früher oder später legen würde. Andre zeigte sich sehr geduldig, obwohl das Verhalten meiner Eltern auch für ihn eine große Belastung bedeutete.

Als ich 1997 hörte, dass die Restaurantkette Swiss Chalet bei uns in der Nähe ein neues Lokal eröffnete, bewarb ich mich dort und bekam den Job. Jeden Tag brachte ich Michael zur Schule und ging dann sofort zur Arbeit. Wenn meine Schicht zu Ende war, holte ich ihn wieder ab. Während der ersten drei Jahre ging ich zu Fuß zur Arbeit, was etwa eine halbe Stunde dauerte. Bei gutem Wetter fuhr ich mit meinem Fahrrad, das ich für fünf Dollar bei einem Garagen-Flohmarkt erstanden hatte. Kaum war ich im Restaurant angekommen, erledigte ich die allmorgendlichen Vorarbeiten: Ich schnitt das Gemüse für den ganzen Tag und machte Salat beziehungsweise Coleslaw, Krautsalat mit Zwiebeln und Möhren, bevor wir um elf Uhr öffneten. Werktags zur Mittagszeit bediente ich auch. Das bedeutete, dass ich Trinkgeld bekam. Verglichen mit meinem Job bei McDonald's, verdiente ich jetzt mehr. Ich mochte meinen Boss und meine Kollegen. Bald hatte ich »meine« Kunden, die mir von sich und ihren Familien erzählten.

Meine Kunden meinten häufig, ich habe einen »netten« Akzent, und wollten wissen, woher ich ursprünglich komme. Ich ließ sie gerne raten. Die meisten dachten, ich stamme aus Italien oder Südamerika. Manche hielten mich sogar für eine Französin. Wenn ich ihnen dann erzählte, dass ich aus dem Iran kam, waren alle ziemlich erstaunt. Wer ein bisschen über den Iran Bescheid wusste, meinte, ich müsse doch froh sein, jetzt in Kanada zu leben. Und tatsächlich war ich das, was ich ihnen auch sagte. Die meisten aber kannten das Land nicht und dachten, es müsse sein wie Afghanistan, was es nicht ist. Die beiden Länder sind sehr verschieden. Wieder andere glaubten, ich sei Araberin, weil ich aus dem Nahen Osten käme. Das hingegen störte mich ein wenig, und so erklärte ich den Leuten immer, Araber und Perser seien zwei völlig verschiedene Völker.

Historisch betrachtet sind Perser die Bewohner des Großpersischen Reiches, vor etwa zweitausendfünfhundert Jahren die erste Supermacht der Welt. Persien ist das Land der großen Achämenidenkönige (circa 550 bis 330 v. Chr.) Kyros und Dareios. Sie machten Persien zum größten Weltreich der Geschichte. Dabei waren sie keine brutalen Eroberer, sondern respektierten die Kultur anderer Völker. Die Araber hingegen sind die Nachkömmlinge der Stämme, die auf der Arabischen Halbinsel und in der Syrischen Wüste lebten. Araber sprechen einen der zahlreichen arabischen Dialekte, Perser (Iraner) sprechen Persisch (Farsi).

Nach zwei Jahren bei Swiss Chalet kannte ich die meisten Menschen aus unserem Viertel. Das gefiel mir. Meine größte Enttäuschung war es gewesen, dass ich in Kanada nicht weiter zur Schule gehen konnte. Ich hatte zwar den Highschool-

Abschluss in der Tasche, doch studieren war ausgeschlossen, weil wir uns das nicht leisten konnten. Ich musste schließlich an die Zukunft meiner Kinder denken.

Dass ich in einer »normalen« Stadt lebte und einen »normalen« Job hatte, ließ mich beinahe glauben, dass ich selbst »normal« sei. Die meisten meinten, ich sei ein fröhlicher, netter und freundlicher Mensch. Wie sollte es auch anders sein, wenn man in einem Land wie Kanada lebt? Niemand fragte mich je nach meinem früheren Leben im Iran, und ich war darüber sehr froh. Die Vergangenheit wieder aufleben zu lassen war das Letzte, was ich mir wünschte. Doch das Leben hat so seine eigene Art, uns Dinge ins Gedächtnis zu rufen, die wir lieber vergessen möchten.

Eines Wintertags – es war ein paar Monate vor dem Tod meiner Mutter – war mein erster Kunde ein Mann in den Sechzigern. Sein graues Haar war schon recht schütter. Er trug einen dunkelblauen Anzug und ein weißes Hemd.

»Einen Tisch für eine Person?«, fragte ich ihn von meinem Platz hinter dem Schalter.

»Nein, für zwei«, antwortete er.

Menschen, die auf andere Menschen warten. In der Mittagszeit etwas ganz Normales. Ich hatte häufig vier oder fünf Tische, an denen ein einzelner Gast saß und auf jemand anderen wartete. Gewöhnlich kamen dann alle auf einmal und wollten sofort etwas zu essen. Kanadier waren, wie ich bald feststellte, immer in Eile.

»Möchten Sie beim Fenster sitzen?«, fragte ich den Mann.

»Ja, gerne«, gab er zurück.

Ich plazierte ihn an Tisch 5, legte die Speisekarte vor ihn hin und ging in die Küche. Es war schon fast halb zwölf. Jimmy, der ebenfalls tagsüber bediente, war gerade gekommen. Eigentlich hätte er schon um elf Uhr hier sein sollen, aber er war immer zu spät dran. Mir war das egal. Unser Mittagsauftrieb setzte selten vor zwölf Uhr ein. Und wenn ich um fünfzehn Uhr Schluss machte, hatte Jimmy nichts dagegen, dass ich früher ging, wenn nicht allzu viel los war. Eine Hand wäscht die andere. Wir kamen gut miteinander aus. Er war Ende zwanzig und überlegte, was er mit seinem Leben noch anfangen sollte. Die meisten Bedienungen hier waren Studenten. Die Arbeit bei Swiss Chalet war nur ein vorübergehender Job. Für mich war es mein Schicksal. Und ich war darüber keineswegs unglücklich. Ich wusste ja, dass ich so meinen Kindern eine Möglichkeit geben konnte, ihre Träume zu verwirklichen, weit weg von Krieg und Revolution.

Also steckte ich mir mein Namensschildchen an und marschierte zu Tisch 5 zurück. Der Mann sah aus dem Fenster. Es hatte gerade angefangen zu schneien.

»Möchten Sie schon etwas trinken, während Sie warten?«, fragte ich.

»Zwei Mineralwasser und zwei Spezial-Menüs.«

»Sie wollen gleich bestellen? Aber das Essen braucht höchstens zehn Minuten, bis es da ist.«

»Je eher, desto besser.«

Als ich die beiden Menüs brachte, war – wie vorauszusehen – der Freund des Mannes noch nicht eingetroffen.

»Soll ich das Menü Ihres Freundes in der Küche warmstellen lassen?«, fragte ich.

»Nein, lassen Sie es hier.«

Ich stellte beide Menüs auf den Tisch und ging wieder. Ein paar Minuten später führte ich neu gekommene Gäste zu ihren Tischen. Der Mann an Tisch 5, der immer noch alleine aß, winkte mir.

»Ja?«, sagte ich. Wahrscheinlich wollte er das Essen seines Freundes nun doch warmgestellt haben.

»Können wir bitte zwei Gläser von Ihrem Hauswein haben? Weißwein bitte. Und die Ketchupflasche ist auch schon fast leer. Meine Frau isst aber gern Ketchup. Würden Sie uns bitte noch eine Flasche bringen?«, sagte er.

»Ja, gerne.«

An der Bar füllte ich zwei Gläser mit Weißwein und sah dabei zu Tisch 5 hinüber. Der Mann redete dauernd mit sich selbst. Irgendetwas war hier ganz entschieden nicht in Ordnung. Ich brachte den Wein.

»Danke sehr«, sagte er mit vollem Mund.

Ich ging zum Empfangstisch am Eingang, um das ältere Paar in Empfang zu nehmen, das dort wartete. Sie waren Stammkunden, und ich wusste, dass Mark, der Ehemann, unter Alzheimer litt. Seine Frau Helen war klein, schlank und immer noch schön. Sie hatte tiefblaue Augen und graues, glattes Haar. Mark wiederum war groß und gutaussehend. Seine freundlichen braunen Augen sahen immer ein wenig abwesend in die Welt. Sein gut geschnittener Anzug war stets perfekt gebügelt. Ich brachte das Paar an Tisch 6 und blickte dabei zu dem Mann an Tisch 5. Er saß immer noch allein da.

»Heather, bitte, tu das nicht«, hörte ich ihn leise sagen. In diesem Augenblick wusste ich, dass seine Frau nicht kommen würde.

Dann nahm ich an Tisch 6 die Bestellung von Mark und Helen auf.

»Wir nehmen das Hähnchen spezial«, meinte Helen. »Aber statt der Pommes lieber Salat. Ich werde ein paar Servietten extra brauchen. Oh, und Sie denken doch dran, dass Mark seinen Salat am liebsten mit Italian Dressing isst?«

»Natürlich«, antwortete ich.

Mark starrte mich mit leerem Blick an.

»Wie geht es Ihnen heute, Mark?«, fragte ich, aber er antwortete nicht.

Der Mann an Tisch 5 hatte aufgehört zu essen. Die beiden Weingläser standen leer am Tisch. Wieder winkte er mir.

»Ja?«

»Wir sind fertig. Ich glaube, Heather war heute nicht hungrig. Sie isst in letzter Zeit nicht viel. Wahrscheinlich macht sie wieder Diät. Aber sie hört einfach nicht auf mich, wenn ich ihr sage, dass sie mehr essen soll. Sie war immer schon ein Dickkopf. Heute ist unser vierzigster Hochzeitstag.«

»Vielleicht möchte Heather später noch etwas essen? Ich kann den Rest einpacken«, sagte ich. Meine Stimme klang dünn und blechern in meinen Ohren.

»Danke sehr, aber sie mag den Geschmack von altem Huhn nicht.«

»Kann ich Ihnen noch irgendetwas bringen?«

»Wie war Ihr Name doch gleich?« Er blinzelte, als er versuchte, mein Namensschild zu lesen.

»Marina.«

»Danke, Marina. Sie waren sehr freundlich.«

Ich spürte, wie mein Gesicht brannte.

»Möchte Heather vielleicht ein Stück Apfelkuchen?«, schlug ich vor. Doch ich begriff selbst nicht, weshalb ich dieses Spiel mitmachte.

»Das ist eine gute Idee. Ich glaube schon, dass sie welchen möchte. Ein Stück Apfelkuchen mit zwei Gabeln bitte. Und zwei Tassen Kaffee.«

Ich ging zum Küchenschalter. Das Essen für Tisch 6 war fertig, und ich trug es hinüber.

»Wer sind Sie?«, fragte Mark mich.

»Mark, diese Dame ist unsere Kellnerin. Wir sind zum Mittagessen hier, weißt du noch? Deine Leibspeise: Hühnchen mit Salat. Ich werde es dir schneiden.«

»Das ist schön«, sagte er und lächelte mich an. »Kommen Sie mit uns?«

Ich lächelte zurück. »Kann ich Ihnen noch etwas bringen?«

»Nein, danke«, meinte Helen.

Dann servierte ich ein Stück Apfelkuchen und zwei Tassen Kaffee an Tisch 5.

»Mein Name ist Ed«, sagte der Mann, ohne den Blick zu heben.

»Schön, Sie kennenzulernen, Ed.«

»Sie fragen sich vielleicht …«

»Ich verstehe schon.«

Ed sah mich an. »Sie ist vor sechs Monaten gestorben.« Er begann, den Apfelkuchen zu essen.

Ich sah in sein trauriges, sauber rasiertes Gesicht. Ein Mann, der in einem Swiss-Chalet-Restaurant mit der Erinnerung an seine verstorbene Frau zu Mittag aß. Und wo waren meine Erinnerungen? Was hatte ich damit getan?

Urplötzlich musste ich gegen meine Tränen ankämpfen. Ich versteckte mich ein paar Minuten in unserem Kühlraum. Stille, Dunkelheit und Kühle hüllten mich ein.

Als ich an Tisch 5 zurückkehrte, war Ed gegangen. Die Rechnung lag noch da. Auf der Rückseite stand: »Gott segne Sie, Ed.« Ich steckte das Stück Papier ein.

Draußen schneite es mittlerweile stark. Die ganze Welt sah aus wie ein Schneeball. Autos und Fußgänger kämpften sich die Yonge Street hinauf. Ich fühlte mich eingesperrt. Ein dicker Kloß saß mir im Hals.

Ich musste raus hier.

»Ich gehe heim«, sagte ich zu Jimmy.

»Geht's dir gut?«, fragte er.

43

»Ich habe nur Kopfweh.«

Ich rannte fast zu dem grünen Ford Escort, den ich vor einigen Monaten gekauft hatte. Kaum saß ich darin und hatte die Tür zugemacht, liefen mir die Tränen übers Gesicht. Tief drinnen wusste ich, dass diese Normalität, an die ich mich geklammert hatte, nur Schein war. Ich beneidete Ed sogar. Er war tapfer genug, sich seinem Verlust zu widersetzen. Er trauerte wenigstens. Das hatte ich nie getan. Ich war vor meinem Schmerz davongelaufen und hatte ihn verleugnet. Vielleicht war Ed ja verrückt, aber immerhin verstand er es, mit den Gespenstern zu leben, die ihn verfolgten. Ich fühlte mich wie eine Betrügerin. Dann fiel mir Mark ein. Was, wenn ich eines Tages zum Vergessen gezwungen würde, so wie er? Andererseits hatte ich eine Familie, einen Job, ein Leben – ich musste einfach weitermachen.

Als ich nach Hause kam, befestigte ich Eds Botschaft mit einem Magneten an der Kühlschranktür. Ich wollte sie jeden Tag vor Augen haben. Vielleicht würde ich so tapferer werden.

Eines Abends gegen Ende Juli 2000 stand ich in der Küche. Ich machte Spaghetti mit Fleischsauce für die Jungs, die oben spielten. Mein Vater war mittlerweile ausgezogen, kurz nach dem Tod meiner Mutter, die wenige Monate zuvor gestorben war. Er lebte nun in einem Appartement in einem ruhigen, gut geführten Haus für betreutes Wohnen. Wir hingegen wohnten seit Anfang Juli in einem richtigen Haus, einem Traum von einem Vorstadtidyll mit vier Schlafzimmern, zwei Bädern und einer extra Toilette. Vor unserem Umzug war ich, wann immer ich nach der Arbeit noch ein paar Minuten Zeit hatte, bevor ich die Jungs abholen musste, zu unserem neuen Haus gefahren. Ich hatte um die Ecke geparkt und es mir angesehen. Ich stellte mir vor, wie wohl sich die Kinder in ihren frisch gestrichenen Zimmern fühlen würden. Und Andre und mich in unserem neuen großen Schlafzimmer. Welche Farbe sollte ich für das Wohnzimmer nehmen? Auf keinen Fall dieses verrückte Gelb. Ein elegantes Lila vielleicht?

Die Fleischsauce begann zu kochen. Der Geruch von Zwiebeln, Tomaten und Fleisch erfüllte das Haus. Ich würzte ein wenig mit Oregano nach, als meine Gedanken in meine Vergangenheit abdrifteten.

Das Evin-Gefängnis. Ali, einer der Männer, die mich verhörten, las mir aus dem Koran vor. Er spricht von der Jungfrau Maria. Sie ist gesegnet. Warum sie mich dann nicht hier heraushole?

Sie haben mich an einem hölzernen Bettgestell festgebunden und geben mir Peitschenhiebe auf die Fußsohlen. Schmerz – nur Schmerz. Was habe ich getan, um so etwas zu verdienen? »Wo ist Shahrzad?«, fragen sie immer und immer wieder. Ich weiß es nicht, sonst hätte ich es ihnen gesagt.

Es ist kalt und dunkel. Ich will nur heim und mich in mein Bett verkriechen. Schlafen. Doch ich bin in einer Einzelzelle eingesperrt. Eine stinkende Militärdecke liegt über mir. Als ich meine Augen schließe, nehme ich den Duft meiner Mutter wahr – eine Mischung aus Chanel No. 5 und Zigaretten. Ich spüre die Wärme ihres Körpers.

Jemand tritt auf mich ein. Mein ganzer Körper schmerzt. »Steh auf! Steh auf!«, schreit jemand. Hamed, einer meiner Verhörbeamten.

Ich werde an einen hölzernen Pfahl gebunden. Um mich herum sehe ich andere Gefangene wie mich. Wir sind umgeben von bewaffneten Wachen. Meine Füße schmerzen. Ich bin müde. So unendlich müde.

Der Kopf meiner Freundin Sarah hängt in einer Schlinge aus Kopfschleiern. Ihr Gesicht ist schon ganz blau. »Marina! Lauf! Hol eine Schere! Sofort! Beeil dich!«, schreit Sheida. Ich laufe los.

Ali reißt mir die Kleider vom Leib. Er liegt auf mir und hält meine Handgelenke fest. Ich versuche, ihn wegzustoßen, aber es gelingt mir nicht. Ich spüre einen fürchterlichen Schmerz zwischen den Beinen. Ich schreie laut auf.

Ich verlasse das Evin-Gefängnis. Sie haben mich endlich freigelassen. Es regnet. Und es ist kalt.

Warum lasse ich meine Freunde zurück?

Was mich in die Wirklichkeit zurückreißt, ist das durchdringende Pfeifen des Rauchmelders. Überall Rauch. Die Fleischsauce ist zu einer dicken schwarzen Kruste verbrannt. Ich drehe die Herdplatte ab und öffne die Fenster. Wie konnte das nur passieren? Ich stehe doch immer noch vor dem Herd! Meine Kinder kommen die Treppe heruntergelaufen. »Mom, was ist denn los?«

»Keine Sorge. Ich habe nur unser Abendessen verkohlen lassen.«

Seit ich in Freiheit bin, habe ich nicht mehr an Evin zurückgedacht. Ich hatte diesen Gedanken mit aller Macht vermieden. Warum musste ich ausgerechnet jetzt daran denken? Warum standen die Erinnerungen so frisch und klar in meinem Geist, als wäre ich letzte Woche noch dort eingesperrt gewesen?

An jenem Abend öffnete ich nach einem heißen Tag die Schlafzimmerfenster, bevor ich zu Bett ging. Ich hatte Andre wie immer einen Gutenachtkuss gegeben, und wie immer war er gleich darauf eingeschlafen. Er lag auf dem Rücken und schnarchte ein bisschen. Ich horchte auf diese friedlichen

Laute. Er sah so gut aus. Vielleicht noch besser als damals, als ich ihn – ein paar Monate vor meiner Verhaftung – kennengelernt hatte. Er war reifer geworden und wirkte nicht mehr so jungenhaft und scheu. Ich ließ meinen Blick über sein vollkommenes Gesicht gleiten: die sanft geschwungenen Hügel seiner geschlossenen Lider, seine blonden Brauen, die schmale, gerade Nase, die Lippen, die weder zu dick noch zu dünn waren. Ich verliebte mich in ihn in ebenjenem Moment, als ich ihn in unserer Kirche in Teheran zum ersten Mal sah. Und ich glaube, auch er verliebte sich in diesem Augenblick in mich. Dann kam Evin. Im Gefängnis dachte ich immer wieder an ihn zurück. Diese Erinnerung half mir zu überleben. Ich klammerte mich an das Bild von diesem vollkommenen Antlitz. Seine Liebe wurde zu meiner Hoffnung, zum Licht, das mich eines Tages zu ihm zurückbringen würde. Es wäre für ihn so viel leichter gewesen, mich zu vergessen, während ich im Gefängnis war, und einfach weiterzuleben. Aber er tat es nicht. Er wartete auf das Mädchen, das er liebte. Nur dass das Mädchen, das das Evin-Gefängnis verließ, nicht mehr dasselbe war wie das, das dort hineingegangen war. Es hatte sich verändert. Ja, aber das wollte ich doch nicht. Ich wollte immer noch dasselbe Mädchen sein. Ich wollte, dass alles sein sollte wie vorher.

»Ich hätte es auch akzeptiert, wenn du mit einem Baby auf dem Arm heimgekommen wärst«, sagte Andre mir kurz nach meiner Freilassung. »Ich hätte dich genauso geliebt wie vorher. Für mich hätte sich dadurch gar nichts geändert.«

Damals wusste er noch nicht, was mir im Gefängnis widerfahren war. Er hatte nur Gerüchte gehört, dass junge Mädchen dort vergewaltigt wurden. Diese drei Sätze, die er im März 1984 zu mir sagte, waren das einzige Gespräch über das, was ich in Evin erlitten hatte. Andre fragte mich auch nicht, ob ich ihn heiraten wolle. Stattdessen sagte er: »Wann sollen wir heiraten?« Ich hätte ihn vom Fleck weg geheiratet, wenn es für mich so einfach gewesen wäre.

Vielleicht habe ich Andre ja betrogen, indem ich ihn geheiratet habe. Ich hatte ihm die Wahrheit nie erzählt. Wie hätte ich das auch gekonnt? Wie hätte ich das, was mir im Evin-Gefängnis widerfahren ist, je in Worte fassen sollen? Als ich Andre heiratete, liebte ich ihn da wirklich? Oder liebte ich nur meine Erinnerung an ihn? Wie kann man mit jemandem, den man liebt, in der Lüge leben?

Ich sah, wie sich der Vorhang vor dem Fenster in der Brise aufblähte, schwanger vom Vollmondlicht. Der zarte Stoff schwebte auf und ab. Ich stellte mir vor, ein silberner Engel versuchte hereinzugelangen, um mir etwas ins Ohr zu flüstern, ein Wort, das die schreckliche Last auf meiner Brust leichter machte. Wo war mein Engel? Der Engel, von dem ich träumte, als *Babu* starb. Der Todesengel, der zu meiner Überraschung kein bisschen schrecklich aussah. Der mich tröstete und mich sanft in seinen Armen wiegte. Vielleicht hatte ich ihn ja auch enttäuscht?

In jener Nacht träumte ich, ich stünde auf einer Straße, die mitten durch die Wüste führte. Ich war ganz allein. Die Straße war nichts weiter als ein grauer Streifen auf dem Sandmeer, das die Welt bedeckte. Keine Bäume, keine Pflanzen, keine Tiere. Nirgends. Der Himmel war eine tiefblaue Kuppel, die sich feindselig wie alles andere über mir wölbte. Ich wartete auf Andre, der mich abholen sollte, aber mir war nicht klar, was ich in der Wüste zu suchen hatte und wohin ich überhaupt wollte. Andre verspätete sich. Nach einer Weile bekam ich Angst. Vielleicht hatte er mich ja vergessen? Dann sah ich ein schwarzes Auto am Horizont. Ich bekam noch mehr Angst, denn ich sah, dass der Fahrer nicht Andre war. Ich wollte weglaufen, aber wo sollte ich denn hier draußen hin? Der schwarze Wagen, ein Mercedes, hielt direkt vor mir. Das Fenster auf der Fahrerseite öffnete sich. Hinter dem Steuer saß Ali.

»Wartest du auf jemanden?«, fragte er.

»Andre holt mich ab«, erklärte ich.

»Steig in den Wagen, Marina. Niemand wird dich abholen«, sagte er und lächelte.

Da wachte ich schweißgebadet auf.

Ich konnte nicht länger im Bett bleiben. Leise stand ich auf und ging in die Küche hinunter. Ich hatte seit Jahren nicht mehr von Ali geträumt. Was wollte er von mir? Ich atmete tief durch und versuchte, mich zu sammeln. Ali war tot. Er würde nicht plötzlich vor unserer Tür stehen und mich zurückhaben wollen. Es war ein Traum, ein dummer Traum. Und wenn der Traum etwas bedeutete? Ich begann zu weinen.

Nur wenige Tage nach meiner Verhaftung hatte Ali mich vor der Hinrichtung gerettet. 1982 im Evin-Gefängnis. Der Richter war ein Scharia-Geistlicher, der entweder an einem Tisch in einem der Gänge saß oder in seinem mit Aktenstapeln gefüllten Zimmer. Jeden Tag wurden etwa zehn junge Menschen verhaftet. Das Gefängnis war total überfüllt. Evin war für ein paar hundert Häftlinge ausgelegt, nicht für mehrere tausend. Daher wurden die Gefangenen im Eilverfahren abgeurteilt. Der Scharia-Richter warf meist nur einen kurzen Blick in die Akten und fällte dann sein Schnellurteil. Wenn ein Häftling nicht »kooperierte« oder gar wagte, den Verhörbeamten zu widersprechen, so konnte dies leicht ein Todesurteil zur Folge haben, zumindest aber eine lange Gefängnisstrafe. Ich wurde von zwei Männern verhört: Hamed und Ali. Hamed schlug mich, während Ali zusah. Hamed glaubte, ich lüge. Ali hingegen war überzeugt, dass ich die Wahrheit sagte. Ali erzählte mir später, er habe seinen Einfluss geltend gemacht, dass mein Todesurteil in eine lebenslängliche Gefängnisstrafe umgewandelt wurde. Fünf Monate später zwang er mich, ihn zu heiraten. Er drohte mir, meine Eltern und Andre festzunehmen. Ich hasste ihn dafür. Ich empfand diese Ehe als so große Schmach, dass ich sie geheim hielt. Solange ich Gefangene in Evin war, sollte meine Familie nicht wissen, dass ich mit meinem Aufseher schlief.

Nach meiner Heirat mit Ali verbrachte ich mehrere Monate in Einzelhaft. Da hat man viel Zeit zum Nachdenken. Ich fragte mich, weshalb Ali mir das Leben gerettet, warum er mich geheiratet hatte. Liebte er mich tatsächlich, wie er ständig behauptete? Damals gab es für Gefangene nur eine Sorte Bücher, in denen sie lesen durften: den Koran und Bücher über den Islam im Allgemeinen. Ich las sie, um mir die Zeit zu vertreiben. Im Koran fand ich diesen Vers (Koran 4,3): »… nehmt euch als Frauen, was euch gut erscheint, zwei oder drei oder vier. Doch wenn ihr fürchtet, ihnen nicht gerecht werden zu können, heiratet nur eine oder diejenigen, die ihr von Rechts wegen besitzt [gefangene Frauen].«[2]

Zwischen der islamischen Regierung des Iran und den »antirevolutionären Kräften« herrschte Krieg. Und ich war eine Kriegsgefangene. Wenn ich das Ganze recht verstehe, war ich nach islamischem Recht Alis Besitz geworden. Ich fragte mich, ob er wohl auch andere Mädchen geheiratet hatte. Vielleicht war das im Gefängnis ja ganz normal. Ich fragte Ali. Er sagte mir, ich sei seine einzige Frau, aber konnte ich seinem Wort wirklich vertrauen?

Von Zeit zu Zeit bekam ich Ausgang. Dann nahm Ali mich mit, damit ich seine Eltern und seine Schwester kennenlernen sollte. Seine Mutter erzählte mir, er sei unter dem Schah selbst politischer Gefangener gewesen. Ich sah die Narben der Peitschenhiebe auf seinem Rücken. Er war ein Opfer gewesen wie ich. Allmählich wurde mir bewusst, dass der Mann, den ich für das leibhaftige Böse gehalten hatte, ein ganz normaler Mensch war. Seine Eltern, die zu mir immer sehr freundlich gewesen waren, wussten, dass er in Evin als Folterknecht arbeitete, doch sie waren stolz auf ihn und seinen Beruf. Aus ihrer Sicht war ihr Sohn Hüter ihrer Art zu leben, Wächter über das Land und den Islam. Sie waren blind für die Grausamkeit seines Tuns, weil sie in ihren Augen ja gerechtfertigt war. Seine Familie akzeptierte mich auch nur, weil ich zum Islam übergetreten war. In ihrer Vorstellung hatte der Übertritt alle Sünden von mir abgewaschen.

Vierzehn Monate nach unserer Heirat gab Ali seine Stelle auf. Er sagte mir, er habe Ärger mit Assadolah-eh Ladjevardi, dem Staatsanwalt von Teheran, bekommen, der gleichzeitig auch Leiter des Evin-Gefängnisses war. Einen Monat nach seiner Kündigung verließen wir nach dem Abendessen das Haus seiner Eltern, als ein Motorrad auf uns zuhielt. Der Beifahrer zog eine Pistole und schoss auf Ali. Er starb in meinen Armen. Seine letzte Worte waren eine Bitte: Er flehte seinen Vater an, dafür zu sorgen, dass ich sicher zu meiner Familie zurückkehren könne. Für den Mord machte man die Modschahedin-e Chalgh, eine marxistisch-islamische Gruppe, verantwortlich. Alis Vater allerdings glaubte, dass es um Streitigkeiten innerhalb der Revolutionskräfte ging und dass Ladjevardi die Ermordung seines Sohnes angeordnet hatte. Ladjevardi, der Schlächter von Evin, der Tausende von Häftlingen foltern und ermorden ließ, behielt mich noch sechs Monate im Gefängnis. Er wollte mich mit einem anderen Aufseher verheiraten, doch Alis Vater hatte Verbindungen zu Ayatollah Khomeini und konnte so meine Freilassung erwirken. Vielleicht schmierte er auch ein paar Gefängnisbeamte.

Anscheinend wurde Ladjevardi gegen Ende 1984 oder Anfang 1985 seines Amtes enthoben, doch weil er fürchtete, man könnte ein Attentat auf ihn verüben, lebte er mit seiner Familie weiter in Evin. Er wurde 1998 am helllichten Tag im Großen Basar von Teheran erschossen.

Es wäre anormal gewesen, nicht von Ali zu träumen. Wie hätte ich einfach vergessen und weiterleben können? Ich hatte Andre und meine Freunde im Gefängnis verraten – und Gott. Gab es eine Möglichkeit, jemals alles wieder in Ordnung zu bringen?

Die gestickte Tischdecke
meiner Mutter

Alptraum folgte auf Alptraum, bis ich schließlich überhaupt nicht mehr zu Bett gehen wollte. Doch ich musste ja, schließlich wollte ich Andre nicht erzählen, was mit mir
los war. Ich war dazu noch nicht bereit. So gab ich ihm jeden
Abend seinen Gutenachtkuss und wälzte mich danach im
Bett, bis ich endlich ermattet einschlief. Dann kamen die Alpträume. Von der Straße träumte mir wenigstens zweimal die
Woche. Manchmal führte sie durch die Wüste, manchmal
aber hüllte mich auch ein Schneesturm ein, während ich auf
Andre wartete, auf einen Freund, meine Mutter oder meinen
Vater, die mich abholen sollten. Doch statt ihrer kam immer
Ali. Dann wieder träumte ich, an einen Pfahl gekettet zu sein
und ausgepeitscht zu werden. Oder in einer dunklen, kalten
Zelle zu sitzen. Nach einiger Zeit wurde mir klar, dass ich etwas unternehmen musste, wenn ich nicht den Verstand verlieren wollte. Doch was?
Eines Nachts, als ich wieder wach lag und die Schlafzimmer-
decke anstarrte, spürte ich, dass jemand im Raum war. Ich
richtete den Blick auf das Fußende meines Bettes. Dort sah
ich im schwachgelben Licht, das aus dem Flur hereindrang,
jemanden stehen. Erstaunt hob ich den Kopf. Es war meine

Mutter. Sie trug ein Totenhemd und darüber eine dieser wunderschönen Tischdecken, die sie immer mit Seidengarn bestickt hatte. Ich wollte Andre wecken, doch ich konnte mich nicht bewegen. Ich wollte schreien, doch meine Lippen waren versiegelt. Ich starrte meine Mutter nur an. Sie stand still da, ohne ein Wort zu sagen. Ich weiß nicht, wie lange ich so stockstelf dalag, aber als ich mich endlich wieder bewegen konnte, war sie verschwunden.

Am nächsten Tag erzählte ich Andre, was ich gesehen hatte.

»Du musst sie gehen lassen«, meinte er.

»Ich *habe* sie schon gehen lassen.«

»Wenn du das getan hättest, würde sie dir nicht erscheinen. Offensichtlich gibt es zwischen euch ungelöste Probleme. Du musst ihr verzeihen.«

»Ich habe ihr verziehen!«

»Hast du das?«

»Zumindest dachte ich das.«

»Warum überlegst du dir nicht, was du ihr immer schon sagen wolltest, und sagst ihr diese Dinge dann, als stünde sie hier vor dir? Oder schreib ihr einen Brief. Ich weiß nicht. Aber tu etwas, sonst wird keine von euch je Frieden finden.«

Er hatte recht. Ich musste mich meinen Problemen stellen.

Acht Jahre später führte ich eine wissenschaftliche Untersuchung zu den Auswirkungen von Folter auf junge Menschen unter achtzehn durch. In deren Verlauf hatte ich ein Gespräch mit Dr. Jean Wittenberg, Professor an der Universität von Toronto, Projektleiter an meinem Forschungsinstitut und Leiter des Kinderpsychiatrieprogramms am Kinderkrankenhaus von Toronto. Ich hoffte, meine Forschungsarbeit würde mir helfen, mich selbst besser zu verstehen, und dass ich danach in der Lage wäre, anderen Folteropfern zu helfen. Dr. Wittenberg meinte, er habe keinerlei Erfahrung mit jungen Folteropfern, habe aber mit missbrauchten Kindern gearbeitet. So sprachen wir über traumatisierte Jugendliche. Ich erzählte ihm, dass ich mich lange Zeit nach meiner Entlassung aus Evin völlig normal gefühlt hatte. Ich hatte nie ans Gefängnis gedacht und weder Alpträume noch Flashbacks gehabt, Momente, in denen traumatische Szenen plötzlich im Gedächtnis aufflammen. Irgendwann aber setzten die quälenden Träume plötzlich ein. Ich wollte wissen, ob das normal war. Dr. Wittenberg meinte, es sei bei Kindern nicht unüblich, dass sie nach traumatischen Erfahrungen versuchten, sich möglichst an die Normalität angepasst zu verhalten. Manchmal, so meinte er, schließen Kinder ihre Erfahrungen gleichsam in eine Seifenblase ein, mit der sie dann durchs Leben gehen. Sie vermeiden alles, was diese Blase zum Platzen bringen könnte. Mit der Konsequenz, dass sie wichtige Bereiche ihres Lebens zum Teil vollkommen ausklammern. So würden sie häufig lange Jahre weitermachen, bis die Seifenblase eines Tages platzte und sie sich mit ihrem Trauma auseinandersetzen müssen. Dann zeigten sich die jeweiligen Symptome. Jeder Mensch entwickele seine eigene Art, mit Traumata und ihren Folgen umzugehen. Diese sei von vielen Faktoren abhängig – Genetik, Umwelt, Erziehung. Dass ich das Schreiben als meine Bewältigungsstrategie gewählt habe, hat vermutlich mit meiner Kindheit zu tun.

Ich hatte schon als Kind und Teenager stets Zuflucht zu Büchern gesucht. Mit neun entdeckte ich in fußläufiger Entfernung von unserer Wohnung in Teheran ein Antiquariat, in dem es gebrauchte englische Bücher gab. Der Besitzer hieß Albert und war ein netter Iraner aus Armenien. Er wusste, dass ich nicht viel Geld hatte, daher lieh er mir die Bücher einfach. Und ich verschlang sie. Innerhalb von drei oder vier Jahren bildete ich ein Ritual heraus: Wann immer ich mich traurig oder unter Druck fühlte, las ich Jane Austen – was nach dem Sieg der Islamischen Revolution 1979 häufig geschah. Austens Romane eröffneten mir eine Welt, die viel einfacher und vorhersehbarer war als meine eigene. Vor allem *Stolz und Vorurteil* entwickelte sich für mich zum Suchtstoff. Ich las es immer und immer wieder. Nun aber wurde mir bewusst, dass ich Austens Bücher seit Jahren nicht mehr zur Hand genommen hatte. Vielleicht war es genau das, was mir im Augenblick fehlte? Aber hatte es auch Sinn, sich in eine fiktionale Welt zu flüchten? Es würde mir zwar einige Stunden besser gehen, aber am Ende müsste ich unweigerlich in meine Wirklichkeit zurückkehren. Ich war jetzt fünfunddreißig. Sollte ich morgen sterben, wäre die Hälfte meines Lebens nichts weiter als Lüge gewesen, der verzweifelte Versuch, der Wahrheit zu entkommen. Ich hatte Ärztin werden wollen. Stattdessen war ich ins Gefängnis gekommen. Nach meinem Gefängnisaufenthalt hatte ich mein Leben damit zugebracht, die Augen vor den Schrecken zu verschließen, deren Zeugin ich geworden war.

»Was würde Jane Austen an meiner Stelle tun?«, fragte ich mich. Die Antwort lag klar auf der Hand: Sie würde schreiben. Konnte *ich* vielleicht auch schreiben? Früher jedenfalls war es ganz gut gegangen. Ich musste ja nicht für ein Leserpublikum schreiben. Ich könnte für mich schreiben, für mich allein. Schließlich hatte Andre auch gemeint, Schreiben könne mir helfen.

Zwar war Persisch meine Muttersprache und ich liebte die persische Literatur, doch in gewisser Weise waren Jane Austen, Charlotte und Emily Brontë, Emily Dickinson, Charles Dickens und Mark Twain längst meine besten Freunde. Also beschloss ich, auf Englisch zu schreiben.

Und so marschierte ich ins nächste Kaufhaus und erwarb ein Notizbuch. Wenn ich jetzt meine Schicht bei Swiss Chalet beendet hatte, was gewöhnlich um vierzehn Uhr der Fall war, ging ich den nächsten Coffeeshop und schrieb dort bis fünfzehn Uhr zwanzig. Dann musste ich los, um die Kinder von der Schule abzuholen. Zu Hause wollte ich nicht schreiben, denn Andre arbeitete gelegentlich zu Hause, und ich wollte nicht, dass er erfuhr, was ich da meinem Notizbuch anvertraute. Ich war noch nicht bereit, diese Geheimnisse zu teilen, die ich mehr als siebzehn Jahre lang für mich behalten hatte.

Mein erster Versuch war acht Seiten lang. Die Buchstaben waren ungelenk und tanzten über die Seiten wie in einem schlechten Traum. Jeder, der damals einen Blick auf meine Aufzeichnungen geworfen hätte, hätte sicherlich nicht ein Wort lesen können. Es war, als durchblätterte man das Fotoalbum eines vollkommen fremden Menschen.

Ich hatte erwartet, dass ich mich besser fühlen würde, sobald ich alles niedergeschrieben hatte, doch in Wirklichkeit ging es mir schlechter. Ich konnte nachts kaum noch schlafen, wurde reizbar, zog mich immer mehr zurück. Vielleicht war ich ja am Überschnappen. Dann begann ich mich zu fragen, welchen Wert meine Geschichte haben würde, wenn ich mein Notizbuch unter der Unterwäsche versteckt hielt und es niemandem zu lesen gab. Dann wären meine Geheimnisse immer noch Geheimnisse. Nichts hätte sich verändert. Ich würde weiter leiden. Doch ich hatte Angst davor, es anderen zu zeigen. Ja, genau. Ich hatte eine Heidenangst. Die Angst war mein Gefängnis geworden – ein Gefängnis, dessen Schlüssel ich selbst in der Hand hielt. Ich fragte mich, weshalb ich wohl überlebt hatte. Weil ich besser war als jene, die gestorben waren? Ich wusste wohl, dass dies nicht der Fall war. Die Toten waren die Helden, nicht ich. Und doch war ich da und sie nicht, und es gab niemanden, der dies hätte ändern können. Hieß das nun, dass ich weiterhin die stets freundlich lächelnde Mutter bleiben sollte, die gute Hausfrau, die hart arbeitende Kellnerin, die den kanadischen Traum verwirklicht? Bei dem Gedanken wurde mir übel. Ich konnte diese Komödie einfach nicht mehr weiterspielen. Ich erstickte förmlich daran. Ich musste wieder Luft holen können. Doch dazu gab es nur einen Weg: Ich musste meine Geschichte mit anderen teilen, auch wenn diese Vorstellung mir Panik verursachte.

Anfangs machte ich mir noch Sorgen, dass meine Erinnerung mich vielleicht trügen könne. Vielleicht hatte ich ja das ein oder andere vergessen oder erinnerte mich nicht mehr genau, wie es wirklich gewesen war. Vielleicht sollte ich meine Erinnerungen in einen Roman verpacken und der Welt erzählen, dass bloß Teile davon auf Tatsachen beruhten. Nur war ich leider keine Jane Austen, auch wenn ich mir das noch so gewünscht hätte. Außerdem würde ich, wenn ich mich hinter dem Schutzwall der Fiktion versteckte, meinem eigentlichen Beweggrund, warum ich meine Geschichte erzählen wollte, zuwiderhandeln: Ich hatte zu guter Letzt doch noch beschlossen, mit der Angst zu brechen. Die Wahrheit unter dem Schleier der literarischen Erfindung zu verbergen wäre feige gewesen. Auf diese Weise würde ich der Regierung des Iran nur eine Steilvorlage liefern, um meine Geschichte als unwahr abzutun. Dann nämlich könnten sie mit Fug und Recht behaupten, ich hätte mir alles nur ausgedacht.

Mein Gedächtnis mochte mich da und dort im Stich lassen, doch gibt es Hunderte von Menschen, die ihre Geschichte niederschreiben, auch wenn ihre Erinnerungen lückenhaft sind. Sie tun es, weil sie glauben, dass das, was sie erlebt haben, es wert ist, erinnert zu werden. Viele Überlebende des Holocaust haben ihre Geschichte erst Jahre später erzählt. Ich glaubte einfach, dass es mein gutes Recht – ja vielleicht sogar meine Pflicht – sei, dasselbe zu tun.

Ich schlug im Oxford English Dictionary nach, was der englische Begriff *memoir* heißt: »historischer oder biografischer
Bericht aus dem persönlichen Erleben«. Ich war weder Histo-
rikerin noch Journalistin, aber das hieß ja nicht, dass meine
Erinnerungen bedeutungslos waren. In Evin hatte ich weder
Papier noch Stift. Und sogar wenn ich beides besessen hätte,
wäre mir nie erlaubt worden, Aufzeichnungen zu machen.
Die Gefängniswärter hätten niemals geduldet, dass wir über
ihre Grausamkeiten schrieben. Und selbst wenn dies möglich
gewesen wäre, so bin ich mir sicher, dass ich nie eine Zeile
hätte zu Papier bringen können, solange der Schrecken mich
noch umgab: Damals wollte ich das Grauen aus meinem Bewusstsein verbannen. Nun, Jahre später, wurde mir klar, wie
wichtig die Erinnerung ist, wie wichtig es ist, dass wir uns das
Recht nehmen, Zeugnis abzulegen.
Anfang Juni 2002 nahm ich all meinen Mut zusammen und zeigte Andre mein Manuskript. Bevor ich damit an die Öffentlichkeit trat, musste ich zu Hause für klare Verhältnisse sorgen. Ich
wusste nicht, wie Andre reagieren würde. Er hatte jedes Recht,
auf mich wütend zu sein. Vielleicht würde er mir ja vorwerfen,
dass ich Ali geheiratet und ihm diese Tatsache verschwiegen hatte. Mir war sehr wohl bewusst, dass dieses Geständnis auch das
Ende unserer siebzehnjährigen Ehe hätte bedeuten können.
Als ich Andre sagte, ich wolle über Evin schreiben und würde
ihm am Ende meine Geschichte zu lesen geben, zeigte er keine Reaktion. Er stellte mir auch nie Fragen über meine Arbeit
und meine Fortschritte. Ein Teil von ihm wollte diese Dinge
sicher immer noch nicht wissen. Doch es gab keinen anderen
Weg für uns beide.
Schließlich gab ich ihm das Manuskript, das ich noch einmal
gelesen und abgetippt hatte. Er nahm es wortlos und legte es
auf seine Seite des Bettes. Am nächsten Tag fragte ich ihn, ob

er es gelesen habe. Er verneinte und sagte, dass es zu schwierig sei für ihn. Doch er versprach mir, es zu lesen, sobald er sich dazu bereit fühle.

Drei Tage später war Samstag. Ich arbeitete im Restaurant. Im Sommer hatte ich immer die Abend- und die Wochenendschicht, damit ich während der Ferien tagsüber mit den Kindern zusammen sein konnte. Plötzlich sah ich Andre, der mit unseren beiden Söhnen das Swiss Chalet betrat. Ich führte sie alle in meinen Bereich, brachte ihnen etwas zu trinken und nahm ihre Bestellungen auf. Als ich die Menüs auf den Tisch stellte, sagte Andre zu mir: »Ich hab's gelesen.«

Ich hielt inne: »Hast du?«

Ich kannte diesen Ausdruck in seinem Gesicht. Es war Traurigkeit.

»Wir reden zu Hause darüber«, sagte er.

Die Zeit bis zum Ende meiner Schicht war unerträglich. Ich konnte mich nicht konzentrieren. Meine Kollegen dachten alle, ich sei krank. Ich sagte, ich habe Kopfschmerzen, und verließ das Restaurant ein bisschen früher als üblich.

Als ich nach Hause fuhr, sauste die Straße an mir vorüber. Ich parkte in der Einfahrt, blieb aber unbeweglich im Auto sitzen. Das Licht im Schlafzimmer meines älteren Sohnes brannte. Vielleicht spielte er ein Videospiel. Ich starrte das Haus an, als sähe ich es zum ersten Mal. Ich ließ mein ganzes Leben in meiner Erinnerung vorbeiziehen. Ich hatte fast alles, was ich mir als Mädchen erträumt hatte: Ich hatte mir gewünscht, mit Andre zusammen zu sein und Kinder mit ihm zu haben. Ich wollte in einem schönen Haus in einem freien Land leben. Doch jetzt, wo ich all das hatte, hasste ich mich selbst dafür. Ich fühlte mich als Eindringling.

Als ich aus dem Auto stieg, umhüllte mich der süße Duft des Phloxes in unserem Garten. Ich ging zur Haustür. Ich steckte den Schlüssel hinein und drehte ihn um. In diesem Moment war mir klar, dass mein Leben sich ändern würde.

Ich fand Andre in unserem Schlafzimmer.

»Warum hast du mir davon nicht schon früher erzählt?«, fragte er mit einem Ausdruck in den Augen, den ich noch nie an ihm gesehen hatte – einer Mischung aus Schmerz, Trauer, Enttäuschung und Verwirrung. Mein Schweigen hatte ihn mit einem Wall umgeben, der nun durchbrochen war.

»Ich konnte nicht. Wirst du mir verzeihen?«

Der verletzte Blick verschwand.

»Was gäbe es da zu verzeihen. Kannst du mir denn vergeben?«, wollte er wissen.

»Wofür?«

»Dafür, dass ich dich nicht gefragt habe.«

Er liebte mich also immer noch. Ich hätte wissen müssen, dass er mich nicht im Stich lassen würde. Als er seinen Arm um mich legte, fühlte ich, wie mir ein Stein vom Herzen fiel, den ich seit Jahren mit mir herumschleppte. Mein guter Andre war so lieb zu mir. Er vertraute mir voll und ganz. Und doch verdiente ich das nicht. Hätte er mich gleich nach meiner Entlassung aus dem Gefängnis über Evin ausgefragt, hätte ich ihm vermutlich gar nichts erzählt. Damals zählte für mich nur eines: dass jemand für mich da sein würde, wenn ich bereit wäre zu sprechen.

»Was willst du mit dem Manuskript tun?«, fragte Andre mich.

»Ich habe beschlossen, es zu veröffentlichen. Ich glaube nur nicht, dass es schon so weit ist. Am liebsten würde ich noch ein oder zwei Kurse in kreativem Schreiben machen. Die Universität von Toronto bietet so etwas als Gasthörerkurs an. Man muss keine Vorkenntnisse haben, aber jeder Kurs kostet etwa fünfhundert Dollar. Können wir uns das leisten?«

»Ja, können wir. Tu es! Ich weiß, dass du es einfach tun musst.«

Nach all diesen Jahren erstaunte mich Andres Güte noch immer. Schließlich hätte er auch nein sagen können. Finanziell gesehen fehlte es uns zwar an nichts, aber viel Geld übrig hatten wir auch nicht. Doch so war Andre. Unsere Ehe war keineswegs immer harmonisch verlaufen – wir hatten so unsere Differenzen. Doch immer wenn ich ihn am meisten brauchte, war er für mich da. Er hatte auf mich gewartet, als ich im Gefängnis war, und er hatte mich danach sofort geheiratet. Dadurch brachte er sich in Lebensgefahr. Doch er unterstützte mich, wo er nur konnte. Durch seine harte Arbeit schaffte er es, dass wir den Iran verlassen und nach Kanada kommen konnten, wo wir ein neues Leben anfingen. Unsere Ankunft in Kanada war ein Triumph. Doch danach begannen unsere Schwierigkeiten. Es erforderte eine enorme Anstrengung von uns beiden, uns in unserer neuen Heimat einzuleben, so dass wir uns hier zu Hause fühlten.

Chocolate Cookies

Als ich fünfzehn Jahre alt war, erhielt ich immer Briefe von Alik, der 1979 nach Kanada ausgewandert war. In diesen Briefen beschrieb er die Yonge Street. Er erzählte mir, dass sie am Lake Ontario in Toronto beginne und sich dann eintausendneunhundert Kilometer weit nach Norden ziehe. Deshalb sei sie die längste Straße der Welt. Das war unvorstellbar für mich. Als ich versuchte, mir das vorzustellen, fiel mir nur der Gelbe Ziegelsteinweg aus dem *Zauberer von Oz* ein, der zur Smaragdstadt führte. Die Yonge Street musste mindestens ebenso wunderbar sein.

Am 28. August 1991 brachte uns ein Flugzeug über den Atlantischen Ozean nach Kanada, und ich fragte mich, wie unsere neue Heimat wohl aussehen würde. Alik hatte mir Fotos von seinem Haus in einem Vorort Torontos geschickt. Das Haus war groß – geradezu riesig, verglichen mit den Appartements, in denen ich die meiste Zeit meines Lebens verbracht hatte. Es sah so wunderschön aus wie im Märchen. Alik jedoch hatte mir geschrieben, dass es nach kanadischem Maßstab ein Durchschnittshaus sei. Er hatte mir auch Fotos von den Niagarafällen geschickt, vom Canadian National Tower und der Universität von Toronto. Genauso gut hätte er mir

Fotos von Narnia oder einem anderen Zauberland schicken können. Auf mich wirkten Aliks Fotos wie Aufnahmen vom Mars oder einem anderen Planeten. Sogar die Farben sahen auf den Fotos aus Kanada anders aus als die Farben, die ich kannte: Das Blau war tiefer, das Braun dunkler, das Rot leuchtender, das Gelb schärfer, das Grün lebendiger und Rosa und Lila verträumter. In meiner Vorstellung war Kanada ein kaltes Land, in dem es im Winter nichts als schneite. Der kurze Sommer verbreitete sich an den Ufern eines blauen Sees, den ein Kranz dunkelgrüner Fichten und Tannen umschloss. Gut, aber war dieses fremde Land uns auch wohlgesinnt? Würden wir uns in seiner unendlichen Weite auch zurechtfinden?

Als wir von Ungarn aus den Flug nach Kanada antraten, war Michael gerade zweieinhalb Jahre alt. Glücklicherweise verschlief er fast den gesamten Flug. Als er erwachte, waren wir schon nahe Toronto. Ich sagte ihm, er solle doch aus dem Fenster gucken auf die riesigen Wolkengebirge, die sich da türmten.

»Ist das Kanada?«, fragte er und zeigte auf eine gewaltige Gewitterwolke. Ich hatte ihm so viel über unsere neue Heimat erzählt, dass er es gar nicht erwarten konnte, dort zu landen. Ich hatte ihm versprochen, dass wir dort im Winter Schneemänner bauen würden und im Sommer in kristallklaren Seen schwimmen.

»Nein, Schatz, das ist eine Wolke. Kanada liegt dort unten … unter der Wolke … man kann es noch nicht sehen.«

»Schneemann!«, rief er und zeigte auf eine andere Wolke.

»Hier macht sogar Gott Schneemänner«, dachte ich.

An jenem Tag, dem Tag, an dem wir in Kanada ankamen, trug ich mein schönstes Kleid. Meine Mutter hatte es genäht. Es war burgunderrot und unglaublich schick. Ich hatte mir sogar passende Schuhe dazu gekauft. Sie waren schwarz und hatten acht Zentimeter hohe Absätze. Ich wollte mich anpassen. Ich wollte aussehen wie eine echte Kanadierin. Ich stellte mir vor, dass Menschen, die in einem so reichen Land wie Kanada lebten, unglaublich modisch sein müssten. Als wir uns durch den Pearson Airport kämpften, stellte ich zu meinem Erstaunen fest, dass die meisten Frauen Jeans oder Khakihosen trugen. Aber das war mir egal. Man sollte stets gut angezogen in ein neues Leben gehen. Und ich wollte diesen Tag zu etwas Besonderem machen.

Was den Pearson Airport anging, hatte ich fast alles vergessen. Mein Gedächtnis war ein einziges Kaleidoskop neuer Eindrücke: Ich eilte mit Michael ewig lange Flure hinunter, stand in ewig langen Schlangen und antwortete auf die Fragen eines Zollbeamten. Als wir es endlich in die große Halle schafften, hätte ich am liebsten laut Aliks Namen geschrien, doch ich hielt mich zurück. Obwohl ich ihn zwölf Jahre lang nicht gesehen hatte, erkannte ich ihn sofort. Sein Haar war grau und dünn geworden, aber sonst sah er noch genauso aus wie damals. Da er fast zwei Meter groß ist, überragte er ohnehin alle. Sein Kopf tanzte über der Menschenmenge aufgeregt hin und her. Wir fielen uns sogleich in die Arme und konnten nicht mehr voneinander lassen.

Ich saß auf dem Rücksitz von Aliks Wagen und starrte hinaus, während er uns zu sich nach Hause brachte. Wir sollten bei ihm wohnen, bis wir ein Appartement gefunden hätten. Der Himmel war indigoblau, so unrealistisch wie auf einer Kinderzeichnung. Der Horizont schien so unendlich weit weg, viel weiter, als ich es je gesehen hatte. Es war August, und die Felder strahlten in blendendem Grün. Die Maisfelder schienen sich endlos auszudehnen, bis zum Nordpol vielleicht. Häuser hingegen gab es nur sehr wenige. Der Duft von Gras, Wasser und Erde erfüllte die Luft.

»Wo ist Toronto?«, fragte ich Alik.

»Toronto!«, platzte Michael heraus und zeigte auf ein paar Pferde im Gehege einer Farm.

»Mein Haus liegt in einem Vorort«, sagte Alik, als erklärte das alles und jedes. In Teheran hatten wir auch Vorstädte, aber zwischen ihnen und dem Zentrum war kein Raum. Hier aber umgaben mich Felder und tiefe Wildnis.

Das Auto rollte über den Highway. Nach ein paar Minuten kam eine Stadt mit nahezu gleich aussehenden Backsteinhäusern in Sicht. Jedes Haus hatte einen hübschen Vorgarten, der – anders als in Teheran – nicht hinter hohen Mauern verborgen war. Üppige Blumenbeete leuchteten in Rot, Orange und Pink. Wir waren angekommen. Ich war ein wenig besorgt, aber voller Hoffnung. Wieso sollte ich in einem Land mit so intensiven Farben meinen Weg nicht finden können? Als wir in Aliks Haus traten, fühlte ich mich wie ein Astronaut bei der Landung auf dem Mars.

Ich hatte erwartet, dass Alik und seine Frau mich nach Evin fragen würden, aber sie taten es nicht. Das Schweigen, das mir im Iran entgegenschlug und das ich nach meiner Entlassung selbst verstärkt hatte, hatte seinen Weg über den Ozean gefunden. Ich konnte es mittlerweile fast sehen. Es glich einer riesigen Qualle, die die Welt verschluckt hatte. Ich wollte kein Mitleid, aber ich wünschte mir, dass jemand von alldem Kenntnis nahm. Nicht nur von meinen eigenen Erfahrungen, sondern auch von all dem, was ich gesehen hatte. Meine Zellengenossen und ich hatten gelitten. Tief in meinem Herzen sehnte ich mich danach, dass dieses Leiden nicht sinn- und zwecklos gewesen war.

Am Tag nach unserer Ankunft begann Andre mit der Arbeitssuche. Michael und ich machten uns auf, unsere neue Heimat zu erkunden. Als ich Michael zum ersten Mal in einen kanadischen Park mitnahm, nieselte es, doch wir zogen trotzdem los.

Bevor wir nach Kanada kamen, hatten wir zehn Monate in Ungarn gelebt. In Budapest hatten mich Leute im Bus oder im Park als »Zigeunerin« beschimpft. Ich hatte das nicht persönlich genommen. Ich hatte nichts gegen Roma, aber ich war keine Zigeunerin. Ich hatte dunkle Augen und langes schwarzes Haar. Vermutlich hatten die Ungarn noch nie eine Iranerin gesehen. Man konnte ihnen wegen ihrer Unwissenheit kaum böse sein. Schließlich hatten auch sie lange Jahre in einer Gesellschaft gelebt, die sie vom Rest der Welt isoliert hatte. (Wir waren 1990 nach Ungarn gekommen, kurz nach dem Fall des kommunistischen Regimes.) Ich hoffte, dass dies in Kanada anders sein würde, dass niemand mich dort aufgrund meiner Haut- oder Haarfarbe ablehnen würde.

Ich setzte Michael auf die Schaukel und schob ihn mit aller Kraft in den Himmel hinauf. Er lachte und lachte. »Höher!«, rief er. »Höher!« Niemand war zu sehen. Erst ein paar Minuten später kam ein Mann mit einem Mädchen auf uns zu, das wohl etwa so alt war wie Michael. Ich dachte, der Mann müsse ihr Großvater sein. Michael rutschte von der Schaukel herunter und flitzte zur Rutschbahn. Der Mann setzte das Mädchen auf die Schaukel. Ich sah den beiden zu, da wandte er mir den Blick zu und lächelte. Ein wenig unsicher gab ich das Lächeln zurück. Er trug schwarze Baumwollhosen und eine beigefarbene Jacke. Anders als ich schien er sich auf dem Spielplatz wohl zu fühlen. Er und die Kleine waren ganz offensichtlich Bewohner des Kanada-Planeten und wussten gar nicht, wie seltsam dieser in meinen Augen wirkte. Jeder einzelne ihrer Schritte sagte mir, dass sie genau wussten, was sie taten. Jeder meiner Schritte drückte Zweifel und Unsicherheit aus. Ich fragte mich, wie oft sie schon hierhergekommen waren. Möglicherweise waren sie ja beide hier, in diesem Land, zur Welt gekommen. Das war ihr Ort, ihr Land. Und ich war eine Fremde hier. Doch wenigstens konnte ich sicher sein, dass Michael bald das Gefühl haben würde, hierher zu gehören.

Der Regen wurde stärker. Der Himmel bedeckte sich mit ungeduldigem Grau, der Farbe des Sturms.

»Soll ich Sie irgendwohin mitnehmen?«, fragte der Mann.

Ich schüttelte nur den Kopf und murmelte leise: »Danke schön.«

»Cookies! Ich will Cookies!«, rief Michael da. Er hatte vor zwei Tagen zum ersten Mal in seinem Leben Chocolate Chip Cookies bekommen, aber wir hatten keine mehr. Ich wusste, dass um die Ecke ein Lebensmittelladen war, aber ich hatte in Kanada noch nie eingekauft. Wir lebten ja immer noch bei Alik und seiner Frau.

»Cookies! Bitte, bitte!«, bettelte Michael. Da nahm ich ihn auf den Arm und lief auf den Laden zu, während der Regen auf dem Gehsteig dicke Pfützen bildete. »Rain, rain go away, come again another day!«, sang ich. Ich versuchte, Michael Englisch beizubringen, und er liebte Kinderlieder und -reime. In dem Laden gab es so viele verschiedene Kekse, dass ich einige Zeit brauchte, bis ich »unsere« Cookies fand. Mir war ganz schwindlig. Diese ungeheure Vielfalt erstaunte mich. Ich schickte ein Stoßgebet zum Himmel: Hoffentlich wollte Michael nicht alle auf einmal probieren! Doch der starrte nur mit weit aufgerissenen Augen auf die überquellenden Regale. Als ich die Packung mit den Keksen aufs Förderband legte und der jungen, blonden Frau hinter der Kasse einen Zwanzigdollarschein hinhielt, traten mir unwillkürlich Tränen in die Augen. Ich konnte es kaum fassen: Da weinte ich, weil ich ein Päckchen Kekse kaufte! Natürlich hatte die junge Frau keine

Ahnung, wie schwierig mein Leben bisher gewesen war und wie lange ich gewartet hatte, bis ich endlich in dieses Land hatte kommen können.

»Was für ein hübscher Junge«, sagte sie, als sie mir das Wechselgeld reichte. »Schicke Schuhe! Wo haben Sie die denn gekauft?«

Michael saß auf meinem Arm und trug seine farbigen Wildlederschuhe, die ich aus Ungarn mitgebracht hatte.

»In Europa«, sagte ich.

»Das habe ich mir fast gedacht. So etwas Schickes gibt es hier nicht. Wo in Europa?«

»In Ungarn. Wir sind gerade erst nach Kanada gekommen, um hier zu leben.«

»Gefällt es Ihnen denn?«

»Ja, sehr. Die Leute sind so nett.«

Ich war in den Park gegangen, und nun stand ich in einem Laden, und niemand hatte mich beschimpft. Man hatte mich nicht geschlagen, festgenommen oder sonst etwas, weil ich den Hidschab nicht trug, den traditionellen Kopfschleier. Und wir hatten Kekse gekauft. Was wollte man mehr? Michael und ich hopsten den ganzen Weg nach Hause und sangen dabei Kinderlieder. Ich wusste, dass unser Leben in Kanada nicht wie im Märchen verlaufen würde. Dazu gehört letztlich eine Unschuld, die ich mit sechzehn Jahren bereits verloren hatte. Seitdem glaube ich nicht mehr an das »Und sie lebten glücklich bis an ihr Lebensende …« Doch hier hatten wir Hoffnung. Und wir konnten uns mit harter Arbeit ein besseres Leben schaffen.

Ein paar Tage nach unserer Ankunft fand Andre einen Job als Elektroingenieur. Das war fast ein Wunder, denn Kanada stand damals am Rande einer Rezession. Wir mieteten eine Wohnung, bezahlten die Kaution und hatten immer noch zweihundert Dollar auf dem Konto. Alik schenkte uns ein blaues Zweisitzersofa und einen Polstersessel. Wir kauften einen billigen Küchentisch, sechs Stühle und ein Bett für Michael. Für uns besorgten wir eine riesige Matratze, die wir im Schlafzimmer auf den Boden legten. Andres Chef vermachte uns seinen alten Fernseher. Wir nahmen einen Kleiderdrahtbügel und bogen ihn zur Antenne um. Damit konnten wir sechs Kanäle empfangen. In Teheran hatten wir nur zwei gehabt. Wir waren für alles einfach nur dankbar.

Und raten Sie mal, wo unsere Wohnung lag! Ja, genau: in der Yonge Street. Ich werde nie vergessen, wie ich das erste Mal an der Kreuzung Yonge Street und Baif Boulevard stand. Es war Anfang Oktober, und die Sonne strahlte immer noch ein bisschen Wärme aus. Michael hängte sich an meine Hand und wartete genauso ungeduldig wie ich auf das kleine weiße Männchen in der Ampel, das uns sagte, dass wir die Straße gefahrlos überqueren und zum Supermarkt gehen konnten. Obwohl mein Haus keine böse Hexe getötet hatte und keine gute Fee mir rote Schuhe geschenkt hatte, fühlte ich mich wie Dorothy aus dem *Zauberer von Oz* zu Beginn ihrer Reise. Der einzige Unterschied war: Ich wusste, dass der Zauberer, wie mächtig er auch sein mochte, mich nicht nach Hause zurückbringen konnte. Obwohl ich mein Land schrecklich vermisste, wollte dieses mich doch nicht mehr haben.

Eines der ersten Dinge, die Andre und ich taten, nachdem wir die Wohnung an der Yonge Street bezogen hatten, war, die nächste katholische Kirche aufzusuchen. Wir mussten Gott einfach danken! In der Kirche lernten wir Menschen kennen, mit denen wir heute noch gut befreundet sind. Eines Tages stieg Andre nach der Messe die kleine Treppe zur Orgel hinauf und erzählte Flavia, der Organistin, dass er in Teheran ebenfalls die Orgel gespielt hatte. Flavia lud uns zum Abendessen ein und fragte mich, ob ich nicht Lust hätte, in ihren Leseclub mitzukommen. Und tatsächlich wurden die monatlichen Treffen des Clubs für mich bald zum Lebenselixier. Das lag nicht nur an den Büchern, die wir lasen. Natürlich liebte ich das Lesen, doch der Club gab mir weit mehr, nämlich das Gefühl, irgendwo dazuzugehören. Während des ersten Treffens erwähnte ich, dass ich im Iran politische Gefangene gewesen war. Niemand stellte mir dazu Fragen. Erst zehn Jahre später gehörten die Frauen des Leseclubs zu den Ersten, die die Fahnen meines Buches *Ich bitte nicht um mein Leben* lasen.

In der Kirche lernten wir ein junges Ehepaar mit Namen Lynn und Joe kennen. Die beiden hatten zwei Töchter. Eine von ihnen war in Michaels Alter. Sie luden uns zu unserem ersten Thanksgiving-Essen in Kanada ein. Lynn war Dentalhygiene-Technikerin und arbeitete halbtags. Wir sahen uns regelmäßig und wurden gute Freunde. Sie hatte ein Auto, daher holte sie Michael und mich manchmal von zu Hause ab, und wir fuhren mit den Kindern in die Bibliothek, in den Park oder ins Einkaufszentrum. Lynn nahm uns auch in den Erlebnispark Canada's Wonderland mit, der Michaels Lieblingsausflugsort wurde. Mit Lynns Hilfe entwickelte ich bald das Gefühl, dass Kanada tatsächlich meine Heimat werden könnte.

Der *Sunday Star*

Um meinen Schreibstil zu verbessern, bat ich als Erstes die Damen vom Leseclub, mein Manuskript zu lesen. Seit zehn Jahren trafen wir uns nun regelmäßig einmal im Monat. Tatsächlich waren alle sehr gespannt auf das, was ich geschrieben hatte. Ihre positiven Reaktionen gaben mir den Mut, den nächsten Schritt zu wagen. Ich belegte einen Kurs für kreatives Schreiben an der Uni.

Heute erzählt Lee Gowan – mein erster Lehrer für kreatives Schreiben an der School of Continuing Studies an der Universität Toronto, wo wir als Gaststudenten eingeschrieben waren – manchmal davon, wie wir uns im Februar 2003 kennengelernt haben. An diesem Tag eilte ich nach der Schicht bei Swiss Chalet in den nächsten Supermarkt, kaufte zwei große Pizzen für Andre und die Kinder, fuhr nach Hause, zog mich um und raste mit dem Auto zur Finch Subway Station, um die U-Bahn zum St. George Campus der Uni zu nehmen, wo der Kurs stattfand. Ganze eineinhalb Stunden war ich unterwegs. Als ich an der St. George Station ausstieg und zur Bedford Street hinaufging, war es kalt, windig und grau. Ich hatte den Stadtplan genau studiert und mir den Weg eingeprägt, war aber so ungeheuer nervös, dass ich an jeder Ecke stehen blieb und kontrollierte, ob ich auch nicht die falsche Abzweigung genommen hatte. Ich trug meinen Parka, eine Mütze, Handschuhe und meine wärmsten Stiefel, aber mein Gesicht war taub von der Kälte. Der Wind kroch mir durch alle Gewandschichten.

»Was tue ich hier eigentlich?«, fragte ich mich, während ich mich weiter durch die Straßen kämpfte. Panik stieg in mir auf. Ich, eine Iranerin, die es gerade mal zu einem Abitur gebracht hatte. Ich war Kellnerin, und Englisch war noch nicht einmal meine Muttersprache. Vermutlich waren alle Studenten, die mich gerade reihenweise überholten, klüger als ich und auf jeden Fall gebildeter. Ich gehörte einfach nicht hierher. Dann aber erinnerte ich mich daran, dass ich eine Mission zu erfüllen hatte.

Als ich in die Hoskins Avenue einbog, sah ich das alte Steingebäude des University College vor mir. Es erinnerte mich an ein Schloss. Mir fiel wieder das Foto ein, das Alik mir geschickt hatte, kurz nachdem er 1979 in Kanada angekommen war. Auf die Rückseite hatte er geschrieben, dass das College Mitte des 19. Jahrhunderts errichtet worden war, dann aber einem Feuer zum Opfer fiel und 1890 wieder aufgebaut werden musste. Angeblich sollte es dort spuken. Am interessantesten fand ich die auffällige Asymmetrie: Die linke Hälfte des Gebäudes sieht ganz anders aus als die rechte. Damals hatte ich das Foto eingehend studiert und über die Menschen nachgedacht, die an dieser Universität studierten. Damals war ich vierzehn Jahre alt und lebte im Iran nach der Islamischen Revolution. Die Wände Teherans waren damals voller Spruchbänder und Schmierereien, die den Westen und die westliche Kultur verunglimpften. Die Rechte der Frauen wurden sukzessive eingeschränkt, Musik, Tanz und Literatur aus dem kulturellen Leben des Iran verbannt. Die Studenten an der Universität von Toronto schienen mir die glücklichsten Menschen auf Erden zu sein. Nun lebte ich selbst in Toronto und fühlte mich so wertlos wie eh und je. Doch sogleich rügte ich mich selbst: Ich musste aufhören, so zu denken. Ich musste dieses Buch schreiben und alles tun, dass es veröffentlicht wurde. Das war meine zweite Chance! Deswegen sollte ich nicht im Gefängnis sterben.

Da stand ich nun vor dem University College und besah es aus nächster Nähe. Rechts erhob sich ein Turm, unter dessen Dach ein Fenster glänzte. Plötzlich kam mir das Bild von Rapunzel in den Sinn, wie sie sich aus dem Fenster lehnt und ihrem Prinzen den dicken blonden Zopf herablässt. Ich stieß die schwere, hölzerne Eingangstür auf und trat in die nur schwach erleuchtete Halle. Gleich neben dem Eingang fand sich ein Plan des Hauses, doch es gelang mir nicht, mich darauf zurechtzufinden. Ich wusste, in welchem Raum mein Kurs stattfinden sollte und dass dieser im zweiten Stock liegen musste. Also stieg ich die breite Treppe hinauf und ließ meine rechte Hand über das glatte Holzgeländer gleiten. Meine Stiefel hallten laut in dem nahezu menschenleeren Gebäude. Es roch stickig und abgestanden, als stünde die Luft schon seit tausend Jahren hier drin. Wäre ich als junges Mädchen hierhergekommen, hätte ich wohl geglaubt, dass hinter einer dieser Türen eine böse Hexe wohnt. Ich durchmaß Flur um Flur, bis ich endlich zu meinem »Klassenzimmer« kam.

Lee Gowan betrat den Raum superpünktlich. Ich hatte im Kursprogramm sein Foto gesehen, aber er war viel größer, als ich ihn mir vorgestellt hatte. Er trug einen schwarzen Pullover und schwarze Hosen. Die Tische standen im Quadrat, wir waren vierzehn Kursteilnehmer. Lee setzte sich unzeremoniös auf den einzigen noch freien Stuhl. Dann bat er uns, dass wir uns vorstellten und ihm und den anderen erzählten, weshalb wir einen Kurs in kreativem Schreiben belegt hatten. Die meisten Teilnehmer waren entweder Anwälte oder Büroangestellte und sagten, sie hätten immer schon schreiben wollen. Als die Reihe an mich kam, senkte ich den Blick und sagte wahrheitsgemäß:

»Mein Name ist Marina Nemat. Ich wurde im Alter von sechzehn Jahren im Iran wegen angeblicher politischer Aktivitäten verhaftet. Ich wurde gefoltert und entkam im allerletzten Augenblick meiner Hinrichtung. Das ist nun fast zwanzig Jahre her. Ich möchte diese Geschichte aufschreiben.«

Mein Herz klopfte bis zum Hals. Ich hatte das Gefühl, jedes einzelne Blutgefäß in meinem Körper müsse gleich platzen. Alle starrten mich fassungslos an. Ich schob die Hände unter die Oberschenkel und hoffte, die anderen Kursteilnehmer würden nicht merken, dass ich am ganzen Leib zitterte. Ich wollte hier nicht in Tränen ausbrechen. Aber das tat ich auch nicht. In Evin hatten wir gelernt, unsere Emotionen vor den Verhörbeamten zu verbergen, da sie sie sonst gegen uns eingesetzt hätten. Manchmal vergruben wir unsere Gefühle auch tief in unserem Inneren, weil wir unsere Zellengenossen nicht noch mehr belasten wollten. In Evin hatte ich nur selten offen geweint. Ich hob meine Tränen vielmehr für die Gebetszeit auf, wenn der Tschador mein Gesicht verdeckte. So wie es die meisten Mädchen dort taten.

Ich weiß nicht mehr, was Lee sagte, aber im ersten Moment hatte es ihm wie allen anderen die Sprache verschlagen. Später meinte er, er habe noch nie so eine außergewöhnliche Vorstellung gehört und sei vollkommen schockiert gewesen.

Unsere erste Übung war eine Geschichte über eine Zwiebel. Der Geruch von Zwiebeln erinnerte mich immer an *Babu*, meine Großmutter, die für mich gekocht hatte. Also schrieb ich etwas über sie. Mit jeder Übung gewann ich mehr Vertrauen in meine erzählerischen Fähigkeiten, und bald las ich der Gruppe Passagen aus meinen Erinnerungen vor. Lee und die anderen Kursteilnehmer schienen wirklich Anteil an meiner Arbeit zu nehmen. Ihre Kritik half mir, die Geschichte aus dem Blickwinkel von Menschen zu sehen, die nichts über den Iran wussten. Ich erkannte, dass ich meine Geschichten detailgenauer erzählen musste, denn was mir selbstverständlich erschien, bedurfte für die meisten der anderen Kursteilnehmer einer Erklärung. Ich musste dem durchschnittlichen westlichen Leser die Grundlagen einer vollkommen fremden Kultur vermitteln. Es ging ja schließlich nicht nur darum, wie man unter schwierigen Umständen erwachsen wird. Meine Geschichte handelte von einem Kind, das zum politischen Gefangenen wird, obwohl es nicht einmal besonders politisch engagiert war. Und überhaupt: Wie viel politisches Bewusstsein besitzt eine Sechzehnjährige denn gewöhnlich? Evin war eine finstere Welt voller Schrecken, ein echter Alptraum, und genau das wollte ich vermitteln. Die Aufgabe, die ich mir gestellt hatte, schien meine Kräfte zu übersteigen, doch Lee und später andere Lehrer zeigten mir, dass man sich Szene für Szene vornehmen muss, wenn man ein Buch schreiben will. Und die einzelnen Szenen galt es dann wie ein Puzzle zusammenzusetzen. Und genau das tat ich dann auch.

Beim Schreiben der einzelnen Abschnitte tauchte ich noch einmal in jene Zeit ein. Als ich über die Auspeitschungen schrieb, war ich zurück im Evin-Gefängnis und spürte jeden einzelnen Hieb auf meinen Fußsohlen. Ich erinnerte mich an die seltsame Betäubung, die mich überfiel, als ich verhaftet wurde. Einige dachten, ich sei ungeheuer tapfer, aber das war es nicht. Ich hatte mich nur vollkommen von meinem Körper verabschiedet. Als mich Soldaten an einen Pfosten banden und mit ihren Gewehren auf mich zielten, empfand ich keine Angst. Ich war nur ungeheuer traurig und müde. Ich wollte nur, dass sie mich endlich schlafen ließen.

Vor meiner Verhaftung war ich ein gesundes Mädchen gewesen, im Gefängnis aber litt ich unter heftigen Migräneanfällen und Magenproblemen. Ich entwickelte eine schwere Refluxösophagitis, bei der der Magensaft zurück in die Speiseröhre rinnt und diese verätzt. Das tat höllisch weh. Nach meiner Entlassung suchte ich deswegen einen Internisten auf. Der diagnostizierte Magengeschwüre und verordnete mir Medikamente und eine spezielle Diät. Meinem Magen ging es daraufhin immer besser. Irgendwann verschwanden die Beschwerden ganz. Sobald ich aber mit dem Schreiben begann, flammten die Beschwerden wieder auf. Ich musste wieder zum Arzt. Jetzt aber halfen Medikamente und Diät nicht so schnell wie beim ersten Mal, vielleicht, weil ich meine alten Erfahrungen immer wieder durchlebte.

Ich war nie bei einem Psychologen oder Psychiater gewesen. Ich hatte zwar von Flashbacks gehört, aber ich wusste nicht genau, was es damit auf sich hatte. Eines Tages saß ich vor dem Fernseher und schaute mir eine Folge der Krimiserie CSI an. Eine junge Frau wurde vergewaltigt. Bei diesen Bildern hatte ich meinen ersten Flashback: Ali war da. Ich konnte ihn nicht sehen, aber spüren. Seine Haut rieb sich an meiner. In Panik sprang ich auf und rannte in die Küche. Die Angst ergriff jede einzelne Zelle meines ganzen Körpers. Ich nahm all meinen Mut zusammen und sagte mir eindringlich, dass es nur eine Erinnerung sei. Doch die Scham, die ich all die Jahre zurückgedrängt hatte, war ganz real und gegenwärtig. Ich kämpfte. Ich sagte mir, dass ich die Kontrolle über all das hatte. Da ließ die Scham nach und verschwand schließlich ganz. Doch dieses Erlebnis erschütterte mich zutiefst.

Flashbacks zu beschreiben ist nicht leicht. Gewöhnlich sind es keine Bilder, die mich überfallen, sondern heftige Emotionen – Angst, Abscheu, manchmal auch beides zusammen.

Und sie scheinen buchstäblich aus dem Nichts über mich zu kommen. Erstaunlicherweise sind es nie die Folterungen, die ich in meinen Flashbacks von Evin noch einmal durchlebe. Dabei war doch der Schmerz, den das Kabel verursachte, wenn es meine Fußsohlen traf, stärker als alles, was ich je erlebt habe. Und ausgepeitscht zu werden war nicht nur schmerzhaft, sondern auch zutiefst demütigend. Das Erschießungskommando erscheint nie in meinen Flashbacks. Obwohl diese Erfahrung schrecklich war, wusste ich doch, dass jeder früher oder später sterben muss. Hätte ich damals die Wahl gehabt zwischen Auspeitschen und Erschießen, ich hätte mich für den Tod entschieden. Nicht, weil ich so tapfer war, sondern weil ich aufgegeben hatte. Doch als Ali mich in unserer »Hochzeitsnacht« vergewaltigte, verletzte er mich schlimmer, als es das Kabel jemals vermocht hätte, wenn auch der physische Schmerz geringer war als beim Ausgepeitschtwerden. Die Wahrheit ist, dass ich unter der Folter zerbrach. Ich wäre bereit gewesen, ihnen zu verraten, wo Shahrzad war, hätte ich es nur gewusst. Doch was Ali mir antat, hatte nichts mit Information zu tun. Als ich ihn heiratete, hatte ich das Gefühl, ein Gebrauchsgegenstand geworden zu sein. Sein Eigentum. Ein Ding, das die Welt vergessen hatte und um das sich niemand scherte. Ali besaß uneingeschränkte Macht über mich. Er konnte mit mir tun, was er wollte. Das waren meine Gefühle in der »Hochzeitsnacht«. Und obwohl ich Ali später besser kennenlernte, ja sogar ein wenig Mitleid für ihn empfinden konnte, waren die Erinnerungen an diese Nacht und die Nächte danach tief in mein Unbewusstes eingebrannt.

Ich hatte gehört, dass mehrere ehemalige Evin-Häftlinge ihre Erinnerungen in Europa auf Persisch veröffentlicht hatten. Meines Wissens waren aber nur zwei oder drei dieser Bücher in andere Sprachen übersetzt worden. Keines hatte eine nennenswerte Verbreitung erreicht. Ich wusste, dass es solche Bücher gab, las sie aber erst nach der Veröffentlichung meines Manuskripts. Ich wollte mich nicht beeinflussen lassen.

In einem persischen Buchladen in Toronto fand ich vier Autobiografien von ehemaligen Evin-Häftlingen. Ihre Verfasser hatten extremistischen Gruppierungen angehört und waren zur Zeit ihrer Verhaftung schon erwachsen gewesen. Sie hatten den Schrecken des Evin-Gefängnisses auf Papier gebannt, doch waren ihre Erinnerungen ideologisch gefärbt. Die Schreiber behaupteten, sie seien nie unter dem Horror der Folter zusammengebrochen, hätten sich im Gefängnis Gehirnwäsche und Einschüchterung nicht gebeugt. Offensichtlich waren sie samt und sonders Helden. Und dafür, dass es sich bei diesen Büchern um Autobiografien handelte, waren sie erstaunlich trocken und unpersönlich geschrieben. Ich fand sie schwer zu lesen. Mich hätte mehr die Erfahrung dieser Menschen interessiert als ihre Ideologie. Ja, wir schrieben über dasselbe Gefängnis, doch die Art, wie wir es erlebten und wie es uns beeinflusst hatte, unterschied sich doch sehr. Ich vermute, dass dies am Altersunterschied lag. Die erwachsenen Gefangenen hatten viel mehr Lebenserfahrung als wir jungen. Das half ihnen vermutlich, die Folter zu ertragen. Wo ich und meine jungen Freunde Scham und Angst empfanden, reagierten die Erwachsenen mit Hass und Zorn. Wir gaben uns selbst die Schuld, die Erwachsenen aber machten das Regime verantwortlich. Für sie ging es im Gefängnis um Widerstand, für uns ums Überleben. Schließlich wollten wir wieder heim zu unseren Eltern.

Mir fiel auf, dass in diesen Autobiografien immer wieder das arabische Wort *tavvab* benutzt wurde, das so viel bedeutet wie »reuig«. Die Gefängnisoberen bezeichneten damit jene Gefangenen, die unter der Folter zusammengebrochen waren. Die, welche die oppositionellen Gruppen genannt und sich dem »rechtmäßigen« Regime gebeugt hatten. Ein *tavvab* war ein Gefangener, der die »Wahrheit« erkannt hatte, der einsah, dass alles, was er gegen das Regime unternommen hatte, »böse« gewesen war. Die iranische Regierung bezeichnete Evin und andere Gefängnisse daher als »Universitäten«, in denen die Gefangenen »erzogen« würden. Natürlich fand die Tatsache, dass zu den »Erziehungsmethoden« an diesen »Universitäten« massive Einschüchterung sowie körperliche und seelische Folter gehörten, keine Erwähnung.

In den Autobiografien, die ich gelesen hatte, wurden die Gefangenen in zwei Gruppen unterteilt: die *sarehmozeis* und die *tavvabs*. »Sarehmozei« ist ein persisches Wort und bezeichnet einen Menschen, der »in seinem ideologischen Denken fest« ist. Natürlich waren die *sarehmozeis* die Helden, die Guten, die *tavvabs* hingegen waren die Verräter, die ihre Kameraden ans Messer geliefert und die Sache verraten hatten. Sie waren böse. Dass mehr als neunzig Prozent der *tavvabs* Teenager waren, bekümmerte die Autoren offensichtlich wenig. Sie verdammten und dämonisierten ihre jugendlichen Zellengenossen. Manche warfen die *tavvabs* von vornherein in einen Topf. Andere teilten diese »Aussätzigen« in vier Gruppen ein: diejenigen, die nur vorgaben, *tavvabs* zu sein, um die Behörden irrezuführen; diejenigen, die zwar unter der Folter zusammengebrochen waren, ansonsten aber ihrer eigenen Wege gingen und niemanden anschwärzten; diejenigen, die andere Gefangene ausspionierten und den Behörden meldeten, was sie in der Zelle mit angehört hatten; und jene, die andere Gefangene schikanierten und an den Verhören, ja sogar an Hinrichtungen beteiligt waren.

Als ich in Evin war, hatte ich von ein paar erwachsenen Häftlingen gehört, die man gezwungen hatte, die Hinrichtung ihrer Freunde mit anzusehen, um sie zum Einknicken zu veranlassen. Doch weder ich noch eine meiner Zellengenossinnen haben je einen dieser Häftlinge kennengelernt. Angeblich handelte es sich bei ihnen um bekannte Führer von antirevolutionären Gruppen. Die Verhörbeamten zwangen sie – zum Beweis, dass sie wirklich bereuten –, schreckliche Dinge zu tun.

In Block 246, dem Zellkomplex, in dem ich die meiste Zeit meines Gefängnisaufenthalts verbrachte, waren mehr als neunzig Prozent der Gefangenen Mädchen wie ich. Soweit ich weiß, war ihr schlimmstes Vergehen, dass sie Streitschriften der Opposition verkauft oder an Demonstrationen gegen das Regime teilgenommen hatten. Dafür war der Großteil von ihnen zu Gefängnisaufenthalten zwischen zehn und zwanzig Jahren verurteilt worden.

Die meisten von uns, die in Evin waren, verhielten sich korrekt. Wir verrichteten unser tägliches Ritualgebet, das Namaz, sahen die »Erziehungsprogramme« der Gefängnisleitung und äußerten kein Wort über die Regierung. Wir fügten keinem Menschen Schaden zu und spionierten auch nicht. Unter der Folter nachzugeben bedeutet nicht, dass man nun zum Unmenschen geworden ist. Dies geschah tatsächlich nur bei einigen wenigen.

Mein Besuch in dem persischen Buchladen in Toronto aber hatte mir eines gezeigt: Meine Arbeit war von entscheidender Bedeutung. Die Helden hatten ihre Geschichte erzählt. Nun war es an der Zeit, dass andere berichteten, was in Evin vorging. Meine Freundinnen im Gefängnis und ich waren keine Verräter. Wir waren Kinder des Iran, die unter der Folter gebrochen wurden. Doch ich glaubte fest daran, dass wir stark genug wären, um unser Leben wieder in Ordnung zu bringen und offen auszusprechen, was man uns angetan hatte.

Obwohl mein Manuskript sich noch in der Rohfassung befand, kamen die Dinge im Dezember 2004 ins Rollen. Einer meiner Lehrer für kreatives Schreiben las es und stellte mich einer Journalistin des *Toronto Star* vor, Michelle Shephard, die über den Nahen Osten schrieb. Sie wollte mich interviewen und vielleicht in der Sonntagsausgabe *Sunday Star* einen Artikel über mich bringen. Wir verabredeten uns im King Edward Hotel in Toronto. Während ich dort auf sie wartete, begann ich plötzlich zu zittern wie Espenlaub. War ich wirklich bereit, diesen Schritt zu tun? Dann würde die Welt von all meinen Geheimnissen und Verfehlungen erfahren. Wenn diese Geschichte erst einmal in der Öffentlichkeit bekannt geworden war, gäbe es kein Zurück mehr. Doch trotz all meiner Ängste gab es da auch eine Kraft, die mich vorwärtstrieb.

Michelle war eine kleine Frau. Als wir uns die Hand reichten, sah ich ihr direkt in die Augen. Sie erinnerten mich an ein Mädchen, das im Gefängnis meine engste Freundin gewesen war. Ich hatte seit zwanzig Jahren nichts mehr von ihr gehört. Ich weiß noch, wie sie sich freute, als ein Aufseher kurz vor meiner Entlassung meinen Namen über die Lautsprecheranlage durchsagte. Sie war so glücklich, dass sie weinte. »Marina, du darfst nach Hause!«, rief sie. »Ich weiß es einfach. Sie lassen dich frei!« Und dann sagte sie zu mir, ich solle laufen, und zwar schnell. Sie stieß mich den Flur hinunter auf die verriegelte Tür zu. Als ich mich umwandte, sah ich ihre schmale Hand, die mir durch die Gitterstäbe zuwinkte. Ich schritt auf den Wärterposten von Block 246 zu. Wo sie jetzt wohl war? Und ob sie Evin überlebt hatte?

Vier Jahre später, im Juli 2008, stellte mir ein Journalist in Italien die Frage, was der schlimmste Tag meines Lebens gewesen sei. Einen Moment lang dachte ich nach.

»Der Tag, an dem ich aus Evin entlassen wurde.«

»Und warum?«, hakte er überrascht nach.

»Als ich das Evin-Gefängnis verließ, musste ich all meine Freunde zurücklassen. Mädchen, die mir näherstanden als Schwestern. Ich verließ sie. Das hätte ich nicht tun sollen, aber ich wusste es nicht besser. Ich war ein junges Mädchen, das unbedingt nach Hause wollte. Und das war der größte Fehler meines Lebens.«

Michelle und ich nahmen im Hotelrestaurant Platz und bestellten etwas zu essen. Ich war nicht besonders hungrig, daher nahm ich eine Suppe. Sie stellte mir Fragen über den Iran und darüber, wie ich mit meinem Buch vorankam. Ich hatte immer geglaubt, Journalisten seien aggressiv, doch Michelle redete sehr leise und freundlich. Ich erwartete, dass sie mich um den Namen einer Person im Iran bitten würde, die meine Geschichte hätte bestätigen können, jemand, der wusste, dass ich tatsächlich zwei Jahre in Evin verbracht hatte. Genau das tat sie dann auch. Ich gab ihr die Daten einiger Menschen, die mich im Iran gut gekannt hatten, jetzt aber im Ausland lebten. Keiner von ihnen wollte in den Iran zurück. Das Gespräch mit einem Journalisten würde sie also nicht in Schwierigkeiten bringen.

Michelles Artikel erschien am 30. Januar 2005 im *Sunday Star*. Obwohl ich die Nacht davor kaum geschlafen hatte und um fünf Uhr morgens hellwach war, sprang ich nicht aus dem Bett, um mir die Zeitung zu holen. Andre war in der Nacht davor von einer Geschäftsreise zurückgekommen und schlief noch tief und fest. Ich wartete. Um acht Uhr morgens hielt ich es nicht mehr aus und stand leise auf. Ich ging hinunter und öffnete die Vordertür. Die kalte Januarluft drang ins Haus wie ein Schwall Eiswasser. Ich nahm die Zeitung auf und zog mich wieder ins Schlafzimmer zurück. Dort breitete ich die Zeitung auf dem Bett aus. Andre stöhnte leise.

Michelle hatte über mich einen zweiseitigen Artikel geschrieben. Sogar ein Foto hatte man von mir gemacht: in der Küche des Swiss Chalet. Ich trug meine Uniform. Der verblüffte Gesichtsausdruck meines Chefs, als ich ihn fragte, ob es in Ordnung sei, wenn dann eine Journalistin mit ihrem Fotografen käme, die mich interviewen wollte, steht mir heute noch klar vor Augen.

»Eine Journalistin? Was ist denn los, Marina?«, wollte er wissen.

Ich erzählte ihm von dem Buch. Er war immer schon sehr nett zu mir gewesen und meinte, das wäre kein Problem, wenn die Zeitungsleute nachmittags kämen, wenn das Restaurant gewöhnlich nicht so voll ist, und niemanden stören würden.

Der Titel des Artikels lautete: »Frau ohne Vergangenheit«. Und das stimmte ja auch, ich *war* tatsächlich eine Frau ohne Vergangenheit gewesen. Man hatte mir in Evin meine Identität geraubt. Zumindest hatten sie es versucht. Und lange Zeit hatte ich geglaubt, es sei ihnen gelungen. Nahezu zwanzig Jahre war ich durch die Welt geschwebt wie ein Schatten, ziellos, bedeutungslos. Jetzt aber war alles anders. Ich hatte die Verantwortung auf mich genommen. Ich war aufgestanden.

Wenige Stunden später war mein E-Mail-Briefkasten voller Mails von Freunden und Bekannten. Eine der Nachrichten stammte von Flavia, meiner Leseclub-Freundin:

Liebe Marina,
bist Du sehr aufgeregt? Oder eher wie vor den Kopf geschlagen? Ich stelle mir vor, dass Du den heutigen Tag mit sehr gemischten Gefühlen erlebst.
Danke, dass Du uns Dein Herz ausgeschüttet hast. Ich bin sicher, dass viele Menschen von dieser Geschichte tief berührt sein werden – aus den unterschiedlichsten Gründen. Du hast das Richtige getan.

Und viele Menschen waren tatsächlich berührt. Meine Geschichte überhaupt zu erzählen hatte sich zu einem so verzweifelten Bedürfnis entwickelt, dass ich mir über mögliche Reaktionen gar keine Gedanken mehr gemacht hatte. Meine Nachbarn zum Beispiel sahen mich an, als hätten sie mich noch nie gesehen. Wenn wir uns begegneten, blieben sie stehen, schüttelten mir mitfühlend die Hand und meinten, sie hätten ja keine Ahnung gehabt, was ich durchgemacht hatte. Die meisten sagten außerdem, sie hätten keine Ahnung gehabt, dass es im Iran politische Gefangene gebe, die so schlecht behandelt würden. Als ich ihnen erzählte, dass der Großteil der Häftlinge Teenager gewesen seien, wollten sie wissen, wieso. Dann erklärte ich ihnen, dass man, wenn man die Macht über ein Land an sich reißen wolle, zuerst die junge Generation unter Kontrolle bekommen müsse. Teenager zu foltern und hinzurichten war eine Botschaft, die nicht nur bei deren Altersgenossen ankam, sondern auch bei den Eltern. Künftig würde sich jedermann hüten, die Regierung zu kritisieren, da eine abweichende Meinung nur um diesen sehr hohen Preis zu haben war.

Ich brachte den *Toronto Star* auch meinem Vater. Ich hatte ihm schon gesagt, dass ich meine Lebenserinnerungen aufschreiben wollte. Ich meinte, in dem Artikel stünde die Quintessenz dessen, was mir in Evin widerfahren sei. Er legte die Zeitung auf den Küchentisch, dann erzählte er mir, dass seine Nachbarin in ein Altersheim gehen müsse, weil sie zu schwach sei, um noch für sich selbst zu sorgen. Mein Vater war nicht bereit, sich mit meiner Vergangenheit auseinanderzusetzen. Ich musste ihm mehr Zeit lassen.

Etwa zwei Wochen später rief ich meinen Vater an und fragte ihn, ob er den Artikel mittlerweile gelesen habe. Er verneinte und wechselte das Thema. Ich hatte auch erwartet, dass Alik sich meldete, aber ich hörte nichts von ihm. Beide wollten offensichtlich vor meiner Vergangenheit weiter die Augen verschließen. Daher beschloss ich, dieses Thema nicht mehr anzuschneiden, wenn sie es nicht selbst ansprachen. Jetzt lag es an ihnen, einen Schritt auf mich zuzugehen. Doch das taten sie nicht. Ich war das Skelett im Schrank der Familie, und zu ihrem großen Entsetzen war es nun tatsächlich hervorgekommen.

Nachdem der Artikel erschienen war, war es seltsam, im Swiss Chalet zu arbeiten. Meine Kollegen und die Gäste stellten mir viele Fragen. Ich sagte ihnen, dass ich ein Buch über alles schriebe. »Wann kommt es heraus?«, war dann für gewöhnlich die nächste Frage. Ich antwortete, dass ich das noch nicht wisse. Es sei ja auch noch nicht fertig. Wie könne ich denn ein Buch schreiben, wenn ich in einem Restaurant arbeitete und mich um meine Familie kümmerte? »Nun«, antwortete ich, »man tut einfach, was man tun muss.« Trotzdem fand ich es sehr merkwürdig, dass meine Gäste im Restaurant sich mehr für meine Geschichte interessierten als meine eigene Familie.

Eines Tages kam Helen ohne Mark ins Restaurant. Mir wurde flau im Magen. Ich ging sofort zum Empfangsschalter am Eingang.

»Wo ist denn Mark?«, fragte ich.

»Ich musste ihn ins Heim geben«, sagte sie. »Ich konnte einfach nicht mehr.«

Sie sah ganz einsam und verloren aus. So zerbrechlich wie ein Porzellanpüppchen.

»Sie müssen sich nun auch ein wenig um sich selbst kümmern, Helen. Sie haben für ihn ohnehin alles getan, was Sie konnten.«

»Ich habe über Sie die Geschichte in der Zeitung gelesen. Das ist ja der Wahnsinn, ich bin völlig baff! Sie reden ja nie über sich selbst.«

»Manche Dinge sind schwer zu sagen.«

»Ich weiß, aber ich bin froh, dass Sie es getan haben, solange Sie noch die Zeit dazu hatten. Das Leben nimmt uns diese Gelegenheit manchmal von einer Sekunde auf die andere.«

Rachels Brief

Der erste Verlag, dem ich mein Manuskript schickte, lehnte es ab. Ich war am Boden zerstört. Der Lektor meinte, in meiner Geschichte kämen viel zu viele Personen vor. Der Leser könne sich so nicht in ein einzelnes Schicksal hineinversetzen. Nun, diese Kritik war nicht ganz unberechtigt. Meine Aufgabe war ja, dem Leser zu ermöglichen, auf unmittelbare Weise mit den Häftlingen zu fühlen. Dazu musste er natürlich den einzelnen Menschen besser kennenlernen. Bei zu vielen Einzelschicksalen war dies aber nicht mehr möglich.

Ich überlegte, wie ich diesem Problem am besten abhelfen könnte. Die einzige Lösung, die mir schließlich einfiel, war, jeweils die Schicksale mehrerer Mithäftlinge zu einer einzigen Geschichte zu verschmelzen. Ich würde die Ereignisse so erzählen, wie ich sie in meiner Erinnerung bewahrt hatte, doch nicht mehr in Form von fünfzehn Einzelschicksalen, sondern als die Geschichte von vier oder fünf Häftlingen. Nur meine Geschichte sollte ausschließlich meine persönlichen Erinnerungen widerspiegeln.

Dabei ging es aber nicht nur darum, den Forderungen des Verlags gerecht zu werden. Es galt auch, die Privatsphäre meiner Zellengenossinnen zu schützen. Es gab ja keine Möglichkeit, sie um Erlaubnis bitten, ihre Geschichten zu erzählen. Also durfte ich ihren Namen nicht preisgeben, wenn ich von den Ereignissen berichtete. Auch dieses Problem würde sich erledigen, wenn ich die Lebensgeschichten meiner Freundinnen ineinander verflocht.

Natürlich war die Ablehnung schmerzlich, aber ich erinnere mich noch, was Lee Gowan in unserem Kurs über abgelehnte Manuskripte gesagt hatte. Jeder Autor, meinte er, auch der erfolgreichste, war irgendwann abgelehnt worden. In manchen Fällen nicht nur einmal, sondern immer und immer wieder. Ich durfte eben nicht aufgeben.

Ein oder zwei Tage lang erlaubte ich mir einen Durchhänger. Schließlich war es normal, dass einem so eine Ablehnung an die Nieren ging. Aber ich wusste, dass ich weitermachen musste, meinen Text umschreiben, es noch einmal probieren. Nicht jeder Verlag passt zu jedem Schriftsteller. Ich glaubte fest daran, dass es irgendwo da draußen den richtigen Verleger für mich gab und ich nur hartnäckig genug nach ihm suchen musste.

Insgesamt belegte ich sieben Kurse in kreativem Schreiben und bekam schließlich von der Abteilung für Gaststudenten der Universität Toronto ein entsprechendes Zertifikat verliehen. Mein Manuskript sollte mein Abschlussprojekt werden – die letzte Etappe vor der Verleihung des Zertifikats. Für das projektbegleitende Tutorium legte ich achtzig Seiten meines Textes vor. Ein Tutor würde mir helfen, sie zu verbessern. Danach hieß es, meine Arbeit vor der Prüfungskommission zu verteidigen. Diese bestand aus Lee Gowan, der bei diesem Projekt auch mein Tutor gewesen war, sowie einem weiteren Dozenten der Universität beziehungsweise einer Persönlichkeit des literarischen Lebens.

Ich entschied mich für Rachel Manley. Lee Gowan hatte sie mir empfohlen. Und ich hatte bereits ihr wunderbares Buch *Drum-*

blair gelesen, das 1997 den Governor General's Award gewonnen hatte, den renommiertesten Literaturpreis Kanadas.

Rachel Manleys Vater Michael Manley war von 1972 bis 1980 und von 1989 bis 1992 Premierminister von Jamaika gewesen. Anfangs konnte ich dem Gedanken, ihre Lebensbeschreibung zu lesen, nicht viel abgewinnen. Anders als ich kam Rachel aus einer privilegierten Familie. Ich glaubte nicht, dass wir tatsächlich etwas gemeinsam haben könnten. Ich war ein Niemand, sie jedoch die Tochter eines Premierministers. Ich nahm an, dass sie ein sehr bequemes Leben geführt und alles bekommen hatte, was sie sich wünschte. Was sollte eine Frau wie sie schon zu berichten haben?

Ich las Rachel Manleys Buch trotzdem, vielleicht konnte ich ja etwas lernen. Bald schämte ich mich für mein vorschnelles Urteil. Ja, sie stammte aus einer privilegierten Familie, aber sie hatte ihre eigenen Herausforderungen zu bestehen und dies ganz wunderbar in Worte gefasst. Sie hatte mich nach Jamaika mitgenommen, in ein Land, über das ich so gut wie gar nichts wusste. In jedem ihrer Worte spürte man die Liebe zu ihrem Land. Ich sah es durch ihre Augen, als wäre ich selbst dort gewesen: die Augen eines neugierigen kleinen Mädchens, das von ihren Großeltern aufgezogen wurde und seinen Platz in der Welt sucht. In gewisser Weise war mein Leben vielleicht sogar einfacher gewesen als das Rachels, weil ich keine Legende vor der Nase hatte, der ich gerecht werden musste.

Ich beschloss, Rachel mein gesamtes Manuskript zu geben, obwohl ich ihr eigentlich nur achtzig Seiten schicken sollte. Aber wie sollte ich mein Leben auf diese Weise auseinanderreißen? Für mich war das, als würde man einen Körper zerstückeln und dann versuchen, anhand eines einzelnen Armes oder Beines seine Beschaffenheit zu verstehen.

Sie bat mich, ihr das Manuskript persönlich vorbeizubringen, damit wir uns ein wenig darüber unterhalten konnten. Auf dem Weg zu ihrem Haus stieg ich ein paar Stationen zu früh aus der U-Bahn und beschloss, den Rest des Weges zu laufen. Es war kurz vor zehn Uhr vormittags. Die meisten Geschäfte hatten noch geschlossen, die Angestellten aber hatten die Arbeit längst aufgenommen, in den Straßen war es also noch sehr still. Alle paar Minuten rollte eine Trambahn an mir vorbei. Der Sommer ging seinem Ende zu, die Sonne war schon deutlich schwächer geworden. In Teheran war mir das Wetter stets gleichgültig gewesen. Da die Stadt im Schutz des Elburs-Gebirges liegt, herrscht in Teheran kein Wüstenklima. Frühling und Herbst fallen mild aus, die Sommer heiß, die Winter kalt. Manchmal fiel sogar Schnee. In unserer ersten Zeit in Toronto erstaunte mich die Obsession der Kanadier fürs Wetter immer wieder. Gab es denn nichts Wichtigeres, worüber sie sich unterhalten konnten? Nach und nach verstand ich allerdings den Grund. Jeder, der schon einmal bei minus achtundzwanzig Grad Celsius auf einen Bus gewartet hat (bei einer gefühlten Temperatur von minus siebenunddreißig Grad), weiß, was ich meine. Im weitaus größten Teil Kanadas ist gutes Wetter eine Seltenheit, so rar, dass man es auskostet und genießt. Bevor der Sommer zu Ende geht, versuche ich stets, noch möglichst viel Sonne zu tanken. Ich weiß ja, dass uns ein langer, harter Winter bevorsteht. Ich empfinde es als Glück, in einem Land zu leben, in dem die Menschen nur wenige größere Probleme als das Wetter haben!

Meine Gedanken wanderten zurück zu Rachel. Und wenn ihr nun mein Manuskript nicht gefiel? Möglicherweise war sie gar nicht so, wie ich sie mir nach der Lektüre von *Drumblair* vorstellte. Schließlich war *Drumblair* ein Buch und Rachel ein Mensch. War denn Jane Austen wirklich der Mensch, den ich aus ihren Schriften zu kennen meinte? Nun, sie schrieb zwar Romane und keine Autobiografie, doch meiner Ansicht nach kann ein

Schriftsteller sich nicht hinter seinen Worten verstecken, weil das Buch sonst oberflächlich wird. Wie eine Zauberin konnte Jane Austen ihre Leser die Gefühle ihrer Figuren mitempfinden lassen. So geschickt, wie sie das anstellte, musste sie einfach ehrlich sein. Also beschloss ich, Rachel Manley zu vertrauen.

Rachel lebte in einem kleinen Backsteinhaus in einer sauberen, ruhigen Straße. Als sie mich begrüßte, ließ ihr musikalischer Jamaika-Akzent mich sofort an die sanften Wellen der Karibik denken. Ich folgte ihr über die Treppen hinauf ins Wohnzimmer. Sie war gerade am Packen, weil sie umziehen wollte. Überall standen offene Kartons herum. Sie entschuldigte sich für das Durcheinander und meinte, sie müsse umziehen, denn das jetzige Haus sei einfach zu klein für ihre vielen Besucher aus Jamaika.

Dass ich in diesem Augenblick im Haus einer Schriftstellerin saß, deren Vater Premierminister war, war für mich schier unfassbar. Dabei schien Rachel sich mit denselben Problemen herumschlagen zu müssen wie jedermann. Ob ich wohl ähnlich empfunden hätte, hätte ich gerade Jane Austens Haus betreten, um ihr mein Buch zu lesen zu geben? *Mein Buch?* Ja, mein Buch. Aber wenn ich keinen Verlag finden würde? Wenn niemand es je lesen würde? Was, wenn ich meine Erinnerungen mit ins Grab nehmen würde? Nein, das würde ich nicht zulassen. Ich würde kämpfen, damit meine Geschichte nicht aus den Annalen der Menschheit gelöscht wurde.

Ich saß mit Rachel am Esstisch, und sie fragte mich über mein Manuskript aus, während sie ihr kurzes braunes Haar zurückstrich.

»Dann erzählen Sie mir mal von Ihrem Buch«, meinte sie und sah mich ein wenig skeptisch an. Ich sagte ihr das, was ich schon Lee Gowan gesagt hatte – und sah, wie ihr Gesichtsausdruck sich allmählich änderte. Bevor ich anderen Leuten von meiner Geschichte erzählte, hatte ich keine Vorstellung, welch tiefen Eindruck sie auf die Menschen machen würde. Für mich war es ja einfach nur die Geschichte meines Lebens, die ich immer noch zu begreifen versuchte. Für mich war sie nichts Außergewöhnliches. Ich wollte ja kein Mitleid erwecken, ja nicht einmal Sympathie. Ich wollte einzig und allein, dass die Menschen Bescheid wussten, dass sie sich erinnerten und dafür sorgten, dass nicht auch anderen widerfuhr, was mir und meinen Mithäftlingen im Iran geschehen war.

Ich überließ Rachel mein Manuskript und fühlte mich dabei, als hätte ich mir das Herz aus der Brust gerissen und auf ihren Küchentisch gelegt.

Jetzt musste ich nur noch warten.

Ein paar Wochen später bekam ich von ihr die folgende E-Mail:

Liebe Marina,
im letzten Monat habe ich mit Ihrem Buch, ja Ihrem Geist gelebt. Ich kann Ihnen gar nicht sagen, wie tief es mich beeindruckt hat. Es ist ein ganz köstliches Buch. Es stahl sich allmählich in meinen Kopf wie eine Pflanze, die langsam wächst, und ich spüre jetzt noch all die Blätter und Zweige in mir. Es hat mich zum Weinen gebracht, was mir beim Lesen eines Buches schon lange nicht mehr passiert ist … Es hat eine solche Tiefe und Schönheit, es ist so viel Vergebung darin, dass der Leser am Ende mehr von Ihrer Ruhe verspürt als die Schrecken dessen, was Ihnen angetan wurde …
Rachel

Es gefiel ihr! Es gefiel ihr wirklich! Sie hatte es »ein ganz köstliches Buch« genannt! Ich sagte diese Worte immer wieder vor mich hin. Ich wäre nie auf die Idee gekommen, dass etwas

Geschriebenes »köstlich« sein könnte. In meinen Augen ließ sich dieses Wort höchstens auf Soufflés oder Profiteroles anwenden. Ich las ihre E-Mail wieder und wieder, bis ich sie fast auswendig konnte. »… dass der Leser am Ende mehr von Ihrer Ruhe verspürt als die Schrecken dessen, was Ihnen angetan wurde …«

Meine *Ruhe?* Ja, vermutlich war dies wirklich der richtige Ausdruck.

Aber stimmte das denn auch? Zwei oder drei Leute hatten mein Manuskript gelesen und gemeint, meine Art zu schreiben zeige einen gewissen »Mangel an Emotion«. Ja, selbstverständlich war darin ein Mangel an Emotion fühlbar. Was erwarteten sie denn? Dass ich das Ganze noch einmal fühlte? *Ich war immer noch in einem Schockzustand.* Über all das, was im Iran geschehen war, zu schreiben, bedeutete schließlich, es noch einmal zu durchleben. War dies für »normale« Menschen denn so schwer zu verstehen? Ein sechzehnjähriges Mädchen, das gefoltert wird, koppelt sich nun einmal vollkommen von dem erlebten Grauen ab. Tut sie das nicht, verliert sie den Verstand. Wenn sie vergewaltigt wird, erfüllt sie dies mit Scham. Also versucht sie, nicht mehr an sich selbst zu denken. Sie sucht verzweifelt nach Normalität, Freundlichkeit und Menschlichkeit in einer Welt, die längst wahnsinnig geworden ist. Wie sollte ich mich anders fühlen?

Ruhig.

Rachel war mir gegenüber sehr freundlich und großherzig, doch »ruhig« war nicht das richtige Wort für mich. Was sie »Ruhe« nannte, war in Wirklichkeit der Zustand der Taubheit, an den ich mich klammerte.

Und doch: Das Manuskript hatte ihr gefallen. Und das war alles, was zählte.

Ein Kassettenrekorder
und ein Mikro

Indem ich meine Geschichte zu Papier brachte und sie anderen zu lesen gab, ging ich in gewisser Weise zurück ins Evin-Gefängnis und forderte mein Selbst zurück. Ich bin jetzt frei, weil ich mich der Vergangenheit gestellt und akzeptiert habe, dass ich sie nicht ändern kann. Ja, Evin hat mich verändert, doch das Mädchen, das ich einst war, lebt immer noch in der Frau, die ich heute bin. Ich glaube immer noch an denselben Gott. Ich lehne Hass ab und trete für Erbarmen und Verzeihung ein. Ich respektiere andere und ihre Werte so, wie ich möchte, dass man mich und meine Werte achtet. Ich glaube immer noch, dass wir zuallererst Menschen sind und dass der Glaube danach kommt. Die Islamische Republik Iran hatte versucht, mich durch Folter und Einschüchterung in die Knie zu zwingen. Ich aber akzeptiere ihre Glaubenssätze nicht.

Im Januar 2006 nahm Beverley Slopen, eine bekannte und geachtete Literaturagentin in Toronto, mein Manuskript an und legte es einigen kanadischen Verlagen vor. Im Februar 2006 unterzeichnete ich einen Vertrag mit Penguin Canada. Er sah die Veröffentlichung meines Manuskripts für April 2007 vor.

Der Abschluss dieses Vertrages war ein entscheidender Schritt in meinem Leben. Vier Jahre lang hatte ich mich darum bemüht, dieses Buch zu schreiben. Dies war mein einziges Bestreben gewesen. Ich glaubte mit jeder Zelle meines Körpers, dass ich dieses Buch schreiben müsse. Nie hatte ich auch nur einen Gedanken darauf verschwendet, was ich als Nächstes tun würde. Ich wusste nicht einmal genau, was ich mit »als Nächstes« meinte. Irgendwie lebte ich in der Vorstellung, ich würde am Tag des Vertragsabschlusses sterben. Und dabei war ich immer noch am Leben. Mir war, als hätte ich Evin noch einmal überstanden und müsse nun weiterleben.

Mit der Zeit fiel es mir leichter, über Evin zu reden. Das Zittern ließ nach. Ich brach kaum noch in Tränen aus. Ich hatte viele Menschen weinen sehen, wenn sie über ihre erlittenen Traumata sprachen, und verstand einfach nicht, weshalb ich mich stets unter Kontrolle hatte. Freunde meinten, ich sei eben stark, doch ich versuchte ja gar nicht, die Tränen zu verdrängen. Mir war nur einfach nicht nach Weinen. Gefühlsausbrüche – sieht man einmal von dem am Grab meiner Mutter ab – hatte ich nur, wenn ich an meinem Manuskript arbeitete. Während ich über die Vergangenheit schrieb, überwältigten meine Emotionen mich mehr als einmal. Mitunter schloss ich mich im Badezimmer ein und schrie einige Minuten lang, bis es mir besser ging. Ich stellte die Dusche an, damit man mich nicht so laut hörte. Waren Andre und die Jungs während solcher Momente zu Hause, standen sie meist zutiefst erschrocken vor der Badezimmertür. Aber ich lächelte nur und sagte, ich habe mich eben aufgeregt und müsse ein bisschen Dampf ablassen. Dann nickten sie verwirrt und hilflos.

Als mein Manuskript auf den Schreibtischen der Lektoren in Kanada, Großbritannien und den USA landete, war es schon mehrfach überarbeitet worden, daher dauerte der Herstellungsprozess nicht allzu lange. Das Buch wurde redigiert, Korrektur gelesen, gesetzt und gedruckt. Dann musste ich es in die Welt entlassen. Für mich war das Schreiben gewesen, als hätte ich ein Kind zur Welt gebracht. Ja, weit mehr als das, schließlich enthielt es nur meine DNS. Ich war dem Buch Mutter *und* Vater zugleich. Schwangere Frauen geben ihrem Ungeborenen ja nicht immer einen Namen, mein Manuskript aber brauchte einen Arbeitstitel. Ich konnte von dem Manuskript ja nicht als »es« sprechen. Mein Arbeitstitel war »Echo eines Engels«, weil ich als Kind vom Engel des Todes geträumt hatte.[3]

Während ich auf das Erscheinen des Buches wartete, begann ich, an einem Projekt für CBC Radio zu arbeiten. Ich hatte bei den Hörfunk-Machern von *Outfront* ein Exposé eingereicht. In dieser Sendung erzählten Hörer von Erfahrungen, die ihr Leben geprägt hatten. Doch Carma Jolly, eine der Produzentinnen, meinte, man könne über eine so lange zurückliegende Geschichte nur berichten, wenn man einen Bezug zur Gegenwart herstelle. Ich hatte ihr erzählt, dass meine Eltern nie mit mir über meine Zeit im Gefängnis gesprochen hatten. Sie wusste, dass meine Mutter vor kurzem gestorben war und dass mein Vater nicht weit von unserem Haus entfernt lebte.

»Warum machen Sie nicht ein Interview mit Ihrem Vater?«, meinte sie so ganz nebenbei, als sei dies die einfachste Sache der Welt. »Ich gebe Ihnen ein Aufnahmegerät mit. Sie besuchen ihn zu Hause, stellen ihm Fragen und zeichnen seine Antworten auf.«

Am liebsten wäre ich schnurstracks aus ihrem Büro gerannt. Meinte sie das wirklich ernst? Mein Vater und ich telefonierten vielleicht einmal im Monat miteinander, und auch das nur kurz. Seit dem Tod meiner Mutter gingen wir uns regelrecht aus dem Weg. Er war zwar gesund, aber immerhin schon fünfundachtzig Jahre alt. Wie sollte ich mit einem Mann seines Alters über ein so schwieriges Thema reden? Und wo sollte ich anfangen, falls ich mich tatsächlich auf diese Sache einlassen sollte?

Carma gab mir ein Aufnahmegerät in einer schwarzen Tasche. Sie überprüfte sogar die Batterien und gab mir noch ein paar mehr. Ich packte alles kommentarlos ein und ging hinaus.

In der U-Bahn starrte ich aus dem Fenster in die Schwärze hinein. Die Spiegelbilder der Passagiere zogen an mir vorbei wie die Geister der Unterwelt. Ich hatte ein Mikrofon und ein Aufnahmegerät. Ich war nicht mehr einfach nur Marina. Ich war eine Reporterin, eine Journalistin. Ich konnte es tun. Ich musste es tun. Zwanzig Jahre lang hatte ich mir verboten, Fragen zu stellen. Mein Vater konnte sterben, und dann würde ich nie erfahren, was ich wissen wollte. Ich hatte mich schreibend meiner Vergangenheit gestellt. Nun wollte ich mich meinem Vater stellen.

Zwei Tage brauchte ich, um all meinen Mut zusammenzunehmen und ihn zu besuchen. Er lebte in einem Haus für betreutes Wohnen, etwa zwanzig Autominuten von uns entfernt. Ich rief ihn immer an, bevor ich ihn besuchte. Dieses Mal aber tat ich das nicht. Entsprechend erstaunt war er, mich zu sehen. Wir umarmten uns ein wenig förmlich. Er war immer ein sehr ordentlicher Mensch gewesen, sein Appartement war sauber und aufgeräumt. Auf einem Tischchen stand ein Schwarzweißfoto von meiner Mutter in ihren Dreißigern. Ich setzte mich an den Esstisch und stellte das Aufnahmegerät darauf ab.

»Was ist das?«, fragte mein Vater.

»Ein Aufnahmegerät und ein Mikrofon«, sagte ich leise.

»Wozu das denn?«

»Ich möchte dich interviewen, Papa.«

»*Mich* interviewen?«

Ich nickte und sagte mir einmal mehr, dass es mein gutes Recht sei, das zu tun. »Für CBC Radio. Ich mache eine Dokumentarsendung im Hörfunk.«

Mein Vater sah mich an, als hätte ich ihm gerade gesagt, ich sei ein Alien aus einer anderen Galaxie und könnte dies beweisen. Dann bot er mir Tee an und ging in die Küche, um ihn aufzubrühen. Als er zurückkam und sich setzte, nahm ich das Mikrofon und sprach hinein: »Was weißt du noch vom Tag meiner Entlassung, als ich aus dem Evin-Gefängnis wieder nach Hause kam?«

»Wir haben uns sehr gefreut, dich wiederzusehen«, antwortete er in einem Ton, den Väter wählen, wenn sie ihren kleinen Kindern schwierige Dinge nicht erklären wollen.

Wir haben uns sehr gefreut, dich wiederzusehen. Dieser Satz war wie ein Damm, der ächzend versuchte, die entfesselten Fluten zurückzuhalten. War das alles, was ihm nach zwanzig Jahren Schweigen einfiel? Er kam immer noch nicht aus der Deckung. Und dies war seine Art, mir zu sagen, dass ich besser aufhören sollte.

Aber ich konnte nicht.

»Ich weiß noch, dass wir über das Wetter gesprochen haben und über andere, normale Dinge. Ich war richtiggehend schockiert, dass niemand mich irgendetwas über das Gefängnis fragte«, bohrte ich weiter.

»Übers Wetter?«

»Ja, übers Wetter.«

Er konnte das nicht vergessen haben. Sein Gedächtnis war immer noch gut. Er hatte sich lediglich angewöhnt, sich nur jener Dinge zu erinnern, die er nicht vergessen wollte.

»Es war nicht angemessen, darüber zu sprechen. Es lag ja alles hinter uns«, sagte er mit fester Stimme.

Angemessen? Es war »nicht angemessen«?

»Je mehr Zeit verging, umso tiefer verletzte es mich, dass niemand mich je etwas fragte«, sagte ich. Ich sah ihm an, dass er sich unbehaglich fühlte, aber ich konnte jetzt nicht aufhören. Er rang sichtlich um Fassung. »Nun, Gefängnis ist Gefängnis. Wir wussten, dass es nicht gut gewesen wäre, dich daran zu erinnern. Ich wollte dir nicht weh tun und mit meinen Fragen die Vergangenheit wieder aufrühren. Wir wussten, dass du etwas Schreckliches erlebt hast, aber wir wussten nicht, was. Und wir waren froh, es nicht zu wissen, denn wenn wir es gewusst hätten, wäre der Schmerz zu groß gewesen. Und warum sollten wir das wollen? Daher beschlossen wir, uns herauszuhalten.«

Wir waren froh, es nicht zu wissen …

Mein Herz zog sich zusammen auf die Größe einer Erbse. Was soll man denn tun, wenn einem etwas so Schreckliches widerfährt, dass nicht einmal die eigenen Eltern es hören wollen? Was einst Taubheit gewesen war, hatte sich nun in Wut verwandelt. Ich hatte ihr mit lautem Schreien Luft gemacht, doch meine Bürde war davon nicht leichter geworden. Das Gift der Traurigkeit floss in meinen Adern. Ich konnte nicht ruhig bleiben, sonst würde es mich langsam und qualvoll töten.

Vergeben.

Ich weiß noch, wie meinem Vater am Abend meiner Verhaftung die Tränen in die Augen stiegen. Er sah aus, als sei er am Boden zerstört. Und vollkommen hilflos. Er war mein Vater, es war seine Aufgabe, mich zu beschützen, doch er vermochte es nicht. Zwei Angehörige der Revolutionsgarden standen mit Gewehren in unserem Haus und bedrohten uns alle. Er musste zulassen, dass sie mich mitnahmen. Heute bin ich selbst Mutter und weiß, wie schwer ihm das gefallen sein muss. Ich fragte mich, wofür ich meinem Vater eigentlich vergeben sollte. Ich war wütend auf ihn, aber lange Zeit wusste ich gar nicht mal, weshalb eigentlich. Plötzlich stand es klar vor meinen Augen: Ich musste ihm vergeben, dass er versucht hatte zu vergessen. Ich hätte jemanden gebraucht, der mir half, zu verstehen, was passiert war und was es mit mir getan hatte. Als meine Familie mir ihre Hilfe verweigerte, hatte ich niemanden mehr, auf den ich mich verlassen konnte. Und so versuchte auch ich, wie jeder in meiner Umgebung, zu vergessen. Ich lebte in diesem emotionalen Koma weiter, unfähig, zu lieben, zu hassen, wütend zu werden, Frieden zu finden – unfähig, zu vergeben.

Es gab viele Menschen, denen ich vergeben musste, nicht zuletzt mir selbst. Mit Ali hatte ich angefangen. Hätte ich das nicht getan, wäre ich nach seinem Tod im Gefängnis verrückt geworden. Was aber meine ich damit, dass ich ihm vergeben habe? Zum einen, dass ich nicht mehr auf ihn wütend bin. Als er sich auf mich legte, schämte ich mich und wäre am liebsten gestorben. Da ich noch so jung war damals, gab ich eher mir selbst die Schuld als ihm. Obwohl ich Mitgefühl mit ihm hatte, weil er selbst ein Opfer war, das zum Folterer wurde, war das, was er den Menschen in Evin antat, dennoch zutiefst falsch. Sein Zorn, Frucht der Folter, die er während seiner Haft unter dem Schah erduldet hatte, war zu Hass geworden. Er versuchte, Rache zu nehmen, indem er für das Terrorregime als Folterknecht arbeitete. Irgendwann einmal hatte ich den Menschen in ihm gesehen, doch das war keine Rechtfertigung für seine Taten, konnte es nicht sein.

Ja, ich vergab Ali, aber Vergeben und Vergessen sind nicht dasselbe. Vergebung heißt, sich des erlittenen Unrechts und

auch des eigenen inneren Leides zu erinnern und dennoch denen, die es uns zugefügt haben, nichts Böses zu wünschen. Ich betete aus ganzem Herzen zu Gott, dass er Ali vergeben und ihm die Einsicht schenken möge, was sein Tun für mich bedeutet hatte. Ich bat den Herrn um inneren Frieden für Ali. Doch wenn Ali heute noch am Leben wäre, würde ich bei einer Gerichtsverhandlung gegen ihn aussagen. Nicht für das, was er mir angetan hatte, sondern für das, was er mit anderen getan hatte. Ich würde mir für ihn einen fairen Prozess nach rechtsstaatlichen Prinzipien wünschen, der nicht von Rachegedanken bestimmt wird. Rache nimmt uns jede Form von Menschlichkeit. Das hat nichts mit Gerechtigkeit zu tun, denn Rache schreibt nur den Teufelskreis der Gewalt fort.
Ich vergab Ali. Nun musste ich meinem Vater vergeben, und zwar noch, ehe er starb.

Meine zweiteilige Dokumentarsendung mit dem Titel »Walls Like Snakes«, Wände wie Schlangen, wurde am 4. und 5. April 2006 im Rahmen des CBC-*Outfront*-Programms ausgestrahlt. Die Menschen in meinem Bekanntenkreis, die sie gehört hatten, meinten danach, dass das, was mein Vater *nicht* gesagt hatte, viel deutlicher war als seine Worte. Sie hatten recht. Er sagte, er sei glücklich gewesen, mich nach den zwei Jahren zurückzuhaben, doch darüber, dass er sich, als ich zum Islam übergetreten war, von mir verraten fühlte, nicht ein Wort. Es war meine Mutter, die mich darüber aufgeklärt hatte. Wir tranken miteinander Tee, kurz vor meiner Heirat mit Andre. Ich weiß nicht, warum sie die Sprache überhaupt auf dieses Thema brachte. Fast hatte ich den Eindruck, sie wollte, dass ich meinen Vater hasste. Jedenfalls war ich schockiert, als ich es hörte. Andererseits war es auch nicht von Bedeutung. Ich würde heiraten, ein neues Leben anfangen. Es war mir egal, ob sie guthießen, was ich tat, oder nicht. Daher sagte ich meiner Mutter, mein Vater könne denken, was er wolle, und verließ den Raum. Warum hatte mein Vater nicht selbst mit mir darüber geredet? Warum fragte er mich nie nach den Gründen für meinen Übertritt? Wäre es für ihn anders gewesen, hätte er gewusst, dass ich es vor allem tat, um ihn und meine Mutter zu schützen? Er hatte mich verurteilt, ohne die Umstände zu kennen. Das Schlimmste daran aber war für mich die Tatsache, dass Religion für ihn nie von Bedeutung gewesen war. Er glaubte ja noch nicht einmal an Gott.

In dem Interview für den Hörfunk sagte mein Vater, er habe nichts von meinem Gefängnisaufenthalt wissen wollen, weil es nicht »angemessen« sei, darüber zu reden. Das bedeutete, dass er nicht Bescheid wusste über das, was in Evin vorging. Nicht einmal annähernd. Er wollte nicht wissen, dass seine Tochter dort gefoltert und vergewaltigt worden war. Ich verstand, dass er gelitten hatte und dass dieses Thema für ihn schwierig war, aber die Wahrheit wird ja nicht ausgelöscht, wenn wir sie verdrängen. Ich hatte das Gefühl, es stünde mir zu, dass mein Vater sich mit meinen Erfahrungen auseinandersetzte. Doch er war dazu noch nicht bereit. Mittlerweile machte mich das nicht mehr zornig. Aber ich fühlte mich traurig und alleingelassen. Ich hatte mir so gewünscht, dass er den Mut aufbringen würde, sich mit mir gemeinsam der Vergangenheit zu stellen und mir beizustehen.

Mit der Zeit verbesserte sich das Verhältnis zu meinem Vater. Wir wurden zwar nicht die dicksten Freunde, doch die gewaltige Mauer des Schweigens und der Geheimnisse, die zwischen uns gestanden hatte, zerbrach allmählich.

Nach dem Tod meiner Mutter wurde mein Vater recht depressiv. Meine Eltern waren achtundfünfzig Jahre verheiratet gewesen, daher war es ganz normal, dass meinem Vater der

Verlust sehr naheging. Er musste im Alter von neunundsiebzig Jahren ein neues Leben anfangen. Nach etwa einem Jahr kam er allmählich über seine Trauer hinweg, und er begann, sich mit seinen Nachbarn anzufreunden, unter denen viele Russen und Perser waren. Nach dem *Outfront*-Interview begann ich, ihn einmal die Woche zu besuchen. Bei diesen Besuchen erzählte er mir viel von seiner Jugend. Mein Vater und ich hatten nie tiefschürfende Gespräche geführt, so dass ich erst bei diesen Unterhaltungen mehr über ihn und seine Welt erfuhr.

Seine Mutter Xena hatte eine Pension eröffnet, nachdem sie kurz nach ihrer Ankunft in Teheran ihren Mann verloren hatte. Man hatte ihn ausgeraubt und dann erschossen. So viel zumindest wusste ich. Ich fragte meinen Vater, ob er wusste, woher *Babu* das Geld für die Eröffnung des Gästehauses hatte, doch er meinte nur, das wisse er auch nicht. Sie haben eben klein angefangen und später ausgebaut. Es überraschte mich, dass er über diese so wichtige Zeit in *Babus* Leben nicht mehr wusste, aber dann fiel mir wieder ein, dass der Schleier des Schweigens sich über jedes Trauma breitet. *Babu* hatte ein paar Seiten über ihr Leben in Russland geschrieben. Sie hatte sie mir gegeben, kurz bevor sie starb, doch über ihr Leben im Iran stand nichts darin. Vielleicht wollte auch sie den tragischen Tod ihres Mannes einfach vergessen. Dagegen erzählte mir mein Vater, dass *Babu,* nachdem sie erfuhr, dass der Mörder ihres Mannes siebzehn Jahre nach der Tat aus dem Gefängnis entlassen wurde, alles dafür tat, um diese Tatsache vor ihm zu verheimlichen. Sie wollte nicht, dass er Rache nahm. Mein Vater erfuhr davon erst viele Jahre später.

Meinem Vater zufolge waren die Gäste in *Babus* Pension durchweg Russen. Das fand ich ziemlich erstaunlich.

»Gab es denn damals in Teheran so viele Russen?«, fragte ich.

»Ja. Einige waren Einwanderer wie wir, viele aber arbeiteten kurzfristig für mehrere verschiedene Firmen im Iran. Das waren damals die dreißiger Jahre. Ich selbst war für zwei dieser Unternehmen tätig. Eins davon war Persaz Neft, eine Ölgesellschaft, das andere hieß Shark.«

»Aber das ist ein englischer Name.«

»So hieß die Firma damals eben.«

Bis zum Ende der fünften Klasse hatte mein Vater die sowjetische Schule in Teheran besucht, die nur russischsprachige Kinder aufnahm. Bis der Kultusminister dekretierte, iranische Kinder dürften keine fremdsprachigen Schulen besuchen. Mein Vater war kurz nach Ankunft seiner Eltern im Iran geboren worden, also musste er von da an auf eine persische Schule gehen. In der sowjetischen Schule wurde der Unterricht auf Russisch gehalten, daher konnte mein Vater Persisch weder lesen noch schreiben, sondern nur sprechen.

»Und was hast du dann getan?«, fragte ich ihn.

»Meine Mutter hat mir für die Sommerferien einen Nachhilfelehrer besorgt. Zu Beginn des Schuljahres musste ich an der persischen Schule eine Prüfung ablegen. Man stufte mich in die vierte Klasse ein. Anfangs war das nicht gerade einfach. Die Kinder und die Lehrer waren gemein zu mir, weil ich anders war als sie. So rief man mich beispielsweise nie bei meinem Namen, sondern nannte mich ›Rusi‹, ›Russe‹. Meine Abschlussprüfung für den Mittelschulabschluss legte ich an einer Schule namens College ab, deren Direktor Amerikaner war. Später wurde der Name in ›Elburs‹ geändert.«

Von 1925 bis 1941 war Reza Schah Pahlavi König von Persien beziehungsweise dem Iran. Schah Reza misstraute Großbritannien und der Sowjetunion, so dass die Beziehungen des Iran zu den beiden Ländern sich kontinuierlich verschlechterten. Um den Einfluss der beiden Länder auf den Iran zurückzudrängen, suchte der Schah die Annäherung an Deutschland. Vor dem Zweiten Weltkrieg waren die Deutschen wichtigster Handelspartner des Iran. Die politischen Bemühungen des Schahs, Großbritannien gegen die Sowjetunion auszuspielen, schlugen fehl, als diese beiden Länder 1941 ein Abkommen zur Bekämpfung Nazi-Deutschlands schlossen. Der Schah erklärte den Iran für neutral und erlaubte, dass er als Transportkorridor genutzt wurde. Kurz darauf allerdings besetzten die Alliierten das Land, um von dort aus Munition und Nahrungsmittel an die Front in Russland zu liefern. Man verschiffte die Güter im Süden des Iran über den Golf von Oman und den Persischen Golf. Dort verlud man sie auf die Bahn, und die Transiranische Eisenbahn schaffte sie hinter der deutschen Front in die Sowjetunion. Die Alliierten zwangen Schah Reza, ins Exil zu gehen. Stattdessen bestieg sein Sohn, Mohammed Reza Pahlavi, am 16. September 1941 den Thron.

Meines Vaters voller Name, der auf seinen iranischen Papieren steht, ist Gholamreza Moradi-Bakht – ein eindeutig muslimischer Name. Als meine Großmutter 1921 in den Iran kam und dort einen Antrag auf Papiere stellte[4], durfte sie ihren ausländischen Namen nicht behalten. Daher suchte der Beamte im Passbüro Namen aus, die man als »angemessen« betrachtete. Ihr Name war Xena, doch der Passbeamte machte »Zeenat« daraus, was sich recht ähnlich anhörte, aber eindeutig persisch war. Dann gab er ihr noch den Nachnamen »Moradi«, was ähnlich klingt wie ihr richtiger Name »Morateva«. Da Moradi aber im Iran ein relativ häufiger Name war, dachte sich der Beamte eine Ergänzung aus: Bakht bedeutet »Glück«. Der Taufname meines Vaters, wie er auf den Papieren der russisch-orthodoxen Kirche in Teheran steht, ist Nicolai. Doch auch diesen musste er aufgeben. In Persien hieß er »Gholamreza«.

Nachdem mein Vater seinen Mittelschulabschluss erworben hatte, begann er, in einer Bank zu arbeiten. 1942, er war gerade einundzwanzig Jahre alt, heiratete er meine Mutter. Sie mieteten eine Wohnung in der Shah-Avenue, wo ich dreiundzwanzig Jahre später zur Welt kam. Gleich nach der Hochzeit zog *Babu* zu den beiden, denn sie hatte beschlossen, die Pension aufzugeben. Damals verdiente mein Vater etwa dreihundert Toman im Monat. Die Miete lag bei zweihundertfünfundsechzig Toman, was bedeutete, dass er sich eine zweite Stelle suchen musste. Schon als Teenager hatte mein Vater regelmäßig die Partys und Tanzveranstaltungen anderer Einwanderer besucht. Dort hieß es immer, er sei ein großartiger Tänzer, und so bat man ihn häufig, doch dem ein oder anderen das Tanzen beizubringen. Da er in seinem Angestelltenjob wie gesagt nicht genug verdiente, beschloss er, in unserer Wohnung eine kleine Tanzschule zu eröffnen. Und diese wurde ein solcher Erfolg, dass er in der Bank bald kündigen und sich ganz der Tanzschule widmen konnte. In den Jahren davor hatten in Teheran feudale Hotels wie das Palace und das Astoria eröffnet, und so besuchten die Angehörigen der besseren Gesellschaft Kurse bei meinem Vater, um auf den dortigen abendlichen Tanzveranstaltungen eine gute Figur zu machen. Mein Vater wurde sogar an den Hof des Schahs eingeladen, um dessen Entourage die neuesten Tanzschritte beizubringen.

Nach dem Tod meiner Mutter war mein Vater sehr einsam. Deshalb versuchte er, Kontakt zu seiner Schwester Tamara aufzunehmen, die vier Jahre älter war als er. Er hatte seit 1966 nichts mehr von ihr gehört. Tamara hatte sich 1934 als Siebzehnjährige in einen Russen verliebt, der in *Babus* Pension wohnte. Die beiden heirateten und gingen zusammen nach Moskau. Kurz vor ihrem Tod erzählte *Babu* mir, sie habe regelmäßig Pakete mit Seife, Zahnpasta und Kleidung nach

Russland geschickt, weil diese Dinge dort nur schwer zu bekommen waren. Offensichtlich hatte Tamara sich von ihrem Mann getrennt, nachdem sie herausgefunden hatte, dass er ein KGB-Agent war. Sie heiratete wieder und zog nach Simferopol in der Ukraine. 1966, ein Jahr nach meiner Geburt, zitierte die SAVAK, die Geheimpolizei des Schahs, meinen Vater herbei und befragte ihn, weshalb er Kontakte zu einer Person in der Sowjetunion unterhalte. Er gab an, dass diese Person seine Schwester sei. Der SAVAK-Offizier, der das Verhör führte, wusste, dass mein Vater Russisch lesen und schreiben konnte, und bot ihm daher an, für die Geheimpolizei zu arbeiten. Doch mein Vater lehnte höflich ab und meinte, er habe sich aus der Politik immer herausgehalten und sei für diese Aufgabe nicht geeignet. Daraufhin wurde ihm beschieden, er dürfe nicht mehr nach Russland schreiben oder von dort Briefe empfangen. Tamaras letzter Brief kam 1966. Seitdem hatten wir von ihr nichts mehr gehört.

Als die Mitglieder der Revolutionsgarden mich im Januar 1982 verhafteten, nahmen sie einige meiner Bücher mit. Es handelte sich um »westliche« Romane, die als Beweis meiner gegen die islamische Regierung gerichteten Aktivitäten beschlagnahmt worden waren. Das ängstigte meine Mutter so sehr, dass sie nach ihrem Abzug alles Geschriebene im Haus vernichtete, auch *Babus* Lebensgeschichte und Tamaras Briefe. Wir lebten in einem Haus ohne Hof oder offenen Kamin, daher konnte sie Bücher und Briefe nicht einfach verbrennen. Und hätte sie alles einfach in den Müll geworfen, wäre vermutlich ein Nachbar oder sonst jemand darauf aufmerksam geworden. Daher kam sie auf eine schmerzhaft-geniale Idee: Sie wusch die Bücher in unserer uralten Waschmaschine, drehte sie durch die Mangel zu einer Paste und entsorgte davon täglich ein wenig im Abfall. Den letzten Brief Tamaras allerdings hatte mein Vater aufgehoben. Er steckte in einem bläulich weißen Briefkuvert mit einem blauen und roten Streifen darum herum. Links oben prangten Hammer und Sichel. Dieser Brief war alles, was mein Vater von seiner Schwester noch hatte.

Ein paar Monate nach dem Tod meiner Mutter schrieb mein Vater an Tamaras letzte bekannte Adresse und erklärte, er suche nach seiner Schwester, die dort vor vierzig Jahren gelebt hatte. Natürlich war die Hoffnung, nach so langer Zeit noch etwas von ihr zu hören, gering, aber schließlich erhielt er einen Brief von einer anderen Adresse in Simferopol. Ein Mädchen namens Natascha hatte ihn geschrieben. Sie war Tamaras Enkelin. Tamaras ehemalige Nachbarn hatten den Brief meines Vaters geöffnet und Natascha angerufen und ihr gesagt, dass ihr Großonkel seine Schwester und ihre Familie suchte. Natascha antwortete sofort. Sie schrieb, Tamara sei vor sechs Jahren gestorben. Sie habe nur einen Sohn gehabt. Victor habe kurz vor seiner Mutter das Zeitliche gesegnet. Mein Vater war sehr traurig, als er von Tamaras und Victors Tod hörte, andererseits freute er sich riesig, dass er ihre Familie aufgespürt hatte.

Für meinen Vater war dies ein veritabler Neubeginn. Mit einem Mal war er sehr viel glücklicher und optimistischer. Er schrieb Natascha jede Woche und brachte Stunden mit diesen Briefen zu. Natascha hatte eine Schwester, schrieb sie ihm zurück, drei Töchter und einen Sohn.

Als ich heranwuchs, war die Familie meines Vaters stets ein Mysterium für mich. Meine drei Tanten und den Onkel mütterlicherseits samt deren Ehepartnern und Kindern sahen wir ja regelmäßig, doch von den Verwandten meines Vaters hatte ich keinerlei Vorstellung. Tamaras Geschichte hatte mich schon deshalb immer interessiert, weil *Babu* stets sagte, dass ich ihr so ähnlich sehe. Hatten Tamara und ich darüber hinaus noch etwas gemeinsam?

2004 verkündete mein Vater, er würde in die Ukraine fliegen und dort einen Monat lang bleiben. Ich machte mir Sorgen um ihn, obwohl er recht aktiv und gesund war. Schließlich war er schon dreiundachtzig Jahre alt. Doch er meinte, er müsse einfach fahren. Dann traf er alle nötigen Vorkehrungen und kaufte das Flugticket. Seine Entschlossenheit erstaunte mich ein wenig, doch bei genauerer Überlegung war sie nur allzu verständlich. Mein Vater hatte Alik und mir nie besonders nahegestanden. Für uns war er ein gefühlskalter, strenger Mann, der aus der Distanz über unser Leben wachte. Als wir noch Kinder waren, redete er nur mit uns, wenn ihm etwas missfiel. Nach meiner Entlassung aus dem Evin-Gefängnis weigerte er sich, mir die dreitausendfünfhundert Dollar zu leihen, die die iranischen Behörden mir für einen Pass abverlangten, den ich brauchte, um aus dem Iran ausreisen zu können. Und das, obwohl er gerade erst unser Ferienhaus am Kaspischen Meer verkauft hatte und das Geld sehr wohl gehabt hätte. Seine Begründung war, dass Andre und ich seiner Ansicht nach im Ausland nicht zurechtkommen würden. Ich war wie am Boden zerstört und wurde wütend. Ich beschimpfte meinen Vater als selbstsüchtigen Kerl, dem es im Leben einzig um Geld ging. Dabei wusste er, dass ich jederzeit wieder verhaftet werden konnte. Ich war schließlich wieder in den Schoß meiner Kirche zurückgekehrt und hatte mich zudem mit Andre auch noch kirchlich trauen lassen. Mein Leben war in Gefahr, und dennoch weigerte er sich, mir zu helfen.

Andres Vater hatte während der letzten Jahre seines Lebens in einer Möbelfabrik gearbeitet. Mit Unterstützung des Fabrikbesitzers kauften er und ein paar andere Arbeiter ein Grundstück, um darauf ein Haus für alle zu errichten. Als Andres Vater starb, hatte man mit dem Bau noch nicht begonnen, doch Andre zahlte trotzdem weiter in die gemeinsame Kasse ein. Kurz nachdem mein Vater sich geweigert hatte, uns das Geld zu leihen, erhielt Andre einen Anruf von einer Frau, die mit seinem Vater in der Fabrik gearbeitet hatte. Sie sagte ihm, dass es nun bald mit den Bauarbeiten losgehen würde. Als wir ihr daraufhin erzählten, dass wir das Land verlassen wollten, aber leider finanzielle Probleme hätten, bot sie uns an, unseren Anteil an dem Gemeinschaftsprojekt aufzukaufen, und zwar für fünfhunderttausend Toman mehr, als bisher eingezahlt worden waren. War es ein Zufall, dass dies genau die Summe war, die wir im Moment brauchten? Als ich das Geld in einen Umschlag steckte, um es im Evin-Gefängnis abzugeben, sagte mein Vater mir, ich sei eine Idiotin. Sie würden das Geld nehmen, mich aber trotzdem nicht ausreisen lassen. Ich ignorierte ihn einfach.

Heute, vierzehn Jahre später, war mein Vater, der sich nie für seine Kinder interessiert hatte, wild entschlossen, in die Ukraine zu reisen, um Verwandte zu besuchen, die er nicht einmal kannte. Mit der Zeit wurde mir klar, dass der Grund dafür wohl war, dass er in der Beziehung zu diesen Menschen ganz von vorne anfangen und sich als warmherziger, freundlicher Mensch zeigen konnte. Es stand nichts zwischen ihnen, keine schmerzhaften Erinnerungen, mit denen man sich auseinandersetzen musste. Dass mein Vater ein besserer Mensch werden wollte, dass er lernen wollte, zu anderen Menschen freundlich zu sein, war für mich eine wichtige Erkenntnis. Er schickte immer wieder Geld in die Ukraine, und ich war stolz auf ihn. Obwohl Natascha Oberschwester war, verdiente sie nur sechzig Dollar im Monat. Mein Vater war nicht reich. Sein einziges Einkommen bestand aus einer vergleichsweise niedrigen Pension der kanadischen Regierung. Bei seinem Besuch in der Ukraine stellte er aber bald fest, dass er, verglichen mit unseren Verwandten dort, geradezu ein Krösus war. Dies ließ seine Wertschätzung für Kanada enorm wachsen.

Die Reise meines Vaters war ein voller Erfolg. Unsere Verwandten freuten sich, ihn zu Besuch zu haben. Sie waren schrecklich nett zu ihm und zeigten ihm die ganze Stadt. Gemeinsam besuchten sie Tamaras und Victors Grab, was Vater viel bedeutete. Mein Vater hatte endlich zu seinen Wurzeln gefunden. Als er nach Toronto zurückkehrte, war er merklich zufriedener, als er es je zuvor gewesen war. Immer wieder erzählte er von Maria, Tamaras jüngster Tochter, die gerade vierzehn geworden war. Maria schrieb meinem Vater regelmäßig. Sie nannte ihn ihren »großartigen Großvater«. Als er mir ein Foto von ihr zeigte, war ich erstaunt: Sie sah mir ein bisschen ähnlich. Wie ich war sie eine gute Schülerin und wollte Medizin studieren. Sie war künstlerisch begabt und zeichnete nach den Fotos, die mein Vater ihr schickte, Porträts von unserer ganzen Familie. Auch ich hatte als Teenager Porträts nach Fotos gezeichnet. Mein Vater platzte fast vor Stolz, als er mir die Zeichnungen zeigte. Immer wieder erzählte er, wie begabt und lieb Maria sei. Ich sah ihn an und begriff, dass er für Maria tat, was er für mich nie getan hatte. Von da an war das Leben meines Vaters von Güte und Liebe erfüllt. Endlich wurde seine Welt licht. Obwohl unsere Beziehung sich nach dem Tod meiner Mutter verbessert hatte, war sie für meinen Vater doch immer mit schmerzlichen Erfahrungen verknüpft. Maria war jetzt alles, was ich hätte sein können. Ich aber war ihr dankbar, dass sie meinen Vater so glücklich machte.

Nachdem *Ich bitte nicht um mein Leben* gedruckt war, gab ich meinem Vater ein Exemplar. Er ließ es eine Weile liegen, doch als er es endlich zur Hand nahm, las er es gleich zwei Mal. Dann sagte er mir, er sei stolz auf mich. Ich hätte nie gedacht, dass ich ihn das je würde sagen hören. Ein Exemplar des Buches hatte er immer auf dem Tischchen im Wohnzimmer liegen, so dass jeder seiner Besucher es sehen musste. Und er erzählte allen Freunden, Bekannten und manchmal auch Fremden, dass seine Tochter eine berühmte Schriftstellerin sei. Er hatte mir die Schuld für meinen Gefängnisaufenthalt und alles, was damit verbunden war, gegeben. Er hatte sich meiner geschämt, weil ich zum Islam übergetreten war und Ali geheiratet hatte. Obwohl wir über Ali nie gesprochen hatten, wusste ich doch, dass er die Geschichte in dem Artikel im *Toronto Star* gelesen hatte. Doch Ali erwähnte mein Vater mir gegenüber mit keinem Wort. Sobald aber mein Buch erschienen war, sah er, wie positiv die Leute darauf reagierten. Da wurde ihm klar, dass er vielleicht zu streng mit mir gewesen war. Im Buch erzählte ich meine Geschichte natürlich sehr viel ausführlicher als im Artikel. So konnte er sie zum ersten Mal aus meinen Augen sehen.

Als im Dezember 2007 mein Bild das Cover des kanadischen Buchmagazins *Quill & Quire* zierte, ließ er ein Exemplar auf seinem Esstisch liegen und nahm es nie wieder weg. Immer wenn ich ihn besuche, sehe ich es dort. Auf diesem Foto sehe ich ein wenig aus wie Cinderella. Die Leute vom Magazin hatten mich angerufen und gefragt, ob ich ein hübsches Kleid hätte. Ich aber hatte nur Hosenanzüge und Kostüme. Also lieh man für mich in der Designerboutique *Holt Renfrew* ein Kleid aus. Ich zuckte zusammen, als ich es sah. Es war rot, sehr rot, und obwohl ich es im normalen Leben niemals tragen würde, machte es mir doch Spaß, mich einmal so richtig »aufzustylen« und mich – und sei es nur für ein paar Minuten – richtig zu verwöhnen. Bei dem Fotoshooting fiel mir

wieder ein, wie wir, meine Familie und ich, vor achtunddrei-
ßig Jahren zum Fotografen marschierten, um ein Familien-
porträt machen zu lassen. Ich habe das Bild heute noch im
Kopf. Mein Vater und meine Mutter waren sehr jugendlich
und elegant gekleidet. Ich selbst trug ein blaues Satinkleid mit
weißem Gürtel und schwarze Lackschuhe. Auch Alik sah gut
aus in seinem Sixties-Hemd mit dem lockigen Jabot und den
Stulpen am Ärmel. Meine Mutter hatte das Hemd für ihn genäht. Das Foto war zwar schwarzweiß, aber ich kann mich
noch heute gut an die Farbe des Hemdes erinnern. Es war ein
senfgelber Stoff mit hellen und dunklen Tupfen in der Größe
eines Zehncentstückes darauf.
Alik hatte mir kurz nach Veröffentlichung meines Buches geschrieben:

*Dein Leben hat einen sehr schweren Weg genommen. Es
ist schön zu sehen, dass Du für Deine Qualen ein wenig
Linderung erfährst. Ich gratuliere Dir jetzt schon für all
die Anerkennung und Preise, die Du zweifellos einheim-
sen wirst.*
*Und ich möchte Emily Dickinson zitieren: »Ich weiß
nicht, wann die Morgendämmerung anbricht, daher
öffne ich alle Türen.«*
Deine Morgendämmerung ist endlich da. Genieß sie.

Ich war total verblüfft.
Seit meiner Ankunft in Kanada hatten Alik und ich uns regelmäßig bei Familienfeiern gesehen, doch ich kam mit meinen
Eltern nicht gut zurecht, und Alik und ich hatten uns deswegen gestritten. Ich hatte ihnen klipp und klar gesagt, dass ich
nicht in der Lage sei, die Erwartungen, die sie hinsichtlich unseres Lebensstils in Kanada hätten, zu erfüllen. Sie wollten,

dass wir neue Möbel kauften und in ein größeres Haus zögen, da die meisten unserer kanadischen Freunde einen aufwendigeren Lebensstil pflegten. Im Iran nennen wir diese Art zu denken *cheshm-o hamcheshmi:* Leben nach den Vorstellungen anderer Leute. Aber ich konnte es mir nicht leisten, den Wünschen meiner Eltern zu gehorchen. Ich wollte weder ihretwegen noch anderer Leute wegen Schulden machen. Mein Mann und meine Kinder waren mir das Wichtigste. Mein Interesse galt allein ihnen und ihrem Wohlergehen. Damit kamen meine Eltern nicht zurecht, und ihre Unzufriedenheit wirkte sich auf meine Beziehung zu Alik aus. Vielleicht wäre alles anders gekommen, wenn wir altersmäßig nicht so weit auseinandergelegen hätten, doch wir hatten nun einmal nicht viel gemeinsam.

Nach dem Erscheinen meines Buches beschlossen wir, gemeinsam essen zu gehen. Erst da fiel mir auf, dass ich mich schon gar nicht mehr erinnern konnte, wann wir zum letzten Mal allein miteinander geredet hatten. Er besuchte jeden Sonntag meinen Vater und uns jeden Freitag. Wir waren uns nie absichtlich aus dem Weg gegangen oder so etwas, aber unser Leben verlief nun einmal seit achtundzwanzig Jahren in getrennten Bahnen. Anders als Alik, der während der Regierungszeit des Schahs aufgewachsen war, wurde ich in der Islamischen Republik groß. Meine Welt war also von Anfang an eine andere als die seine. Ich war sicher, dass der Schatten von Evin über uns lag und verhinderte, dass Alik mir näherkam, wenn wir uns sahen. Vielleicht fühlte er sich auch schuldig, weil er mir nicht hatte helfen können. Natürlich hatte er nichts dergleichen gesagt, aber ich hielt es für möglich. Einer meiner Freunde hatte mir einmal gestanden, er habe massive Schuldgefühle gehabt, weil er mich nicht aus dem Gefängnis gerettet hatte. Damals habe ich gelacht und ihm gesagt, er solle doch bitte nicht so dumm sein. Niemand hätte mich davor bewahren können, auch er nicht. Ich habe niemals jemandem die Schuld dafür gegeben, dass ich in Evin saß. Dafür ist einzig und allein die Islamische Republik Iran verantwortlich.

Bei unserem Abendessen sagte ich Alik, ich sei verblüfft gewesen, dass er aus dem Werk Emily Dickinsons zitiert hatte. Ich habe nicht gewusst, dass er Gedichte las. Er erzählte mir, dass er Literatur liebe und ein leidenschaftlicher Leser sei. Anscheinend wusste ich mehr über meine Nachbarn als über meinen eigenen Bruder. Zu meiner Überraschung offenbarte er mir, er habe immer schon Schriftsteller werden wollen. Wir unterhielten uns über mein Buch. Er meinte, er habe zwar gewusst, dass Evin ein schrecklicher Ort sei, doch bevor er meine Geschichte gelesen habe, habe er sich davon keine Vorstellung machen können.

Ich saß da und sah ihn schweigend an.

So hatte ich also in den Trümmern des Schweigens und der Geheimnisse meinen Vater und meinen Bruder wiedergefunden.

Ein paar Tage später kamen Alik und mein Vater gemeinsam zur Vorstellung meines Buches im Fakultätsclub der Universität von Toronto. Sie hatten mir zwar gesagt, dass sie kommen würden, doch ich konnte sie nicht unter den Zuhörern ausmachen. Erst als ich auf dem Podium saß, sah ich, dass sie in der ersten Reihe Platz genommen hatten. Während ich las, merkte ich, dass Diane Turbide, meine Verlegerin bei Penguin Canada, den Arm um meines Vaters Schultern gelegt hatte. Er und Alik weinten. Ich musste wegsehen, um nicht selbst die Kontrolle zu verlieren.

Die Namensliste

Ein paar Tage nachdem im Hörfunk das Interview mit meinem Vater gesendet worden war, erhielt ich einen Anruf von einer iranisch-kanadischen Professorin, die von der Sendung tief beeindruckt war. Ich werde sie hier »Professor M« nennen. Als wir uns ein paar Tage später zum Essen trafen, erzählte sie mir, dass sie an einem Forschungsprojekt über autobiografische Berichte von politischen Gefangenen aus dem Iran arbeite. Sie wollte zu diesem Zweck eine Webseite einrichten, auf der sich Interessenten über die Situation der Gefangenen im Iran informieren konnten. Dazu brauchte sie jemanden, der fließend Englisch und Persisch sprach, um die persischen Autobiografien zu lesen und sie dann auf Englisch zusammenzufassen. Außerdem wollte sie eine kunsttherapeutische Einrichtung aufbauen, die ehemalige weibliche politische Gefangene aus dem Nahen Osten bei der Aufarbeitung ihrer Erfahrungen unterstützen sollte. Ich sagte, ich würde gerne dazu beitragen und rechne damit, die Übersetzungsarbeiten bis zum April 2007 abgeschlossen zu haben. Dann würde mein Buch herauskommen und ich müsste auf »Lese-Tour« gehen, es also in mehreren Städten vorstellen.

Und so unterzeichnete ich Anfang Oktober 2006 einen Halb-
jahresvertrag und fing an, Gefängnisberichte zu lesen und zu
übersetzen. Rein emotional gesehen trieb mich diese Arbeit
an den Rand der Erschöpfung. Täglich las und schrieb ich vier
bis fünf Stunden über Folter. Trotzdem machte ich weiter,
weil ich diese Aufgabe für wirklich wichtig hielt.

Ich traf mich ein paarmal mit Professor M und einem anderen
ehemaligen Häftling aus dem Iran, der ebenfalls an diesem
Projekt mitarbeitete. Das Projekt lief gut. Allerdings wurde
bald klar, dass wir es vor meiner Lesereise nicht schaffen würden, alle Berichte aufzuarbeiten: Es war einfach zu viel zu lesen.

Kurz bevor ich auf Lesereise ging, bat Professor M mich, ob
ich ihr eine Umschrift für etwa zweitausendfünfhundert Namen von weiblichen politischen Gefangenen erstellen könne,
die im Iran hingerichtet worden waren. Diese Liste war keineswegs vollständig. Die Namen der Menschen, die in Evin
und anderen iranischen Gefängnissen ihr Leben ließen, waren
ja nie irgendwo registriert worden. Ich zögerte ein wenig, bevor ich mich bereit erklärte. Zweitausendfünfhundert Namen ... zweitausendfünfhundert verlorene Leben. Wie viele
dieser Frauen würde ich kennen? Waren vielleicht sogar
Freundinnen darunter?

Ich musste vor jedem einzelnen Namen tief durchatmen, ehe
ich ihn lesen konnte. Wenn ich einen mir unbekannten Namen niederschrieb, nahm ich mir einen Augenblick lang Zeit,
um mir vorzustellen, wie seine Trägerin wohl ausgesehen hatte. Welche Farbe hatten ihre Augen gehabt, ihre Haare? Trug
sie das Haar lang oder kurz? Hatte sie Brüder oder Schwestern? War sie verheiratet gewesen? Hatte sie Kinder gehabt
oder war sie noch als junges Mädchen gestorben? Welche
Hoffnungen hatte sie gehabt, welche Träume?

Schließlich stieß ich tatsächlich auf einen Namen, den ich kannte: Shahnoosh Behzadi. Ich las ihren Namen wieder und immer wieder. Bis zu diesem Moment hatte ich mich noch in der Hoffnung gewiegt, die Nachricht von ihrem Tod 1981 sei falsch gewesen. Dass sie irgendwie überlebt hätte und nun an irgendeinem ruhigen, sicheren Fleck der Welt lebte. Doch die kleinen schwarzen Buchstaben, die vor mir auf der Seite zitterten, bestätigten unwiderruflich, dass sie im Alter von fünfzehn Jahren eines schrecklichen Todes gestorben war. Tränen verschleierten meinen Blick.

Shahnoosh Behzadi und ich waren ab der vierten Jahrgangsstufe in eine Klasse gegangen. Wir lernten uns kennen, als ich in die Giv-Grundschule kam, eine zoroastrische Schule, die aber auch Kinder anderer Glaubensrichtungen aufnahm.

An meinem ersten Schultag stand ich mitten auf dem Schulhof und suchte unter all den Kindern nach einem vertrauten Gesicht. Ich wusste, dass einige meiner Freundinnen aus meiner früheren Schule auch hierherkommen wollten, doch noch hatte ich niemanden entdeckt. Rund um mich schwappte ein Meer lauter, zufriedener Kinder, von dem ich mich fast erdrückt fühlte. Mein Herz schlug heftig, Schweißtropfen liefen mir über die Stirn.

Plötzlich spürte ich, wie jemand mich ganz fest umarmte. Ich hatte keine Ahnung, wer das sein konnte. Alles, was ich sehen konnte, waren graue Baumwolle und dunkle Locken.

»Sie ist so süß und zart!«, sagte das Mädchen.

Ich versuchte, mich aus ihren Armen zu befreien. Endlich ließ sie mich los, und ich konnte sie ansehen. Sie war groß und ziemlich dünn. Später erfuhr ich, dass sie Zoroastrierin war. Mit mütterlichem Lächeln streichelte sie mir übers Haar.

»Du bist neu hier! Wie heißt du?«

»Marina«, stieß ich atemlos hervor.

»Was für ein hübscher Name!«, rief sie aus und gesellte sich wieder zu ihrer Freundin, die hinter ihr stand. »Fariba, sie heißt Marina. Ist das nicht süß?«

Fariba nickte, lächelte und strich sich das braune, glatte Haar hinter die Ohren. Sie war zwar größer als ich, aber kleiner als ihre Freundin.

»In welcher Klasse bist du?«, fragte mich Fariba.

»In der vierten«, antwortete ich stolz.

»Wir auch!«, sagte das Mädchen, das mich umarmt hatte. »Wir werden dir helfen! Komm mit!«

Es läutete. Als ich mich umsah, fühlte ich mich nicht mehr als Fremde. Ich hatte Freundinnen: Fariba und …

Die beiden Mädchen gingen vor mir her.

»He, warte! Wie heißt du denn überhaupt?«, rief ich.

Das große Mädchen drehte sich um und sagte: »Shahnoosh. Komm schon, beeil dich!«

Ich begann zu laufen.

Shahnoosh war die Güte selbst. Treffender kann man sie nicht beschreiben. Sie hätte gar nicht gewusst, wie Gemeinsein geht. Sie war vielleicht nicht unbedingt das, was man hübsch nennt, aber die Liebe in ihrem Herzen machte sie schön. Ich glaube, sie hatte eine Lernstörung, denn sie musste sich immer ziemlich anstrengen, um im Unterricht mitzukommen. Später, in der Oberschule, half ich ihr in Mathe und Naturwissenschaften. Nachhilfe mit Shahnoosh machte einfach Spaß. Sie sagte immer, sie bewundere meinen klugen Kopf, und da kam ich mir natürlich ganz toll vor. Gleichwohl war sie nie meine beste Freundin. Aber wenn ich an die Schulzeit zurückdenke, wird mir deutlich, wie ihre Gegenwart diese Tage überstrahlte. Sie hatte eine Umarmung für jeden, der sie gerade brauchte, und schloss mit allen Freundschaft, die einsam waren.

Revolutionen reißen eine Gesellschaft auseinander. Nach dem Siegeszug der Islamischen Revolution wurde alles anders, vor allem aber die Schule. Meine Generation war mit den Regeln und Gesetzen des alten Regimes aufgewachsen, und diese galten mit einem Mal nichts mehr. Das neue Regime brauchte Zeit, um sich zu etablieren und eine neue Ordnung zu errichten. Diese Übergangsphase dauerte aber höchstens ein paar Monate. Während dieser Zeit überschwemmten plötzlich marxistische und marxistisch-islamistische Gruppen, die unter der Herrschaft des Schahs verboten gewesen waren, Schulen und Universitäten. Ich war damals in der achten Klasse und viel zu jung, um die Unterschiede zwischen den politischen Gruppierungen ausmachen zu können, doch viele Schüler aus der elften und der zwölften Klasse verkündeten lauthals, sie seien Marxisten. Trotz ideologischer Differenzen hatten die marxistischen Gruppen die Islamische Revolution unterstützt und viel zu ihrem Erfolg beigetragen. Eigentlich hatten sie nach Absetzung des Schahs die Macht übernehmen wollen, doch dieser Plan schlug fehl. Marxistische und marxistisch-islamistische Gruppen organisierten in der Pause auf dem Schulhof Diskussionsveranstaltungen, aber Shahnoosh sah ich dabei so gut wie nie. Sie war vielleicht der einzige Mensch in der Schule, den die Islamische Republik kaum oder gar nicht interessierte. Ich jedenfalls hatte die politischen Diskussionen bald satt. Ich wollte zwar gerne dazugehören und gab mir auch die größte Mühe, doch es gelang mir einfach nicht. Ich war gläubige Katholikin und kam weder mit den Marxisten noch mit den Islamisten zurecht. Bald hatte ich keine Freunde mehr, was mich ziemlich deprimierte. Als das Schuljahr 1981/1982 begann, weigerte ich mich, weiter auf die Schule zu gehen. Da sie sahen, wie sehr die Ereignisse mich aufregten, erlaubten meine Eltern mir, ein Jahr mit der Schule auszusetzen.

Im Herbst 1981 hörte ich von einem jungen Mann aus unserer Kirchengemeinde, dass Shahnoosh verhaftet und hingerichtet worden war. Ich konnte es ganz einfach nicht glauben. Das war unmöglich. Warum sollte jemand Shahnoosh verhaften? Sie war noch nicht mal politisch aktiv. Und hinrichten? Das musste einfach eine Falschmeldung sein.

Nun, fünfundzwanzig Jahre später, saß ich mit einer Namensliste von hingerichteten Personen vor mir auf dem Tisch. Auf dieser Liste stand Shahnoosh Behzadis Name. Meine wunderschöne Freundin.

2009 fand eine andere wunderschöne junge Frau im Iran den Tod: Neda Agha-Soltan. Anders als Shahnoosh starb sie nicht unbemerkt. Ihr Tod wurde mit einer Handykamera gefilmt und über YouTube verbreitet. Mahmud Ahmadinedschad war gerade durch die Wahl in seinem Amt als Präsident des Iran bestätigt worden. Der Oberste Führer, Ayatollah Khamenei, und der Wächterrat, die gemeinsam die Wahlen im Iran überwachen sollten, standen ganz offensichtlich hinter ihm. Während der Wahl hatte es allerlei Anzeichen für Unregelmäßigkeiten gegeben. Also gingen die Anhänger der gemäßigten Kandidaten und Gegner Ahmadinedschads, Mir-Hossein Musawi und Ayatollah Karroubi, auf die Straße. Die Protestmärsche füllten die Straßen in Teheran und anderen iranischen Städten. Seit 1979, seit den Kundgebungen gegen den Schah, hatte es keine so großen Demonstrationen mehr gegeben. Die Menschen riefen: »Tod dem Diktator!« Oder: »Wo sind unsere Stimmen?« Basidsch – eine Bürgerwehr –, Revolutionsgarden und Polizei griffen ein und töteten, verletzten, verhafteten zahllose Demonstranten. Die Bilder der Gewalt füllten internationale Netzwerke wie YouTube. Der Clip, der Neda Agha-Soltans Tod zeigt, verbreitete sich in Windeseile um die ganze Welt. Millionen sahen ihn.

Eine Kugel trifft Neda in die Brust, genau unterhalb des Halses. Sie verliert das Gleichgewicht und fällt. Die Hilfe der Umstehenden ist vergeblich. Ein Arzt versucht, die Blutung durch Druck zu stillen, aber plötzlich tritt ihr Blut aus Mund und Nase, sie verdreht die Augen und stirbt auf dem Bürgersteig. Wieder unschuldiges Blut, das vergossen, ein Leben, das nicht gelebt wird. Ich habe den Film nur einmal angesehen, aber er brannte sich mir tief in die Seele ein. Ich brauche nur die Augen zu schließen, wenn ich ihn sehen will. Ich kann ihn schneller oder langsamer ablaufen lassen, ja sogar auf Standbild stellen. Sie trägt einen knielangen schwarzen Mantel, ein schwarzes Kopftuch, Bluejeans und Laufschuhe. Sie hat sehr schöne Hände mit langen Fingern. Die Brauen wölben sich in einem vollkommenen Bogen über ihre Augen. Bezaubernde Augen. Der Schock, der sich in diesen Augen widerspiegelt, als die Kugel sie trifft, ist unerträglich anzusehen. Als wolle sie schreien: »Warum?« Aber sie bleibt stumm.

Meine Erinnerungen an Shahnoosh und die Freunde, die ich verloren habe, gärten in mir, während ich um die Welt reiste, um mein Buch *Ich bitte nicht um mein Leben* vorzustellen und den Menschen von den grauenhaften Vorgängen im Evin-Gefängnis zu erzählen. In den fremden Hotels träumte ich, falls ich überhaupt einschlief, ich ginge mit meinen Freunden am Kaspischen Meer spazieren. Wir weinten und lachten, tanzten und trauerten zusammen. In einem meiner Träume hielten Shahnoosh und ich uns an den Händen. Wir drehten und drehten uns um uns selbst, bis wir lachend in den Sand purzelten. Kaum hatten wir wieder Atem geschöpft, drehte sie sich zu mir um, lächelte und sagte: »Glück ist die einzige Rache, die wir haben.«

Kurz nach der Rückkehr von meiner Lesereise erhielt ich einen Anruf von Professor M. Ich dachte, sie wolle mit mir vielleicht über mein Buch sprechen, da ich ihr ja einen Vorabdruck gegeben hatte. Vielleicht wollte sie mir auch eine Vertragsverlängerung anbieten, um das Projekt weiterführen zu können. Nichts davon traf zu.

»Ich kann die Zusammenarbeit mit Ihnen nicht mehr fortsetzen«, sagte sie in möglichst neutralem Ton.

»Wieso?«, fragte ich verwirrt.

Sie erklärte mir, ihre Freunde, Angehörige einer extrem linken politischen Gruppierung, die im Exil für Veränderungen im Iran kämpfte, würden mich für eine Verräterin halten, eine *tavvab*. Grund? Ich sei unter der Folter zusammengebrochen und hätte Ali geheiratet. Sie nähmen mir vor allem übel, dass ich keine Zeichen der Reue gezeigt habe.

Reue? Weswegen? Dass man mich vergewaltigt und gefoltert hatte?

Ich spürte, wie sich alle Muskeln in meinem Körper verhärteten. Als sie mich damals kontaktiert hatte, hatte sie meine ganze Geschichte gekannt. Tränen stiegen mir in die Augen, aber ich beherrschte mich. Ich versuchte, etwas zu sagen, aber die Worte schwirrten mir nur wirr im Kopf herum.

»So ist das also ...«, brachte ich gerade noch heraus.

»Ich muss darauf bestehen, dass Sie in keinem Interview erwähnen, mit mir gearbeitet zu haben«, sagte sie.

»Warum?«

»Weil es Leute gibt, die behaupten, ich hätte Ihnen geholfen, dieses Buch zu schreiben ...«

»Das ist ja vollkommen lächerlich! Warum sollte jemand so etwas behaupten?«

»Nun, manche Menschen denken, ich hätte Ihnen geholfen.«
»Ich habe *Ihnen* bei Ihrer Arbeit geholfen, aber Sie mir nicht bei meiner.«
»Ich habe Sie nur angerufen, um Ihnen Bescheid zu sagen, in Ordnung?« Sie hängte ein.
Da stand ich nun in meiner Küche und versuchte zu begreifen, was gerade geschehen war. Es gelang mir nur nicht so ganz. Ich hatte sie für eine Freundin gehalten.
Ein paar Wochen später las ich einen offenen Brief, den sie auf ihrer Webseite publiziert hatte. Darin erklärte sie, sie habe mich kennengelernt, nachdem ich von CBC Radio und vom Fernsehen interviewt worden war und einen Artikel im *Toronto Star* veröffentlicht hatte. Sie schrieb auch, dass sie mich und einen anderen iranisch-kanadischen Ex-Häftling für sechs Monate beschäftigt hatte. Genau so war es. Ich las weiter.
»Während dieser Zusammenarbeit«, schrieb sie[5], »kamen mir Marina Nemats politische Ansichten zu Ohren. Für mich war es offensichtlich, dass ihre Geschichte sich von der anderer politischer Gefangener unterschied. In ihrem Interview mit dem *Toronto Star* (vom 30. Januar 2005) erwähnt sie ihre ›Ehe‹ mit ihrem Aufseher. Sie versuchte erst gar nicht, diese zu verheimlichen. Und sie verkündete, sie würde ihre Geschichte veröffentlichen. Weil ich den Unterschied zwischen Marinas Gefängniserfahrung und der anderer weiblicher politischer Gefangener besser verstehen wollte, befragte ich von Beginn [unseres Projektes] an bis zur Veröffentlichung ihres Buches immer wieder andere weibliche politische Gefangene über sie, doch niemand wusste über sie irgendetwas zu sagen, niemand beschuldigte sie, ein *tavvab* zu sein ...«
Dann merkte sie an, dass nach der Publikation von *Ich bitte nicht um mein Leben* einige ehemalige politische Gefangene

aus dem Iran mich beschuldigten, eine Verräterin zu sein. Sie fügte hinzu: »Aufgrund der Kritik [einiger ehemaliger politischer Gefangener] an *Ich bitte nicht um mein Leben* bin ich nun fest davon überzeugt, dass Marina Nemat ein *tavvab* ist.« Ich starrte blicklos auf meinen Bildschirm und konnte nicht mehr weiterlesen. Als Hamed mich in Evin verhört hatte, hatte er mich »dreckige Ungläubige« genannt. Er sagte mir, ich hätte den Tod verdient, die Welt habe mich ohnehin vergessen und meine Hinrichtung würde die Welt nur schöner machen. Jetzt waren es Menschen, die angeblich an Freiheit und Demokratie glaubten, die mich beschimpften und verurteilten. Aber ich würde mich nicht entmutigen lassen. Ich wusste, dass Shahnoosh über mich wachte.

Shaadis Karte

Mittlerweile war meine Geschichte als Buch erschienen, und doch war das Bedürfnis, sie wieder und wieder zu erzählen, damit keineswegs überwunden. Eine Freundin warnte mich: Ich ließe mich vom Schuldgefühl der Überlebenden treiben. Wenn ich so weitermachte, würde es bald mein ganzes Leben beherrschen. Ich liefe einen Marathon ohne Ziellinie und würde schließlich vor Erschöpfung zusammenbrechen. Vielleicht hatte sie ja recht, aber man hatte mir ja schon mit sechzehn meinen baldigen Tod angekündigt. Mittlerweile war ich wohl überfällig.

Mein Verlag schickte mich um die halbe Welt. Bei fast jeder Signierstunde kamen ein paar Iraner, die mich baten, ihnen eine Widmung auf Persisch zu schreiben. Einige waren selbst ehemalige Häftlinge, andere hatten Freunde oder Verwandte, die im Iran im Gefängnis saßen, und warteten auf deren Freilassung. Bei einer solchen Gelegenheit brach eine junge Frau in Tränen aus. Sie erzählte mir, ihre Mutter sei ebenfalls in Evin inhaftiert gewesen, habe aber niemals darüber gesprochen. Eine andere Frau berichtete, ihr Bruder sei in Evin gefoltert worden, habe jedoch überlebt. Auch er spreche so gut wie nie über diese Erfahrung. Unter all den Tränen und Umarmungen, die diese Veranstaltungen begleiteten, hielt ich stets Ausschau nach bekannten Gesichtern. Ich hoffte, irgendwann auch eine meiner Freundinnen aus dem Gefängnis zu sehen, doch das geschah nicht. Es dauerte eine Weile, bis Freunde aus dem Iran ein Lebenszeichen gaben. Das erste kam völlig unerwartet. Der persische Kanal des Nachrichtensenders *Voice of America* interviewte mich in Los Angeles – auf Persisch. Das Interview wurde weltweit ausgestrahlt. Während der Sendung hielt man Leitungen offen für Anrufe und E-Mails der Zuschauer. Die positive Reaktion der Iraner rund um den Globus war überwältigend. Es trafen sogar Botschaften aus dem Iran selbst ein – von Leuten, die das Interview über Satellitenfernsehen verfolgt hatten.

Einige Monate nach dem Interview erhielt ich von meinem Verlag in den USA einen dicken Umschlag. Ich öffnete ihn und kippte seinen Inhalt auf meinen Wohnzimmertisch. Ein kleinerer weißer Umschlag fiel heraus. Ich studierte den Namen des Absenders und erstarrte: Shaadi Golzari. Ich las den Namen wieder und wieder. Mein Herz begann, heftig zu klopfen. Schließlich riss ich den Umschlag auf und fand darin eine Karte von einer meiner besten Freundinnen aus der Grund- und Oberschule in Teheran. Sie war nie festgenommen worden, hatte aber mit ansehen müssen, wie ihre Freunde der Reihe nach spurlos verschwanden. Jetzt lebte sie in Los Angeles.

Nach meiner Entlassung aus Evin nahm ich jahrelang keinen Kontakt zu meinen früheren Freundinnen auf. Ich traf mich nur mit einem Mädchen, das mit mir in Haft gewesen war: Shahnaz. Sie war ein paar Monate vor mir entlassen worden. Vor Evin hatten wir uns nicht gekannt, aber ich hatte ihr im Gefängnis meine Telefonnummer gegeben. Eines Tages rief sie mich in Teheran an und kam auf einen kurzen Besuch vorbei. Im Gefängnis war sie kurz vor dem Zusammenbruch gestanden, ich hatte mich damals sehr um sie gesorgt. Nun war ich erstaunt, wie »normal« wir beide wirkten. Wir saßen in meinem Zimmer und plauderten. Vor dem Fenster blühten die Rosen in allen erdenklichen Farben. Während ich in Haft war, waren meine Eltern zu einem Freund gezogen, der ein großes Haus besaß. Mein neues Schlafzimmer war einfach unglaublich PINK. Wir saßen in pinkfarbenen Sesseln und schlürften Earl-Grey-Tee aus Porzellantassen mit Goldrand und pinkfarbenen Rosen. Shahnaz sah aus, als käme sie direkt vom Friseur. Jede Strähne ihres langen, dunklen Haares saß perfekt. Sie war sehr elegant gekleidet: eine blaue Seidenbluse zum engen schwarzen Rock. Wie ich trug sie hohe Absätze, und ich fragte mich, ob ihre Schuhe an den Füßen genauso schmerzten wie meine nach all den Peitschenhieben, die wir auf die Fußsohlen bekommen hatten. Über Evin verloren wir kein Wort. Ihr hartnäckiges Lächeln überdeckte die Angst und die Qual, die ich früher in ihren großen, traurigen braunen Augen gesehen hatte. Beide sagten wir nur »damals«, wenn wir die Zeit in Evin meinten. Dabei lächelten wir und zuckten ein wenig mit den Schultern. Wir waren noch nicht bereit, über die Greuel zu reden, die wir erlebt hatten. Unsere Erfahrungen lebten in uns weiter. Wir waren uns beide dessen bewusst, doch im Moment schoben wir sie zur Seite. Dass sie hier in diesem Haus mit mir zusammensaß, sagte alles. Sie war gekommen, obwohl jede Minute des Zusammenseins sie an das Trauma erinnern musste, das sie vergessen wollte. Sie war gekommen, um mir zu zeigen, dass die Freundschaft, die uns durch so viel Leid begleitet hatte, für immer ein Teil ihrer selbst bleiben würde, selbst wenn im Moment weder sie noch ich den Mut fanden, diese Gefühle offen auszusprechen. Zum Abschied drückte sie mich fest an sich, und ich spürte, dass ihr Körper immer noch so zitterte wie damals, als wir uns in Evin umarmten, wenn wir die Gewehrschüsse hörten. Bevor sie auf die Straße hinausging, zog sie den schwarzen Tschador über. Ich sah sie niemals wieder.

Nach Shahnaz' Besuch ging ich zum Haus einer anderen Freundin aus der Zeit meiner Inhaftierung. Sie selbst war immer noch nicht frei, doch hatte sie mich kurz vor meiner Entlassung gebeten, ihren Eltern etwas zu sagen, was sie selbst ihnen nicht hatte sagen können: Sie war zu zwanzig Jahren Gefängnis verurteilt worden.

Ich kann mich an die Stunde, die ich mit ihrer Familie verbrachte, nicht mehr so recht erinnern. Ich weiß nur, dass ich dauernd zu Boden blickte. Ich wollte ihren Eltern die Wahrheit sagen, aber ich hatte nicht die Kraft dazu. Wie konnte ich ihnen ins Gesicht sehen und ihnen sagen, dass ihre Tochter so lange Zeit im Gefängnis würde verbringen müssen, während ich entlassen worden war? Aber ich hatte es ihr versprochen, und so sagte ich es ihrem Schwager, der mich mit dem Auto nach Hause brachte. Niedergeschmettert nickte er und meinte, er würde es der Familie beibringen.

Jetzt aber erreichte mich eine Stimme aus der Vergangenheit. Shaadi hatte ihre Telefonnummer auf der Karte hinterlassen. Ich rief sie augenblicklich an. Das Telefon läutete drei Mal, bevor jemand abhob.

»Shaadi?«, murmelte ich. »Ich bin es, Marina.«

»Oh, mein Gott! Warte … sonst bringe ich noch jemanden um … Himmel … Ich sitze im Auto … auf der Autobahn … Ich … fahre nur schnell … auf den Seitenstreifen … warte … bist du es wirklich, Marina?«

»Ja, ich bin's … wie geht es dir?«

»Ich glaubte schon, du würdest nie anrufen! Ich dachte, du willst vielleicht nicht mit mir sprechen.«

»Was redest du da bloß? Warum sollte ich nicht mit dir sprechen wollen? Ich habe deine Karte gerade erst bekommen. Und sofort angerufen!«

Sie sagte, sie habe die Karte schon vor ein paar Monaten an meinen Verlag geschickt. Offensichtlich haben sie längere Zeit gebraucht, die Leserbriefe an mich weiterzuleiten.

Sie habe mein Buch gelesen, meinte sie, und vieles wiedererkannt. Sie erinnere sich noch an mein Zimmer, meine Bücher, meinen Balkon, das Federmäppchen, das ich Sarah verkauft hatte, und das blaue Oldsmobile meines Vaters. Es war tröstlich, mit jemandem zu reden, der so viele meiner Erinnerungen teilte. Shaadi hatte immer noch Kontakt zu einigen unserer Freunde, die ebenfalls im Gefängnis gewesen waren. Die meisten lebten immer noch im Iran. Nach ihrer Freilassung hatten sie ihr Studium fortgesetzt und schließlich auch geheiratet. Ich war erleichtert zu hören, dass sie überlebt hatten. Einige von ihnen hatte Shaadi auf einer Reise in den Iran sogar besucht. Doch sie hatten nicht über Evin gesprochen, was mich nicht überraschte.

Shaadis Mutter lebte noch im Iran. Sie war es, die Shaadi auf mein Buch aufmerksam gemacht hatte. Sie hatte mich auf *Voice of America Persia* gesehen und sofort ihre Tochter in Los Angeles angerufen.

»Marina ist im Fernsehen!«, hatte sie ganz aufgeregt gerufen.

»Marina? Welche Marina?«

»Wie viele Marinas kennst du denn?«

»*Madar joon*, ich lebe in den Staaten und du im Iran.«

»Es ist eine Live-Übertragung. Über Satellit. Aus dem Borders Bookstore gleich bei dir um die Ecke.«

Shaadi war sofort in die Buchhandlung gerannt, hatte aber feststellen müssen, dass die Sendung keine Liveübertragung war, sondern bereits ein paar Tage zuvor dort aufgezeichnet worden war. Eine der Buchhändlerinnen, die merkte, wie aufgewühlt Shaadi war, schlug ihr vor, sie solle doch an meinen Verlag schreiben.

Shaadi meinte, sie würde bald zu einer Familienfeier nach New York City kommen. Von Toronto aus braucht man nur eine Flugstunde dorthin. Ich wollte diese Gelegenheit, meine Freundin wiederzusehen, auf keinen Fall verpassen, und so buchte ich einen Flug nach New York.

Im Flugzeug dachte ich über meine gemeinsame Zeit mit Shaadi nach. In gewisser Weise hatte ich das Gefühl, als sei sie eine Person, die ich in einem früheren Leben gekannt hatte. Andererseits schien es erst gestern gewesen zu sein, dass wir beide mit untergeschlagenen Beinen auf dem Bett in ihrem Zimmer saßen und die Köpfe zusammensteckten, um über Jungs und Freundinnen abzulästern. Sie war ein unbekümmertes Mädchen gewesen, ihr Lachen sprudelte aus ihrem tiefsten Innern heraus. Sie schien stets auf Wolken zu wandeln. Vor der Revolution hatte es zwischen uns keine Geheimnisse gegeben. Wir hatten dumme kleine Spielchen gespielt, wie Mädchen es nun einmal tun, und uns in einer Welt bewegt, die zu einer Hälfte aus der Wirklichkeit, zur anderen aus unseren Träumen bestand, einer Welt, in der die allergrößten Wunder geschehen konnten.

Als dann die Revolution kam und das Leben Tag für Tag komplizierter wurde, zog ich mich von ihr und all meinen Freundinnen zurück. Was war von dem fröhlichen jungen Mädchen von damals heute noch übrig? War ich überhaupt noch die Marina, an die Shaadi sich erinnerte?

Wir wollten uns vor dem Eingang meines Verlagshauses in der Avenue of the Americas in New York treffen. Die Menschen umflossen mich wie Fische in einem gewaltigen Aquarium. Alle schienen wild entschlossen ihrem Ziel zuzustreben. Ich fragte mich, ob einer von ihnen sich vorstellen konnte, wie es war, nach so vielen Jahren und so viel Leid eine Freundin aus der Vergangenheit wiederzusehen. Am liebsten hätte ich sie aufgehalten und ihnen von der Freundin erzählt, die ich verloren und jetzt wiedergefunden hatte.

Ich erkannte Shaadi sofort, als sie um die Ecke bog. Sie trug ein rotes Top und einen schwarzen Rock. Auf den ersten Blick sah sie ganz genauso aus, wie ich sie in Erinnerung hatte. Sie trug das Haar fast genauso wie früher, einfach lang auf die Schultern fallend. Als ich sie umarmte, traten mir Tränen in die Augen. Das Pendel der Uhr schwang zurück – ich war wieder zu Hause.

Wir fuhren mit der U-Bahn zum Appartement der Verwandten, bei der sie abgestiegen war, und hatten uns so viel zu erzählen, dass wir vergaßen auszusteigen. Sie erzählte mir, dass sie, nachdem in den frühen achtziger Jahren so viele ihrer Freunde verhaftet worden waren, in tiefe Depression verfiel. Trotzdem machte sie die Oberschule fertig und belegte an der Universität Kurse, um das Examen als Krankenschwester ablegen zu können. Nachdem sie ihren Abschluss gemacht hatte, arbeitete sie eine Weile im Iran, doch die Lebensbedingungen wurden immer schlechter. Am Ende ertrug sie den Druck dort nicht mehr. Sie war es leid, ständig Angst haben zu müssen, dass die Revolutionsgarden sie verhafteten, weil eine Haarsträhne unter ihrem Kopfschleier hervorlugte oder sie vielleicht etwas »Falsches« gesagt hatte. Sie fand Arbeit in einem Krankenhaus in Dubai. Sie wurde gut bezahlt, so dass es ihr am Anfang dort auch gut gefiel. Ihre neue Heimat mit all den Wolkenkratzern und architektonischen Meisterleistungen beeindruckte sie. Viele Iraner haben in Dubai Arbeit gefunden, daher fühlte sie sich auch nicht fremd. Und sie war froh, dass sie als Ausländerin kein Kopftuch tragen musste, auch wenn dieses Gebot für die in Dubai geborenen Frauen durchaus galt.

Shaadi arbeitete in der Notaufnahme des Krankenhauses. Mit der Zeit fiel ihr auf, dass in jeder Schicht mindestens eine brutal zusammengeschlagene Ausländerin ärztlich versorgt werden musste. Die meisten dieser Frauen kamen aus Pakistan, Indien oder von den Philippinen und waren in Dubai als Kinder- oder Hausmädchen angestellt. Anfangs schenkte Shaadi diesen Fällen keine Beachtung, weil sie sie für Ausnahmen hielt. Eines Nachts aber musste sie eine Frau versorgen, die so bestialisch verprügelt worden war, dass sie einen Schädelbruch davongetragen hatte. Als Shaadi die Oberschwester fragte, ob die Verletzungen der Frau der Polizei gemeldet worden waren, hieß es, man würde keinen Bericht verfassen, da die Frau bei einer in Dubai bekannten und mächtigen Familie angestellt sei. Shaadi war entsetzt. Als sie feststellte, dass die Behörden in Dubai nichts taten, um diese Frauen zu schützen, die auf der Suche nach einem besseren Leben in dieses Land gekommen waren, wollte sie dort nicht länger leben. Sie beantragte bei der Botschaft der USA ein Visum.

Als Shaadi und ich in die Wohnung ihrer Verwandten kamen, wurde ich von ihren Eltern, die aus dem Iran zu Besuch gekommen waren, herzlich begrüßt. Ihre Mutter war schön wie eh und je mit dem warmen Lächeln auf dem runden Gesicht, ihr Vater ebenso entgegenkommend und weise, wie ich ihn in Erinnerung hatte. Sie waren erst ein paar Tage vorher aus Teheran eingetroffen und erzählten, dass es die Wohnung, in der ich aufgewachsen war, immer noch gab. Und auch den kleinen Lebensmittelladen, in dem ich auf dem Weg zur Schule immer meine Schokomilch geholt hatte. Ich fragte sie, ob *Aghayeh* Rostami, der Besitzer, ihn immer noch führe, was sie bejahten. Ich frage mich, ob er sich wohl an mich erinnern würde. Es war eine herzerwärmende Erfahrung, mit Menschen zu sprechen, die sich an dieselben Bilder und Geräusche erinnerten wie ich, die dieselben Freuden und Ängste verspürt hatten. Shaadi erzählte, ihre Schwester, die ein paar Jahre jünger war als wir, habe die Besuche bei meiner Familie geliebt, weil ich ihr immer Bücher geliehen habe. Ich hatte ein paar Titel aus einer persischsprachigen Buchreihe namens *Ketabha-yeh Talayi* besessen, die ihre Schwester mit Vorliebe las.

Der Gefängnisaufenthalt war wie ein Sturz aus den obersten Schichten der Atmosphäre. Er ließ mein Leben buchstäblich in tausend Scherben zersplittern. Danach aber tat ich achtzehn Jahre lang stets so, als sei nichts kaputtgegangen. Erst nachdem ich anfangen hatte, *Ich bitte nicht um mein Leben* zu schreiben, bekam ich es wieder in den Griff. Mein Buch wurde die Kerze, die ich ins Fenster meines Lebens stellte und die mir half, mich selbst wiederzufinden. Und mein Buch war das Leuchtfeuer, das meine Freunde zu mir führte. Shaadi war die Erste, doch es sollten noch viele kommen.

Einen Moment lang schloss ich die Augen und sah die Rahzi-Avenue vor mir mit ihren staubigen Gehsteigen, kleinen Läden und alten Häusern. Ich roch sogar den Duft frisch gebügelten Leinens, der aus den Wäschereien rund um *Aghayeh* Rostamis Laden drang. Ich sah den Buchladenbesitzer, wie er mir über den Ladentisch hinweg zulächelte. Wenn ich von meinem Haus aus nicht die Rahzi nach Norden ging, sondern auf der Shah-Avenue nach Osten spazierte, kam ich an Alberts Antiquariat vorbei. Dann gab er mir immer einen freundschaftlichen Klaps auf den Rücken und lieh mir ein neues Buch, manchmal schenkte er mir sogar ein Stück persische Schokolade oder eine Flasche Cola. Dann unterhielten wir uns über das Buch, das ich gerade gelesen hatte. Eines

Tages fragte Albert mich, ob ich Schriftstellerin werden wolle.
Ich lachte laut.

»Wieso lachst du, Marina?«, fragte er.

»Schriftsteller sind klug«, sagte ich.

»Aber du bist klug.«

Ich schüttelte den Kopf und sagte: »Nein.«

»Stell dir vor, dass Menschen eines Tages in den Buchladen
gehen, um deine Bücher zu kaufen! Wäre das nicht wunderbar?«

»Aber Schriftsteller sind ganz anders als ich, Albert. Sie sind
etwas Besonderes. Vielleicht sind sie richtige Zauberwesen
oder so etwas.«

Ich sah mich nicht als Schriftstellerin, nicht einmal nachdem
Ich bitte nicht um mein Leben erschienen war. Ein Teil meiner selbst glaubte immer noch, dass Schriftsteller eine ganz
besondere Rasse seien, zu der ich nicht gehörte. Ich hatte ein
Buch geschrieben, weil ich musste. Aber ich wusste auch, dass
Albert stolz auf mich gewesen wäre. Er wanderte in die USA
aus, als ich zwölf war, weil dort sein Sohn lebte. Und ich bin
sicher, dass Albert nicht mehr am Leben ist – wenn er es wäre,
hätte er Kontakt zu mir aufgenommen. Und sei es nur, um
mich wissen zu lassen, dass er am Ende doch recht behalten
hatte.

Ein persisches Gedicht
in kyrillischer Schrift

Als ich *Ich bitte nicht um mein Leben* schrieb, wusste ich zwar, dass die iranische Regierung mich als Lügnerin bezeichnen würde, dass man in Teheran in Abrede stellen würde, je Gefangene gefoltert und hingerichtet zu haben, doch auf die Giftattacken nach der Veröffentlichung war ich letztlich doch nicht gefasst.

Im Mai 2007 bat Radio Zamaneh mich um ein Interview. Radio Zamaneh ist ein unabhängiger Radiosender, der von Amsterdam aus via Kurzwelle, Satellit und Internet in die ganze Welt ausstrahlt. Ich sagte zu, und wir kamen überein, das Interview während meines Londonbesuches aufzunehmen.

Im Foyer meines Hotels wartete ich auf Dariush Rajabian, einen der Produzenten von Radio Zamaneh. Wir hatten bislang erst telefonisch Kontakt gehabt. Als ich den jungen, russisch aussehenden Mann mit den kurzen hellbraunen Haaren und den blauen Augen die Hotelhalle betreten sah, hätte ich nie damit gerechnet, dass dies Dariush sein könnte. Doch der junge Mann trat auf mich zu und sagte in perfektem Persisch: *»Ba dorud bar shoma, Khanumeh Nemat ...«* Das bedeutet: »Ich grüße Sie, Frau Nemat.« Die meisten Iraner begrüßen sich mit »Salam«, einem arabischen Wort, das in die persische

Sprache aufgenommen wurde. »*Ba dorud*« hingegen ist ein bisschen aus der Mode. Doch ich maß dem nicht allzu viel Bedeutung bei. Viele Exil-Iraner legen Wert darauf, dass sie Perser sind, schon um sich von der Islamischen Republik Iran abzugrenzen. Sie sehen die Islamische Revolution als zweite Invasion der Araber im Iran, daher benutzen sie die arabischen Fremdwörter im Persischen tunlichst nicht – was gar nicht so einfach ist.

1935 erklärte Reza Schah Pahlavi, der damalige König von Persien, der Name seines Landes solle künftig »Iran« sein. (Im Westen sprach man damals stets von »Persien«.) »Iran« ist eine Ableitung aus »Aryan« und bedeutet: »Land der Arier«. Einige persische Gelehrte protestierten gegen diese Entscheidung, da sie mit dem traditionsreichen Namen des Landes brach und von der Nazipropaganda beeinflusst schien. Doch Reza Schah argumentierte, die Perser hätten ihr Land mehrere hundert Jahre lang »Iran« genannt, und »Persien« gehe auf »Pars« oder »Fars« zurück, was nur eine einzige Provinz im Zentraliran bezeichne. Er wünschte sich, dass das Land mit dem neuen Namen auch ein neues, moderneres Image bekäme. 1953 entschied Mohammed Reza Schah Pahlavi (Reza Schahs Sohn), dass beide Bezeichnungen verwendet werden konnten: Iran und Persien.

Dass ein russisch aussehender Mann mich in altem Persisch begrüßte, war schon ein bisschen merkwürdig, doch schließlich stammte ich ja selbst von Russen ab, obwohl ich keine blauen Augen hatte. Dariush und ich setzten uns in einer ruhigen Ecke im Foyer zusammen. Ich meinte, ich müsse ihm unbedingt eine Frage stellen, bevor wir mit dem Interview anfingen.

»Sie sehen gar nicht persisch aus. Woher stammen Sie denn?«
»Aus Tadschikistan«, antwortete er.

Das erklärte, wieso er perfekt Persisch sprach.

Ich hatte noch nie jemanden aus Tadschikistan kennengelernt, doch ich wusste, dass das Land früher einmal zum persischen Reich gehört hatte. Die Tadschiken führten ihren Ursprung, wie alle persischen Stämme, auf die einstigen arischen Nomaden zurück, die sich vor viertausend Jahren in Zentralasien niederließen.

Als Dariush und ich mit unserer Unterhaltung begannen, schien es, als würde ich *ihn* interviewen und nicht er mich. Ich erfuhr, dass er 1974 in Duschanbe, Tadschikistan, zur Welt kam und aus einer recht großen Familie stammte. Die persische Sprache und Literatur hatten ihn schon von Kindesbeinen an fasziniert. Unter dem Sowjetregime wurde persische Literatur auch an den tadschikischen Schulen unterrichtet, doch das Persische wurde damals in kyrillischer Schrift geschrieben, wie man sie für das Russische verwendet. Ich fand das seltsam, bis mir der Gedanke kam, dass ich in gewisser Weise ja auch ein persisches Gedicht in kyrillischer Schrift war.

Obwohl ich in Teheran geboren wurde, war die erste Sprache, die ich lernte, Russisch. Erst als ich fünf war und in den Kindergarten ging, stellte ich fest, dass keines der Kinder dort Russisch sprach, was mich verwirrte. Trotzdem akzeptierten sie mich, und bald hatte ich eine Menge Freunde. Wenn *Babu* mich am Abend vom Kindergarten abholte, sprach auch sie Russisch mit mir. Das war mir immer ein bisschen peinlich, so dass ich ihr gewöhnlich auf Persisch antwortete. Ich versuchte sogar, *Babu* dazu zu bringen, persisch zu reden, doch da war nichts zu machen. Sie sagte mir, Russisch sei die bessere Sprache, sei *unsere* Sprache. Nachdem *Babu* gestorben war, merkte ich, dass ich im Grunde beides sein wollte: persisch *und* russisch. Ich brachte mir das russische Alphabet bei und begann, unter großen Schwierigkeiten die wenigen russischen Bücher zu lesen, die wir zu Hause hatten. Am Ende liebte ich Puschkin ebenso wie Rumi.

Dariush erzählte mir, er wiederum habe sich das persische Alphabet selbst beigebracht und am Ende korrekt lesen und schreiben können. Er und ich hatten mehr gemeinsam, als er wusste. Als Teenager hatte er für verschiedene Radiosender gearbeitet. 1992, kurz nach dem Zusammenbruch der Sowjetunion, wurde Tadschikistan unabhängig. Leider folgte darauf ein fünfjähriger Bürgerkrieg. Kurz nach Beginn der Auseinandersetzungen ging Dariush ins Exil. Er reiste durch Russland und lebte einige Zeit im Iran. Von 1995 bis 1997 war er als Redakteur für den Russlandfunk von Radio Teheran tätig, arbeitete als Deutsch-Übersetzer für das Magazin *Graphic* und als Russisch-Übersetzer für das iranische Außenministerium. Von 1997 bis 1999 arbeitete er am Aga Khan Humanities Project für Zentralasien mit. 1999 kam er dann als Journalist zu BBC World nach London und wurde Produzent des persischen Programms.

Als ich von Dariush alles erfahren hatte, was ich wissen wollte, kam er endlich mit seinen Fragen zum Zug.

»Warum haben Sie Ihre Bücher auf Englisch geschrieben, wo Sie doch so gut Persisch sprechen und der Großteil der im Buch erzählten Vorkommnisse im Iran stattfand?«

Diese Frage hatten mir schon viele Journalisten gestellt.

»Als ich neun Jahre alt war«, antwortete ich, »entdeckte ich ein Antiquariat mit englischsprachigen Büchern. Der Besitzer, Albert, war ein freundlicher Mann aus Armenien. Ich hatte kaum Geld, um mir Bücher zu kaufen, aber Albert war großzügig und ließ mich die Bücher ausleihen. Ich las gerne, und nun musste ich also Bücher auf Englisch lesen. Und so wurde Englisch in gewisser Weise meine Literatursprache.«

Als Nächstes wollte Dariush wissen, ob wir zu Hause im Iran persisch gesprochen hatten. Ich erklärte ihm, dass meine Eltern immer russisch miteinander gesprochen haben.

»Das ist ja hochinteressant«, meinte er. »Ihre Eltern waren Russen?«

Ich erklärte, woher sie kamen, und fügte hinzu, dass ich mich nach *Babus* Tod weigerte, mit meinen Eltern Russisch zu sprechen, weil ich das Russische als etwas empfand, das mich mit *Babu* verband.

Viele meiner persischen Landsleute sind vermutlich enttäuscht, dass ich mich für Englisch entschieden habe, doch die Wahrheit ist, dass aufgrund meiner Lebensumstände Englisch mittlerweile die Sprache ist, in der ich mich am besten ausdrücken kann. Wenn ich mit Freunden aus dem Iran über Alltagsdinge rede, kommt mir das Persische in den Sinn, doch wenn ich über meine Gedanken und Gefühle spreche, drängt sich mir automatisch das Englische auf. Russisch habe ich so lange nicht gesprochen, dass meine Sprachkenntnisse wohl ein wenig eingerostet sind.

Dariush fragte mich, weshalb ich mich am Ende doch entschlossen habe, mein Buch zu schreiben. Wie ich anderen Journalisten bereits gesagt hatte, lag diesem Impuls keine rationale Entscheidung zugrunde. Er entsprang vielmehr einem drängenden Bedürfnis. Ich wäre verrückt geworden, hätte ich meine Geschichte nicht zu Papier gebracht.

»Als Sie den Iran verließen, das Buch aber noch nicht geschrieben hatten, haben Sie Ihre Geschichte da bei der kanadischen Botschaft vorgebracht, um Asyl zu erhalten? Manche glauben ja, Sie hätten sich das Ganze nur ausgedacht, um nach Kanada einreisen zu können«, meinte Dariush.

Diese Idee war so aberwitzig, dass ich unwillkürlich in Lachen ausbrach.

Ich erklärte ihm, dass wir nicht als Asylbewerber nach Kanada gekommen waren. Wir flogen von Teheran zuerst nach Madrid. Dort wandten wir uns an eine katholische Flüchtlingshilfsorganisation, die sich unsere Geschichte bereits durch vertrauenswürdige Quellen hatte bestätigen lassen. Dort sagte man uns, dass wir zwar in Kanada Asyl erhalten würden, dass von der Antragstellung bis zum Bescheid aber vermutlich etwa drei Jahre vergehen würden, da die kanadischen Behörden mit der Arbeit nicht mehr nachkämen. Und wir wollten unbedingt nach Kanada, da mein Bruder dort lebte und meinte, es sei ein wunderbares Land. Daher schlug man uns bei der Flüchtlingshilfe vor, wir sollten doch bei der kanadischen Botschaft um eine Einwanderungsgenehmigung nachsuchen, denn diese würden viel schneller erteilt als Bescheide nach dem Asylrecht. Und genau das taten wir dann auch. Ich ging also nicht zur kanadischen Botschaft, um als politischer Flüchtling Asyl zu beantragen. Vielmehr stellten wir einen Antrag, dass Andres Universitätsabschluss anerkannt wurde. Andre war Elektroingenieur mit einem Master der Universität Teheran. Er hatte in vielen internationalen Fachzeitschriften veröffentlicht. Am Ende verschaffte uns Andres Qualifikation die Einreisegenehmigung nach Kanada. Dass wir beide fließend Englisch sprachen, half vermutlich auch. Dann reisten wir von Madrid nach Budapest weiter, zehn Monate später flogen wir von dort aus nach Toronto – als Einwanderer, nicht als Asylsuchende.

Als wir 1990 den Iran verließen, hätte allein die Tatsache, dass wir iranische Christen waren, schon ausgereicht, um uns den Flüchtlingsstatus zu garantieren. Ich hatte ein paar Freunde, die allein aufgrund dieser Tatsache in den USA als Asylbewerber akzeptiert worden waren – obwohl sie persönlich niemals unter Verfolgung zu leiden hatten. Ich hätte mir nichts ausdenken müssen. Versuchte die iranische Regierung, mich so als Lügnerin in Verruf zu bringen? Oder kamen die Vorwürfe, ich hätte das alles nur erfunden, bloß von übelwollenden Einzelpersonen? Eigentlich hätten diese negativen Reaktionen mich nicht überraschen sollen. Natürlich würde es heißen, ich hätte mir die Folter und den Gefängnisaufenthalt in Evin nur ausgedacht, um den Flüchtlingsstatus zu erlangen. Die Regierung des Iran hatte schließlich immer behauptet, im Iran gebe es keine politischen Gefangenen. Und da es keine gebe, sei auch nie jemand gefoltert oder hingerichtet worden. Natürlich traf meine Geschichte eine empfindliche Stelle im Lügengespinst der Regierung, und nun bemühte man sich um Schadensbegrenzung. Vermutlich würden auch ein paar Naivlinge – vor allem Leute, die das Buch gar nicht gelesen hatten – auf diese Propaganda hereinfallen. Doch ich musste mit dem, was ich mir vorgenommen hatte, weitermachen. Ich hatte gesehen, und nun wollte ich Zeugnis ablegen.

Dariush meinte, meine Lebensgeschichte sei so interessant, dass man daraus sicher einen guten Film machen könnte.

»Es ist schon merkwürdig, dass ein einzelner Mensch so viel Ungewöhnliches erlebt hat, wie Sie es in Ihrem Buch beschreiben«, fügte er hinzu. »Viele unserer Hörer werden wissen wollen, ob davon alles der Wahrheit entspricht oder ob einiges davon Ihrer Fantasie entsprungen ist.«

Gibt es wirklich Menschen, die glauben, meine Fantasie kreise um Folter, Vergewaltigung und die Hinrichtung politischer Gefangener im Iran? Auf einen Schlag wurde mir übel. Wenn jemand »merkwürdige« und »ungewöhnliche« Dinge erlebt hat, bedeutete dies automatisch, dass sie nicht wahr sein konnten? Aber hier ging es nicht nur um mich. Es ging um Tausende junger Menschen, die heute noch innerlich leiden. Bewusst oder unbewusst versuchten einige Leute, das grausa-

me Verbrechen der Folter zu einem politischen Spielchen um-
zufunktionieren. Ich konnte das nicht zulassen. Ich riss mich
am Riemen und konzentrierte mich, um auf diese Frage eine
passende Antwort zu finden. Ich erklärte, dass nichts in meinem Buch meiner Vorstellungskraft entsprungen sei. Ich hätte
einige Details, vor allem Namen, abgeändert. Und wie ich in
der Vorbemerkung zu dem Buch sage, habe ich einzelne Ereignisse nicht den Menschen zugeordnet, die sie tatsächlich
erlebt haben, um deren Privatsphäre zu schützen. Dies aber
tat dem Wahrheitsgehalt der erzählten Ereignisse keinen Ab-
bruch. Ich war eingesperrt und gefoltert worden. Man hatte
mich gezwungen, meinen Aufseher zu heiraten. Ich hatte die
Qualen meiner Freundinnen in Evin erlebt. Nichts von dem,
was ich erzählte habe, habe ich erfunden.
Eine Schlacht hatte begonnen, und ich stand an vorderster
Front. Ich war sozusagen die Bannerträgerin. Stand ich allein? Nein. Viele Menschen unterstützten mich und standen
auf meiner Seite. In diesem Kampf ging es um uns, meine
Freundinnen und mich in Evin. Um Mädchen, die nicht politisch aktiv waren, sich aber trotzdem in den Maschen des Irr-
sinns verfingen, der den Iran in den achtziger Jahren schüttelte.
Nach dem Interview aß ich mit Dariush zu Abend, wobei wir
uns weitere zwei Stunden unterhielten. Anfangs war er mir
mit einigen Vorbehalten begegnet, doch am Ende hatte ich das
Gefühl, dass ich seine Zweifel ausräumen konnte.
Abends im Hotelzimmer hatte ich nichts zu tun, und so setzte ich mich aus reiner Neugierde an den Computer, um mich
selbst zu googeln. Und ich fand tatsächlich in Blogs einige
Kommentare zu meinem Buch, in denen ich als Lügnerin,
Verräterin und Hure bezeichnet wurde. Natürlich, im Internet kann ja jeder sagen, was er will, ohne dafür verantwortlich

gemacht zu werden. Man musste ja nicht einmal seinen wirklichen Namen preisgeben. Niemand hatte mir je bei einer meiner Lesungen solche Dinge an den Kopf geworfen. Doch der Cyberspace bot viel Raum für Feiglinge. Ich hoffte nur, dass keines meiner Kinder diese giftigen Kommentare las. Ich fuhr den Computer herunter und ging zu Bett.

Der nächste Tag war ein Samstag. Ich hatte beschlossen, das Wochenende über in London zu bleiben, um mir die Stadt anzusehen und einen alten Freund der Familie zu besuchen, Hushang *Khan*[6], den ich seit siebzehn Jahren nicht mehr gesehen hatte. Da ich am Tag zuvor spät zu Bett gegangen war, hatte ich meinen Wecker erst gar nicht gestellt. Ich erwachte, als das bleich orangefarbene Licht der Sonne mein Bett einhüllte. Entsetzt stellte ich fest, dass Andre neben mir in meinem Doppelbett lag. Er schlief tief und fest. Ich berührte sein Haar, daraufhin öffnete er die Augen.

»Was tust du denn hier?«, fragte ich ihn. »Du solltest doch zu Hause in Kanada sein. Wann bist du denn hergekommen? Und wer hat dich hier hereingelassen? Wieso liegst du überhaupt bei mir im Bett? Wie …«

»Stell doch nicht so viele Fragen. Ich wollte einfach nur bei dir sein«, sagte er lächelnd.

Ich legte meine Arme um ihn und schloss die Augen. Als ich sie einen Augenblick später öffnete, war Andre verschwunden. Ich hatte geträumt. Also stand ich auf und startete in den Tag. Ich musste mich beeilen. Schließlich war ich für Mittag mit Hushang *Khan* in seiner Wohnung verabredet.

Als ich abends ins Hotel zurückkam, läutete mein Mobiltelefon. Es war Andre.

»Wie geht es Hushang *Khan*?«, fragte er.

»Er ist wohlauf. Natürlich ist er älter geworden, aber er hat sich nicht großartig verändert. Und er hat sich so gefreut,

mich zu sehen. Er hatte etwas zu essen bestellt. Stell dir vor,
wir haben *chelokebab*[7] gegessen. Es war wie zu Hause. Ich
habe mich bei ihm entschuldigt, weil ich ihn angeschrien
habe, als er meinte, ich solle dich nicht heiraten. Aber er sagte,
er hätte meine Reaktion verstanden und sei mir deshalb nie
böse gewesen.«

»Also, was ist so los in London?«

»Nichts Besonderes. Immer dasselbe. Interviews und andere
Events. Es ist alles gutgegangen.«

»Sicher?«

»Ja. Warum fragst du?«

»Es heißt doch immer, wenn man wissen will, was die eigene
Frau so alles treibt, solle man sie googeln.«

»Ja und? Was meinst du denn damit?«

»Man greift dich im Internet offen an.«

»Ich weiß.«

»Und das hast du mir nicht gesagt?«

Ich sagte, ich habe ihn nicht beunruhigen wollen. Natürlich
hatte Andre das Recht, sich meinetwegen Sorgen zu machen,
doch ganz egal, was es kosten würde, ich musste fortführen,
was ich begonnen hatte. Natürlich war das auch mit einem
Risiko verbunden, aber ich musste es eingehen.

Ein persisches Lied namens
Soltan-eh Ghalbha (König der Herzen)

Hushang *Khan* schenkte mir zum neunzehnten Geburtstag einen Strauß pinkfarbener Rosen. Das war wenige Tage nach meiner Entlassung aus dem Evin-Gefängnis. Ich stellte sie in eine Vase, setzte mich in einen Sessel und starrte sie eine ganze Weile an. Meine letzten beiden Geburtstage hatte ich im Gefängnis verbracht.

Als ich verkündete, dass Andre und ich heiraten würden, hatte Hushang *Khan* versucht, mich umzustimmen. Er hielt das für Selbstmord. Ich war im Gefängnis gezwungen worden, zum Islam überzutreten. In den Augen der iranischen Regierung war ich nun Muslimin. Eine Muslimin aber darf keinen Christen heiraten. Würde ich offiziell eingestehen, dass ich in den Schoß meiner Kirche zurückgekehrt war, konnte ich dafür verhaftet, ja sogar hingerichtet werden. Hushang *Khan* meinte, ich könne zwar eine Beziehung zu Andre haben, aber heiraten sollten wir erst, nachdem wir den Iran verlassen hätten. Ich schrie ihn an: Ich würde tun, was ich wollte. Weder er noch jemand anderer hätte das Recht, mir zu sagen, wen ich heiraten solle. Da wich alle Farbe aus seinem Gesicht. Er sagte kein Wort mehr und verließ den Raum.

Vor meiner Zeit im Gefängnis hatten Andre und ich, die wir

beide sehr schüchtern waren, uns noch nicht einmal geküsst. Nach meiner Entlassung schien Andre sich nicht verändert zu haben. Er war ein Gentleman und so schüchtern wie eh und je. Was er nicht wusste, war, dass Ali mich nach unserer Heirat zwei- bis dreimal die Woche in eine Einzelzelle bringen ließ, wo er mir klarmachte, dass ich seine sexuellen Gelüste zu befriedigen hatte. Manchmal kam er am helllichten Tag in meine Zelle und sagte mir, ich solle mich ausziehen. Anfangs wehrte ich mich noch. Ich schrie und trat um mich. Ein paarmal gelang es mir sogar, ihm weh zu tun, aber er ließ kein einziges Mal von seinem Vorhaben ab. Er meinte nur, das Geschrei würde mir nicht helfen, sondern nur andere Häftlinge aufmerksam machen. Er hatte recht. Wenn ich keinen Widerstand leistete, war es schneller vorbei, und ich hatte weniger zu leiden.

Am Tag nach meiner Verhaftung rief meine Mutter Andre um sieben Uhr morgens an und sagte ihm, dass man mich nach Evin gebracht hatte. Obwohl Andre wusste, dass er mich möglicherweise nie wiedersehen würde, gab er die Hoffnung nie auf. Er war dreiundzwanzig Jahre alt und noch Student. Obwohl man alle iranischen Universitäten geschlossen hatte. Sie sollten restrukturiert und von westlichen Einflüssen befreit werden. Es war die Zeit der Iranischen Kulturrevolution (1980–1983), während derer Tausende von Universitätsangestellten und Dozenten, die ja gewöhnlich eher linksgerichteten Gruppierungen angehörten, der Säuberung zum Opfer fielen. Solange die Universitäten geschlossen waren, unterrichtete Andre Englisch an einer armenischen Schule in Teheran und war als Trainer für die Schulsportmannschaften tätig. Er war nationaler Leichtathletikmeister des Iran und hatte zahlreiche Medaillen gewonnen. Außerdem besuchte er Italienischkurse am Italienischen Kulturinstitut in Teheran und spielte die Orgel in unserer Kirche und in den armenisch-katholischen Kirchen. Während ich im Gefängnis war, stellten ein paar jüngere Frauen Andre nach, doch er sagte mir nach meiner Freilassung, dass er sich nie für eine von ihnen interessiert hatte.

Bevor ich Ali heiratete, bat ich ihn, Andre Lebewohl sagen zu dürfen. Das versprach er mir, und er hielt sein Wort. Andre durfte mich einmal im Evin-Gefängnis besuchen. Es war so tapfer von ihm, dass er kam. Denn er wusste, dass die Gefängnisleitung ihn jederzeit hierbehalten konnte. Zu jener Zeit ließ man nur nahe Verwandte – Mutter, Vater, Ehepartner und Kinder – zu Besuchen ins Gefängnis. Dass einen ein Freund besuchen kam, war noch nie vorgekommen. Andre und ich standen uns gegenüber, getrennt nur von einer Glaswand, und sahen uns lange an. Wir hätten übers Telefon miteinander sprechen können, doch wir wussten, dass wir beobachtet wurden. Er fragte mich, wie es mir denn gehe. Ich antwortete, es gehe mir gut. Ich wollte ihm von meiner Ehe mit Ali erzählen, aber ich konnte es nicht. Stattdessen bat ich ihn, mich zu vergessen und sein Leben weiterzuführen. Er aber sagte, er würde auf mich warten.

Als ich aus dem Gefängnis entlassen wurde, sagte Andre mir, er wisse, dass er sich um mich kümmern müsse. Wir verbrachten viel Zeit im Hinterhof meiner Eltern und in meinem Zimmer. Er half mir auch beim Lernen. Nach dem Gefängnis ging ich nicht mehr zur Schule. Ich wollte die Prüfungen für das Abschlusszeugnis der High School ablegen. Außerdem hatte auch ich mich für Italienischkurse beim Kulturinstitut eingeschrieben, um etwas zu tun zu haben.

Als die Vorbereitungen für unsere Hochzeit am 18. Juli 1985 abgeschlossen waren, suchten wir noch jemanden, der unsere Hochzeitstorte von der Bäckerei abholte und sie zur Kirche brachte, wo wir nach der Trauung eine kleine Feier abhalten wollten. Zu jener Zeit mieteten Familien der Mittel- und Oberschicht ganze Ballsäle für ihre Hochzeitsfeierlichkeiten, doch wir wollten so wenig wie möglich auffallen und hatten uns daher für einen kleinen Kreis entschieden. Wir wollten unseren Gästen nur die Hochzeitstorte, Obst und Limonade anbieten. Keine Musik, kein Tanz – wir durften einfach nicht riskieren, dass man uns auf der Straße hörte. Wenn uns nun jemand bei den Revolutionsgarden verpfeifen würde? Hushang *Khan* erbot sich, die Torte abzuholen. Er fand jemanden, der ihn zur Bäckerei kutschierte. Auf der Rückfahrt hielt er dann den Kuchen die ganze Zeit auf dem Schoß. Es war ein sehr heißer Tag, daher hatte der pinkfarbene, zweistöckige Kuchen schon ein wenig an Form verloren und hing gefährlich nach einer Seite. Im Kofferraum wäre er längst in sich zusammengestürzt. Hushang *Khan* hatte unseren großen Tag gerettet.

Mein Vater führte mich zum Altar. Tante Latif, eine der Schwestern meiner Mutter, hatte mir ein einfaches weißes Kleid genäht. Die Kirche war voll. Andres Vater war gestorben, während ich im Gefängnis saß, und seine Tante, die ihn aufgezogen hatte, war kurz vor dem Fest nach Ungarn zurückgekehrt. Sie war schon recht gebrechlich und wollte ihre letzten Tage zusammen mit ihrer Schwester und ihren restlichen Verwandten verbringen. Ich hatte Andres Vater nie kennengelernt. Kurz vor meiner Verhaftung hatte Andre mich zu sich nach Hause einladen wollen, damit ich seinen Vater und seine Tante kennenlernte, doch es ergab sich nie eine Gelegenheit dafür. Ich war traurig, dass keiner von Andres Verwandten bei der Hochzeit anwesend war, doch seine Familie lebte im Ausland. Zwei der Schwestern meiner Mutter kamen mit ihrer Familie in die Kirche. Die älteste Schwester aber, Zenia, und ihr Bruder Ismael taten dies nicht. Tante Zenia hatte sich mit meinem Vater über Geld gestritten. Sie war in letzter Zeit nicht ganz sie selbst und benahm sich seltsam. Ich war schwer enttäuscht, als ich sie und Onkel Ismael nicht unter den Gästen entdecken konnte, aber ich hatte für diesen Tag so hart gekämpft, dass nichts – außer einer Verhaftung vielleicht – ihn mir ruinieren konnte.

1938 kam Mihaly, Andres Vater, im Alter von achtundzwanzig Jahren in den Iran. Er sollte als Schreiner an einem neuen Palast mit Namen Kakh-el Marmar arbeiten. Dieser wurde für den Kronprinzen des Iran, Mohammed Reza Pahlavi, errichtet, der die wunderschöne Prinzessin Fausia von Ägypten heiraten sollte. Ein Freund, der im ungarischen Außenministerium in Budapest arbeitete, hatte Mihaly von dem Job berichtet. Die Bezahlung war gut, und die Aussicht, im Iran zu arbeiten, verlockte Mihaly. Also bewarb er sich und wurde eingestellt. Er ließ seine Verlobte Juliana in Budapest zurück, weil er nach Fertigstellung des Palastes nach Ungarn zurückkehren wollte. Doch der Zweite Weltkrieg machte dies unmöglich. Während der Krieg Europa verwüstete und Ungarn an der Seite Deutschlands kämpfte, wurde der Iran von den Alliierten besetzt, die für Russland den Nachschub aus dem Süden sicherten. Mihaly wurde mit allen ungarischen, deutschen und italienischen Staatsangehörigen aus dem Iran ausgewiesen. Man internierte sie alle in einem Lager in Indien. Nach dem Krieg kehrte er in den Iran zurück und nicht nach Ungarn, da Ungarn mittlerweile kommunistisch geworden war. Er hoffte zwar, dass das kommunistische Regime bald gestürzt werden würde und er nach Hause könne, doch die Jahre vergingen und nichts dergleichen geschah. Zu jener Zeit durften die Ungarn ihr Land nicht verlassen, daher konnte

Juliana nicht zu Mihaly kommen. Man zwang sie, in Ungarn zu bleiben. Erst beim Aufstand 1956 wurden für kurze Zeit die Grenzen geöffnet. Diese Gelegenheit ergriff Juliana, um als Flüchtling nach Österreich auszureisen. Nach achtzehn Jahren der Trennung konnte sie endlich zu ihrem Liebsten in den Iran kommen. Die beiden heirateten auf der Stelle und bekamen zwei Kinder: Andre und – fünfzehn Monate später – seine Schwester. Juliana starb, als Andre vier war und seine Schwester zweieinhalb. Nach ihrem Tod kam eine von Mihalys Schwestern, die damals schon um die sechzig war, in den Iran, um sich um die Kinder zu kümmern. Tante Latif wurde für die Kinder bald Ersatz für die Mutter, die sie so früh verloren hatten.

Als *Ich bitte nicht um mein Leben* auf Italienisch erschien, reiste ich nach Italien. Bei einem festlichen Abendessen in Cosenza, im Süden Italiens, lernte ich Prinzessin India kennen, die Enkelin von Mohammed Zahir Schah, dem letzten König von Afghanistan. Sie lebte in Italien und hatte gerade einen Preis für ihr humanitäres Engagement in ihrem Land erhalten. Sie war eine gutaussehende Frau von ungefähr sechzig Jahren. Wir hatten uns kurz auf Farsi unterhalten, das die offizielle Sprache Afghanistans ist. Da das afghanische Farsi (auch Farsi-yeh Dari genannt) als persischer Dialekt gilt, sind das iranische und afghanische Farsi einander sehr ähnlich. Die Prinzessin lächelte mich an, als ich farsi mit ihr sprach, und schenkte mir einen langen Blick. Beim Abendessen kamen wir dann so richtig ins Gespräch. Sie erzählte von ihrer Familie. Voller Erstaunen hörte ich, dass sie als junges Mädchen mit einem Iraner verheiratet gewesen war und in Teheran beziehungsweise Mashad im Nordosten des Landes gelebt hatte. Wir sprachen viel über Literatur und rezitierten unsere

Lieblingsverse aus den Werken persischer Dichter. Sie erkundigte sich eingehend nach meiner Familie, meinen Eltern, Andre und dessen Eltern.

Als ich Andres Vater erwähnte, sah sie mich erstaunt an. »Wie hieß er doch gleich?«, hakte sie nach.

»Mihaly Nemat«, antwortete ich und fragte mich, wieso sie das wohl wissen wollte.

»Das ist ja kaum zu fassen! Kann es so etwas geben? Mihaly Nemat hat im Iran all meine Möbel gemacht. Er war ein sehr geschickter Schreiner, und ich war mit ihm ausgesprochen zufrieden.«

Mir hatte es die Sprache verschlagen.

»Damals war er verheiratet, hatte aber noch keine Kinder.«

»Sie hatten zwei Kinder. Andre und seine Schwester. Andres Mutter starb, als er vier war.«

Das war wirklich ein unglaublicher Zufall. Ich konnte es gar nicht erwarten, Andre zu erzählen, dass ich jemanden getroffen hatte, der seinen Vater kannte.

Die Prinzessin und ich sprachen vom Iran und seiner herzzerreißenden Schönheit. Dann fragte sie mich, ob ich noch persische Lieder wüsste. Ich sollte ihr eines vorsingen. Ich singe nicht besonders gut, doch die Tatsache, dass sie Andres Vater kannte, hatte mich tief berührt, daher war es mir egal, wie meine Darbietung ausfallen würde. In dem Restaurant, in dem die Dinnerparty abgehalten wurde, war es ohnehin recht laut. Alle hatten eben aufgehört zu essen und redeten wild durcheinander. Daher nahm ich all meinen Mut zusammen und sang ihr ein altes Lied vor. Es trug den Titel *Soltan-eh Ghalbha, König der Herzen,* und stammte aus einem persischen Film von 1968. Ich wusste nicht einmal recht, weshalb ich genau dieses Lied wählte. Ich höre vergleichsweise häufig persische Musik und habe viele Lieblingslieder. Doch *Soltan-*

eh Ghalbha hatte ich schon als Kind geliebt. Ich hatte es oft vor mich hin gesummt, wenn ich in Evin in der Einzelzelle saß, und dabei an Andre gedacht. Nun sang ich das Lied für die Prinzessin:

> *Mein Herz gebietet mir manchmal zu gehen, dann wieder zu bleiben. Wie soll ich das nur ertragen? Wie soll ich ohne dich leben? Wenn die Liebe tief ist, scheint die Welt winzig. Du wirst immer in meinem Herzen sein, ich werde dich nie verlassen. Du, nur du, bist der König (Soltan) meines Herzens. Du bist mein Geliebter, wir sind eins. Jetzt, da ich fern von dir bin, will ich mein Herz keinem anderen geben. Ich sehne mich nach dir, mein wunderschöner Geliebter.*

Die Augen der Prinzessin füllten sich mit Tränen, als ich sang. Das Lied rief Erinnerungen an all das wach, was sie erlebt und verloren hatte. Wir waren zwei sehr unterschiedliche Frauen: sie eine afghanische Prinzessin, ich eine einfache Perserin. Doch wir hatten beide gelitten – und nun hatten unsere neu beschrittenen Pfade uns in Cosenza zusammengeführt, wo ich für sie ein persisches Liebeslied sang. Sie hielt meine Hand, während ich sang. Es war, als hätte das Lied uns zu einem Körper, einem Dasein verschmelzen lassen.

Roman eines Schicksallosen
und *Tagebuch der Anne Frank*

Nach einer Lesung in der Vorstadt von Toronto fragte eine Frau aus dem Publikum mich, weshalb es in *Ich bitte nicht um mein Leben* keine Anzeichen von Zorn gibt. Dies war eine der hellsichtigsten Fragen, die man mir zu diesem Thema je gestellt hat. Ich antwortete ihr, dass ich mir im Gefängnis immer selbst die Schuld für alles gegeben hatte, was ich durchmachte. Ich fühlte mich schuldig an allem und jedem. Jahre später verspürte ich nur bleierne Traurigkeit, wenn ich an die Grausamkeiten zurückdachte, deren Zeugin ich in Evin geworden war, an die Folter, an den Tod meiner Freundinnen. Diese Traurigkeit lastete auf mir, dunkel und undurchdringlich. Ich sehnte mich so sehr nach Güte. Der Zorn hat nicht die Kraft, die Last zu tragen, die ich empfinde. Vielleicht gibt es einfach kein Gefühl dafür. Vielleicht müsste ein neues geschaffen werden. Im Gefängnis jedenfalls überkam mich eine allumfassende Taubheit, die erst nach etwa sechzehn Jahren nachließ. Endlich begann ich wieder zu fühlen. Ich reagierte wütend, als mein Vater mir auf der Beerdigung meiner Mutter sagte, sie habe mir vor ihrem Tod vergeben. Doch dieser Zorn schlug bald in Trauer um – eine Flut, die mich von innen her zu ersticken drohte. Dazu kam eine tiefe Frustration, die sich bald zu Hilflosigkeit auswuchs. Damit einher ging das Bedürfnis, die Dinge wieder in Ordnung zu bringen, Gefühle der Menschlichkeit und Vergebung zuzulassen. Zorn bringt nichts in Ordnung. Er zerstört nur. Und ich habe schon genug Tod und Zerstörung in meinem Leben gesehen.

Ich kann mich noch genau an den L-förmigen Zellblock 246 in Evin erinnern. An die Zellen. Die Mädchen. Meine erste Nacht dort. Meine Füße waren so angeschwollen, dass ich kaum gehen konnte. Ich bekam oft tagelang nichts zu essen oder zu trinken. Obwohl ich mich in Block 246 sicherer fühlte als im Verhörtrakt, meinte ich, in dieser Umgebung zu ersticken. Die Zelle, in die man mich gesteckt hatte, war etwa fünf Meter auf siebeneinhalb Meter groß. Auf dem Boden lag ein abgetretener brauner Teppich. Genau auf meiner Augenhöhe war ein Metallregal an der Wand. Darauf lagen Plastiktüten voller Kleidungsstücke. Von den Haken hingen kleinere Tüten. Die beige Farbe an der Wand und an den Metalltüren blätterte überall ab und trug Schmutzspritzer. In einer Ecke stand ein Stockbett. Auf dem unteren Bett standen Krüge und Eimer verschiedener Größe und Form, auf dem oberen lagen wieder Plastiktüten mit Kleidern. In einer anderen Ecke nahe beim vergitterten Fenster stapelten sich graue Militärdecken bis zur Decke. Der ganze Raum war voller Mädchen. Sie saßen in Grüppchen von zwei oder drei auf dem Boden und redeten miteinander. Das vergitterte Fenster ging auf einen kleinen, leeren gepflasterten Hof hinaus. Ich war in einer Welt gelandet, die ich einfach nicht begriff. Tränen traten mir in die Augen, meine Brust schmerzte so sehr, dass ich dachte, sie würde gleich platzen. Erst als Sarah neben mir auftauchte, fühlte ich mich ein wenig besser. Sie war schon länger in Evin als ich. Ich konnte mich auf sie verlassen. Und die Zeit sollte zeigen, dass sie sich auch auf mich verlassen konnte. Wie überleben Mädchen in jungen Jahren die Hölle? Indem sie bleiben, was sie sind. Indem sie nicht vergessen, dass sie menschliche Wesen sind und Familien haben, die sie lieben. Die Gegenwart in Evin war so schrecklich, dass wir so gut wie nie darüber sprachen. Eine Zukunft gab es nicht. Alles, was wir hatten, war die Vergangenheit. Wir überlebten, indem wir über unser Heim sprachen, unsere Mütter, Väter, Brüder, Schwestern, Tanten, Onkel, Cousins und Cousinen, Geburtstagsfeiern, Hochzeiten, Neujahrsfeiern, Lieblingsbücher, Gedichte, Filme und Musik. Diese langen Gespräche schufen eine Art kollektives Gedächtnis, das zum Lichtstrahl unserer Hoffnung wurde. Je mehr wir einander erzählten, desto heller leuchtete er. Wir wollten nach Hause, und wir halfen uns gegenseitig beim Glauben an unsere mögliche Entlassung. Tatsächlich liefen wir in jeder Minute dort Gefahr, gefoltert oder getötet zu werden. Doch inmitten des Schreckens schufen wir uns glückliche Momente. Menschen besitzen die unglaubliche Fähigkeit, Hoffnung aus dem Nichts zu schöpfen.

Meine Zellengenossinnen und ich waren nicht die einzigen Menschen, die auch im absoluten Dunkel der Folter noch Licht fanden. 2007 las ich ein Buch, das den Titel trug: *Roman eines Schicksallosen.* Geschrieben 1975 von Imre Kertész, einem ungarischen Schriftsteller, der in seiner Jugend im Konzentrationslager gewesen war. Auf den letzten Seiten des Buches kann der sechzehnjährige Georg Koves, der Protagonist des Romans, am Ende des Zweiten Weltkriegs endlich das Konzentrationslager verlassen. Er macht sich auf, seine Mutter zu suchen, von der er weiß, dass sie den Holocaust ebenfalls überlebt hat. Irgendwo legt er eine Pause ein und beginnt nachzudenken:

Aber wir wollen es nicht übertreiben, denn gerade da ist ja der Haken: Ich bin da, und ich weiß wohl, dass ich jeden Gesichtspunkt gelten lasse, um den Preis, dass ich leben darf. Ja, und wie ich so über den sanft in der Abenddämmerung daliegenden Platz blicke, die vom Sturm geprüfte und doch von tausend Verheißungen erfüllte Straße, da spüre ich schon, wie in mir die Bereitschaft wächst und schwillt: Ich werde mein nicht fortsetzbares Dasein fortsetzen. Meine Mutter wartet auf mich und wird sich wahrscheinlich sehr über mein Auftauchen freuen, die Arme. Ich erinnere mich, früher hatte sie den Plan, dass aus mir einst ein Ingenieur, ein Arzt oder dergleichen werde. Es wird aller Wahrscheinlichkeit nach auch so werden, wie sie es wünscht; es gibt keine Absurdität, die man nicht ganz natürlich leben würde, und auf meinem Weg, das weiß ich schon jetzt, lauert wie eine unvermeidliche Falle das Glück auf mich. Denn sogar dort, bei den Schornsteinen, gab es in der Pause zwischen den Qualen etwas, das dem Glück ähnlich war. Alle fragen mich immer nur nach Übeln, den »Greueln«: obgleich für mich vielleicht gerade diese Erfahrung die denkwürdigste ist. Ja, davon, vom Glück im Konzentrationslager, müsste ich ihnen erzählen, das nächste Mal, wenn sie fragen.

Wenn sie überhaupt fragen. Und wenn ich es nicht selbst vergesse.[8]

Als ich aus dem Evin-Gefängnis entlassen worden war, regnete es. Ich musste durch den Luna-Park nach Hause gehen, einen Vergnügungspark etwa zweieinhalb Kilometer südlich vom Gefängnis. Die Regierung hatte einen Teil des Luna-Parks zum Parkplatz gemacht. Dort warteten Busse, welche die Angehörigen zum Evin-Gefängnis brachten. Wenn die Häftlinge entlassen wurden, mussten die Familien dort auf ihre Angehörigen warten. Eine regenschwere, kalte Windböe

erfasste mich. Ich musste meinen schwarzen Tschador zu-
rechtrücken und stieg die paar Treppen hinunter zu der stillen, kleinen Straße, wobei ich meine Füße sehr sorgfältig auf
die Stufen setzte. Ich hielt kurz inne und sah zum Himmel
hinauf. Der starke Wind peitschte die Wolken dahin. Einen
Augenblick lang riss die Wolkendecke auf, und ein herzzer-
reißend winziger blauer Spalt entstand. An sich war das Blau
blass, doch vor dem Hintergrund der dichten Wolken leuchtete es förmlich. Meine Augen folgten der Straße. Am anderen
Ende bog soeben ein weißer Wagen um die Ecke. Der Fahrer,
ein Mann in mittleren Jahren, bremste ab und sah mich an,
dabei fuhr er ruhig weiter. Meine Socken in den Gummislip-
pern waren klatschnass. Ich hatte eiskalte Füße, also ging ich
schnell mit gleichmäßigen Schritten. Wir schrieben das Jahr
1984. Ich hatte seit zwei Jahren, zwei Monaten und zwölf Tagen auf diesen Tag gewartet. Ich wollte nach Hause und so
weiterleben wie davor. Anders als Georg Koves legte ich keine Pause ein. Aber wie er dachte ich über die Augenblicke des
Glücks nach, die ich in dieser Hölle empfunden hatte. Als ich
nach Hause ging, dachte ich nicht an die Schrecken, die zwei
Jahre lang mein täglich Brot gewesen waren. Denn es hatte
durchaus Momente gegeben, in denen ich kurz an die Oberfläche getaucht war und Atem geschöpft hatte. Ohne diese
winzigen Atempausen wäre ich gestorben. Meine Zellengenossinnen waren die Luft, die ich atmete, oder – wie Kertész
es formuliert – »meine Pause zwischen den Qualen«. Erst als
ich entlassen war und auf der Straße nach Hause ging, wurde
mir klar, dass mein Leben nie mehr sein würde wie zuvor. Ich
hatte mich verändert. Alles hatte sich verändert. Ich gehörte
nirgendwo mehr dazu. Während meiner ersten Nächte zu
Hause lag ich wach. Ich schloss die Augen und horchte auf
die Stille der Nacht. Ich vermisste meine Freundinnen, die

Mädchen, zu denen ich einzigartige Beziehungen geknüpft hatte. Ihre Freundschaft, deren Wärme mich in dieser finsteren Hölle überleben ließ, fehlte mir. Ich hatte mir so sehr gewünscht, endlich nach Hause zu kommen, doch nun war es, als sei mein Zuhause ausgelöscht und der Ort, an dem ich nun lebte, seine ungeschickte Kopie. Ich wollte mit Sarah zusammen sein. Würde man sie je freilassen? Wir hatten Leben und Tod gemeinsam erfahren, Irrsinn und Hoffnung, Liebe und Verzweiflung. Wir verstanden einander. Ich war in den Schoß meiner Familie zurückgekehrt, doch sie war mir fremd geworden. Sarah wusste, was es heißt, dem Tod ins Auge zu blicken und danebenzustehen, wenn er vorübergeht und dir die Menschen wegreißt, die du liebst. Wie Kertész sagte, ich musste ein »nicht fortsetzbares Dasein« leben.

Bestimmte Bilder aus dem letzten Fastenmonat, den ich in Evin verbrachte, drängen sich mir immer wieder auf. Wir mussten fasten, das heißt, wir durften von der Morgen- bis zur Abenddämmerung weder etwas essen noch trinken. Zum Fastenbrechen am Ende des Tages aber bekamen wir größere und gehaltvollere Portionen Nahrung als üblich. Manchmal verteilten die Aufseher sogar Wassermelonen, eine für jede Zelle. Die meisten von uns hatten seit Monaten oder Jahren keine Wassermelone mehr gesehen. Tagsüber legten wir sie in einen Eimer kalten Wassers, damit sie kühl blieb. Sobald wir nach Sonnenuntergang unser Gebet gesprochen hatten, brachen wir sie in Stücke. Ich weiß noch, wie ich mit der Hand über die kühle, glatte Schale fuhr. Meine Freundinnen und ich saßen beim Fastenbrechen zusammen und reichten einander die Wassermelonenstücke. Obwohl es schon dunkel war, war die Luft noch heiß und stickig. Zuerst schlossen wir die Augen und sogen den Duft des Fruchtfleischs in uns auf. Dann bissen wir hinein und ließen den süßen, kalten Saft über die

Lippen rinnen, damit er die bittere Trockenheit unserer Münder und Kehlen aufweichte. Wir kicherten wie die Kinder. Ja, auch in Evin gab es das Glück. Es lebte in der Schwesterlichkeit, die uns verband.

Als ich schon in Kanada war, las ich das *Tagebuch der Anne Frank*. Daher war mir das Buch noch gut im Gedächtnis, als ich im Mai 2007 nach Amsterdam ging, um mein Buch vorzustellen. Obwohl unsere Lebensumstände sehr verschieden waren, fühlte ich mich diesem Mädchen sehr verbunden, als sei sie eine Freundin, die ich verloren habe. Daher war der erste Ort, den ich mir in Amsterdam ansah, das Anne-Frank-Haus, wo Anne, ihre Schwester, ihre Eltern sowie ein Zahnarzt und eine weitere Familie sich vor den Schergen der Nazis versteckten. Das Haus wurde 1960 zum Museum umgewandelt und war daher für das Publikum geöffnet. Der vordere Teil des Gebäudes, der vorher die Ladenfront beherbergt hatte, war zum Eingangsbereich umgebaut worden. Nur das Hinterhaus, der »geheime« Anbau, blieb so, wie er zu Annes Zeiten war. Ich konnte diese Räume nicht betreten, ohne zu weinen. Ich wünschte, Anne könnte die vielen Besucher sehen. Etwa eine Million Menschen besucht das Hinterhaus Jahr für Jahr. Ihr Tagebuch wurde von mehreren Millionen Menschen gelesen. Ihr Wesen war in jeder Ecke des Hauses gegenwärtig und erinnerte mich an Teile ihres Tagebuches – und doch war dies keine traurige Gegenwart, sondern voller Leben und Energie.

An den Wänden finden sich einzelne Sätze aus ihrem Tagebuch, die nicht nur das Leiden eines jungen Mädchens, sondern eines ganzen Volkes verdeutlichten. Einer dieser Sätze lautet ganz einfach: »Wir haben Angst, dass die Nachbarn uns hören oder sehen könnten.«

Furcht, Schweigen, Qual. All das kannte ich nur zu gut.

Das Schweigen ist von allumfassender Natur. Sobald es sich irgendwo eingenistet hat, weigert es sich, zu verschwinden. Auch die Holocaust-Opfer fanden es schwierig, über ihre Erfahrungen zu sprechen. Und die, die zuhören wollten, mussten erleben, dass diese Geschichten zu grausam waren, um gehört werden zu können. Und so dauerte das Schweigen an. Annes Stimme aber triumphierte am Ende. Jene, die sie und Millionen anderer Menschen in Konzentrationslager steckten und versuchten, sie aus dem Gedächtnis der Menschheit zu löschen, scheiterten. Annes Präsenz wurde stärker, je mehr Zeit verging. Annes Schlafzimmer im Hinterhaus erinnerte mich an meines in Teheran, bloß dass in meinem Zimmer nur ein Doppelbett stand, in Annes Zimmer waren es zwei. Anfangs hatte Anne den Raum mit ihrer Schwester Margot geteilt. Dann kam der Zahnarzt namens Fritz Pfeffer, der sich auch vor den Nazis versteckte. Wie bei mir stand in Annes Zimmer ein kleiner Holzschreibtisch in der Ecke. Mein Zimmer hatte allerdings eine Glastür, die auf den Balkon ging. Annes Zimmer war völlig von der Welt abgeschlossen. Beide hatten wir Poster an den Wänden. Bei Anne waren es Filmstars wie Greta Garbo oder holländische Landschaften. Ich hingegen hatte mir Donny und Marie Osmond aufgehängt. Es wäre schön gewesen, ein Poster zu haben, als ich in Evin in Einzelhaft saß. Anne und ich hatten viel gemeinsam, zum Beispiel unsere Liebe zur Literatur. Hätten wir uns kennengelernt, wären wir sicher gute Freundinnen geworden. Verblüfft hörte ich, dass sie ihre Katze »Muschi« genannt hatte – denselben Spitznamen gab ich Andre, nachdem ich entlassen worden war. Anne konnte ihre Katze nicht ins Hinterhaus mitnehmen und vermisste sie schrecklich.

Von den acht Menschen, die sich im Hinterhaus versteckt hatten, starben sieben im Konzentrationslager. Nur Annes Vater, Otto Frank, überlebte. Im Anne-Frank-Haus sah ich ein Interview mit ihm, das er nach seiner Befreiung aus Auschwitz und nach der Veröffentlichung von Annes Tagebuch gegeben hatte.

Er sagte: »Wenn wir eine Zukunft aufbauen wollen, müssen wir die Vergangenheit kennen.«

In diesem kurzen Satz steckt viel Weisheit.

Einige Wochen nach meinem Besuch im Hinterhaus von Anne Frank sah ich einen Dokumentarfilm über einen Mann, der einen Hirnschaden erlitten hatte. Er hatte alles vergessen, was seine Vergangenheit betraf. Auch die Dinge, die er in der Gegenwart erlebte, konnte er nicht mehr im Langzeitgedächtnis speichern. Die Folge war, dass er nichts mehr planen konnte. Er wachte Tag für Tag auf und hatte alles vergessen, was er gestern erlebt hatte. Was »morgen« bedeutete, begriff er nicht. Da er sich nicht an die Vergangenheit erinnern konnte, hatte die Zukunft für ihn keinerlei Bedeutung. Wenn dies einem Menschen passieren kann, kann es auch einem Volk geschehen. Die Menschen im Iran müssen ihren kollektiven Gedächtnisverlust endlich abschütteln, sich ihrer Vergangenheit stellen und eine bessere Zukunft gestalten. Sich mit der Vergangenheit auseinanderzusetzen bedeutet, seine Fehler zu erkennen. Wir müssen akzeptieren, dass wir Verantwortung tragen. Wir haben Entscheidungen getroffen und Schritte unternommen, die zu einer Revolution führten. Diese ging entsetzlich schief und hat zu einer Diktatorenherrschaft geführt, die Tausende junger Iraner das Leben kostete und andere für immer gebrochen hat. Sich der Vergangenheit zu stellen bedeutet gleichwohl nicht, mit dem Finger auf andere zu zeigen. Vielmehr geht es um den Prozess der Erkenntnis und Akzeptanz. Jeder von uns hätte vielleicht andere Entscheidungen treffen und damit Leben retten können, aber wir haben es nicht getan. Doch wir sollten nicht vergessen, dass es niemals zu spät ist,

Stellung zu beziehen. 2009 haben die Iraner sich aufgelehnt. Sie haben genau das getan: Sie haben Gerechtigkeit und Demokratie gefordert. Ich habe Evin überlebt, daher sehe ich es als meine Pflicht an, die Iraner daran zu erinnern, dass jede Art von Bewegung oder Revolution fehlschlagen kann. Gewalt zieht immer nur mehr Gewalt nach sich. Folter und Mord sind falsch. Sie führen nie zu mehr Gerechtigkeit. Der Zweck, wie heilig er auch sein mag, heiligt die Mittel niemals. Solange es im Iran einen Obersten Führer gibt, der die Entscheidungen des Volkes ignorieren kann, kann die Demokratie im Land sich nicht einwurzeln und wachsen.

Im Anne-Frank-Haus sah ich auch ein Interview mit Hannah Goslar, Annes Nachbarin, Freundin und Klassenkameradin. Wie Anna kam auch Hannah nach Bergen-Belsen ins Konzentrationslager. Sie war einer der letzten Menschen, die Anne lebend sahen. Zwischen den beiden Mädchen verlief ein Stacheldrahtzaun. Anne hatte heftig geweint und Hannah erzählt, sie habe niemanden mehr … was nicht stimmte, doch Anne wusste nicht, dass ihr Vater überlebt hatte. Hannah glaubte stets, dass, wenn Anne gewusst hätte, dass ihr Vater am Leben sei, auch sie überlebt hätte. Das glaube ich auch. Hoffnung entfaltet unglaubliche Kräfte. Anne starb nur wenige Tage vor der Befreiung des Lagers. In Hannahs Augen stand tiefe Trauer, als sie von Annes Tod und ihrem Überleben erzählte. Sie meinte, beides sei nur ein »grausamer Zufall«. Ja, möglicherweise ist es ein grausamer Zufall, dass ich und sie überlebten. Vielleicht aber ist es auch der Wille Gottes. Wie auch immer: Das Leben ist kostbar.

Am Donnerstag, den 25. März 2010, einem wunderbar sonnigen Tag, stand ich in Auschwitz und sah eine enge Gasse hinunter, die sich zwischen zwei Reihen von zweistöckigen Backsteinhäusern auftat. Anders als die Holzbaracken, die ich in anderen Konzentrationslagern gesehen hatte, waren diese Häuser wohlgebaut. Auf dem Parkplatz standen viele Touristenbusse. Besucher aus aller Herren Länder gingen umher. Ich machte meine Reise mit den »Freunden des Simon-Wiesenthal-Centers für Holocaust-Studien«. In der hellen Sonne zwitscherten die Vögel. Die helle und klare Stimme unserer jungen Führerin, Anna, die sich sehr professionell gab, drang durch das Headset in mein Ohr. Ich hörte nicht zu. Die Auschwitz-Backsteinwände waren denen in Evin zum Verwechseln ähnlich. Ich berührte sie mit der Hand, und Tränen traten in meine Augen. Gerade hatten wir die Stapel Schuhe gesehen, die man den Auschwitz-Opfern abgenommen hatte. In Evin hatten mir die Aufseher meine weiß-roten Puma-Laufschuhe weggenommen und mir stattdessen Gummislipper verpasst. Wo waren meine Schuhe hingekommen, wo die meiner Freundinnen? Hatte man sie vernichtet? Wir betraten eine der Baracken. Ich spähte in einen durchschnittlich großen Raum zu meiner Rechten. Ein Holztisch stand in der Mitte, darum herum hölzerne Stühle. Anna erklärte, dass dieser Raum für willkürliche Gerichtsverfahren genutzt wurde. Die meisten Gefangenen, die hier ein Verfahren über sich ergehen lassen mussten, wurden zum Tode verurteilt und im Hof hinter dem Gebäude hingerichtet. Im Evin-Gefängnis saß der Scharia-Richter, der nach Studium meiner Akten ein Todesurteil über mich verhängte, vielleicht in einem ganz ähnlichen Raum und trank seinen Tee. Ich folgte meiner Gruppe wieder auf den Flur und dann in den Keller. Ein Freund drehte sich zu mir um und fragte: »Geht es dir gut?« Ich nickte, konnte aber in Wirklichkeit kaum noch atmen.

Links von mir sah ich eine Zelle mit einem kleinen, vergitterten Fenster. Hier wurde im August 1941 Pater Maximilian Kolbe getötet, den Papst Johannes Paul II. 1982 heiliggesprochen hatte. Er hatte während des Zweiten Weltkriegs polni-sche Flüchtlinge in seinem Missionszentrum beherbergt, dar-unter mehr als zweitausend Juden. Im Februar 1941 verhafte-te ihn die Gestapo. Drei Monate später wurde er nach Auschwitz deportiert. Im Juli 1941 floh ein Mann aus Kolbes Baracke. Der Stellvertreter des Lagerkommandanten pickte daraufhin zehn Männer aus Kolbes Baracke heraus. Sie soll-ten sich zu Tode hungern, damit den Häftlingen die Lust auf die Flucht verging. Einer der Männer flehte darum, verschont zu werden, er habe doch Familie. Kolbe erbot sich, an seiner Stelle in den Hungerbunker zu gehen. Ich wünschte, ich wäre so tapfer gewesen, doch das war ich nicht.

Nach drei Wochen ohne Wasser und Nahrung waren nur noch Kolbe und drei Mithäftlinge am Leben. Immer wenn die Wachen nach ihm sahen, stand oder kniete Kolbe inmitten seiner Zelle und sah denen, die eintraten, ruhig entgegen. Als seine Zellengenossen gestorben waren, tötete man Kolbe mit einer Phenolspritze.

Mein Blick fiel auf das winzige, vergitterte Fenster in Kolbes Zelle. Mir war, als befände ich mich erneut in Evin. Ausch-witz war mittlerweile ein Museum, ein Ort des Gedenkens, Evin aber wurde noch genutzt: Dort werden immer noch Un-schuldige gefoltert und getötet. Ich fragte mich, was ich wohl noch für sie tun könne. Meine Beine trugen mich aus der Ba-racke hinaus, zurück ins Licht der Frühlingssonne. Ich saß auf den Stufen des Gebäudes, die Hände vor dem Gesicht, und weinte. Ich konnte einfach nicht aufhören. Maximilian Kolbe ist der Schutzheilige aller politischen Gefangenen. Ich bat ihn, mir den Weg zu zeigen, den Iran zu verändern, ohne weiter Menschen in Gefahr zu bringen.

Wie im Konzentrationslager gab es auch in Evin einen be-stimmten Tagesablauf. Dessen dröge Routine half uns durch

den Tag. Die dauerhafte religiöse Erziehung, die aus den
Fernsehern des hauseigenen Senders auf uns herniederpras-
selte, diente der Gehirnwäsche, doch auch ich konnte vor
dem Fernseher so völlig abschalten, dass ich nicht ein Wort
hörte und verstand. Ich flüsterte entweder einer Freundin
Gedichte zu oder träumte davon, endlich nach Hause zu dürfen. Von einer Zellengenossin, die schon zu Zeiten des Schahs
einmal hier eingesperrt gewesen war, wusste ich, dass damals
in Block 246 nur fünf oder sechs Gefangene saßen. Zu meiner
Zeit waren es sechzig oder siebzig. Wenn so viele Menschen
auf so engem Raum zusammenleben, werden auch die einfachsten Dinge kompliziert. Einen Schlafplatz finden, das Essen teilen, sauber machen, Teller waschen, die Badezimmer
säubern, duschen – all das erforderte gute Organisation. Wir
teilten die Aufgaben unter uns auf und wechselten uns in der
Erledigung wöchentlich ab. So war ich beispielsweise eine
Woche lang die »Schlafplatz-Managerin«. Das bedeutete, ich
hatte dafür zu sorgen, dass jede einen Schlafplatz hatte. Das
hört sich einfach an, aber dem war nicht so. Wir waren so
viele, dass wir nicht nur in der Zelle schliefen, sondern auch
draußen auf dem Flur. Wenn wir alle lagen, passte wirklich
keine Stecknadel mehr dazwischen. In den Zellen wurde
nachts das Licht ausgeschaltet, im Flur hingegen blieb es an.
Daher war das Schlafen in der Zelle erholsamer. Außerdem
bestand im Flur eher die Gefahr, dass jemand auf einen drauf-
stieg, denn man war ja den Mädchen im Weg, die auf die Toilette mussten. Manche Mädchen schliefen lieber am Fenster,
das auch im Winter die ganze Nacht offen blieb. Andere wiederum schliefen lieber im Warmen. Außerdem wollten wir
natürlich alle möglichst nah bei unseren Freundinnen liegen.
Auch das Essen musste möglichst gerecht verteilt werden,
was ebenfalls eine Herausforderung war. Gewöhnlich beka-

men wir Brot mit Datteln, Reis oder Suppe. Wir bekamen in Evin nicht allzu viel zu essen, daher war es schwierig, jeder die gleiche Portion zuzuteilen.

Dann war da das Saubermachen. Stellen Sie sich vor, Sie müssten eine Toilette reinigen, die täglich von dreihundertfünfzig bis vierhundert Personen benutzt wird. Warmes Wasser gab es nur alle zwei bis drei Wochen und dann auch nur zwei oder drei Stunden lang. Das Wasser wurde üblicherweise nachts erwärmt. Die »Dusch-Managerin« der Zelle zu sein hieß, dass man zwischen sechzig und siebzig schläfrige Mädchen innerhalb weniger Minuten durch vier oder fünf Duschen zu schleusen hatte. Die Dusch-Managerin stand vor den Zellen und trieb die Mädchen zur Eile an. Daher waren die Duschabende immer lang und laut.

»Afsaneh, Fereshteh, Nahid! Raus mit euch! Ihr seid da schon eine Ewigkeit drin! Ich habe euch doch gesagt, dass ihr nur vier Minuten habt!«, rief die Dusch-Managerin.

»Ich bin doch erst seit zwei Minuten hier! Ich habe noch Seife in den Haaren!«, schrie das Mädchen in der Dusche dann gewöhnlich zurück.

»Das interessiert hier keinen! Raus! Die anderen warten schließlich! Oder willst du, dass sie sich mit kaltem Wasser duschen müssen? Raus!«

Wenn die Dusch-Managerin zu streng mit einem Mädchen war und dieses wurde am nächsten Tag »verhört«, das heißt gefoltert, hatte sie tagelang ein schlechtes Gewissen. Die Verletzten durften länger in der Dusche bleiben und wurden beim Duschen von den anderen unterstützt. Mein erster Abend in Zellblock 246 war so ein Duschabend. Ich konnte nicht stehen, weil meine Fußsohlen ausgepeitscht worden waren. Sarah half mir. Und die Dusch-Managerin ließ uns länger drin als üblich.

Ich glaube, dass auch Evin eines Tages wie Auschwitz oder Anne Franks Hinterhaus zum Museum wird, in dem die Menschen jener gedenken, die dort litten und starben. Eines Tages werden Jung und Alt gemeinsam durch die Gänge gehen, in die Zellen und Folterräume blicken und von diesen finsteren Zeiten im Iran erfahren, als das Foltern von Teenagern als gottgefällige, gute Tat galt, mit der man sein Land schützte.

Meine Libellenbrosche

Im August 2007 war ich in Edinburgh und gab Radio Hambastegi, einem persischen Sender aus Stockholm, ein kurzes Hörfunkinterview. Gleich nach meiner Heimkehr nach Toronto erhielt ich eine E-Mail vom Interviewer, Nasser Yousefi, der mir einen Link zu der Sendung über mein Buch schickte. Erst als ich darauf klickte und mir das Ganze anhörte, merkte ich, dass die Sendung drei Stunden dauerte. Im ersten Interview wurden drei meiner Kritiker befragt, die selbst in Evin gewesen waren und kommunistischen beziehungsweise marxistisch-islamistischen Gruppierungen angehörten. Zwei von ihnen hatten selbst Bücher über ihre Erlebnisse in Evin veröffentlicht. Sie vertraten die Ansicht, mein Buch hätte nicht publiziert werden dürfen, weil meine Hafterfahrung völlig atypisch sei. Sie sagten, ich hätte die Schrecken des Gefängnisses nicht angemessen dargestellt, hätte die Geschichte der Helden nicht erwähnt, die für ihre Ideologie und ihren Glauben dort litten und starben.

Vor den Interviews hatte Nasser eine kurze Einführung in die literarischen Aspekte der Autobiografie gegeben und aus einer persischsprachigen Veröffentlichung mit dem Titel *Baran* vorgelesen. Er meinte, jedes Ereignis geschehe zu einer bestimmten Zeit an einem bestimmten Ort. Eine exakte Beschreibung sei nicht möglich, da jedes Vorkommnis als Erinnerung in unserem Geist gespeichert werde. Erinnerungen seien daher immer von unserem Blickwinkel abhängig. Wir könnten uns nicht einmal exakt an ein Foto erinnern, das wir vor wenigen Sekunden gesehen haben. Das menschliche Gedächtnis sei nun einmal kein zuverlässiger Protokollant. Eine Autobiografie zu schreiben sei wie das Drehen eines Films: Wenn zwei Regisseure dasselbe Drehbuch verfilmen, kommen dabei zwei sehr unterschiedliche Filme heraus. Bei manchen Szenen drücken wir sozusagen auf »schnellen Vorlauf«, während wir andere in Zeitlupe ablaufen lassen, weil sie für uns eine andere Bedeutung haben. Er schloss damit, dass wir Autobiografien und Lebensbeschreibungen so akzeptieren müssten, wie sie sind, sie aber gleichzeitig nicht als exakte Berichte verstehen dürften. Jeder Mensch betrachte die Welt durch seine ganz besondere Brille, dies liege nun einmal in der Natur der Dinge.

Ich hatte gehofft, dass mein Buch den Kritikern zumindest eine rational-sachliche Analyse wert wäre – wie dies ja bei anderen Büchern auch üblich ist. Doch das Niveau dieser Radiosendung beschränkte sich auf rein persönliche Angriffe. Meine Kritiker beschimpften mich als Lügnerin, *tavvab* und Verräterin. Sie behaupteten, ich habe *Ich bitte nicht um mein Leben* nur geschrieben, um damit Geld zu machen. Eine Frau gab ganz offen zu, dass sie mein Buch gar nicht gelesen hatte. Sie habe »darüber« gelesen. Dann fügte sie noch hinzu: »Ich habe Marinas Buch zuerst auch kritisiert, aber als ich sah, dass einige Leute sie persönlich angriffen, habe ich mich zurückgehalten … In diesem Buch geht es nicht um die Wahrheit jener Menschen, die im Gefängnis gelitten haben und gefoltert wurden. Natürlich ist es für jeden Verlag wichtig, Bücher zu verkaufen. In diesem Buch aber findet sich keine Beschreibung des Leids, das Marina erdulden musste. Dieser Teil des Buches wurde zurechtgestutzt, damit es sich besser verkauft ... Dieses Buch ist das Werk einer ganzen Gruppe von Menschen [nicht nur das von Marina] ...«

Für mich unterscheiden sich diese Attacken nicht im Geringsten von denen der iranischen Regierung: Bist du nicht auf unserer Seite, hast du nicht unsere Religion oder Ideologie und bist wie wir, dann bist du unsere Gegnerin.

Ich habe erlebt, wie aus Opfern Folterer werden können – Ali, der Aufseher, den ich zu heiraten gezwungen wurde, war unter dem Schah im Evin-Gefängnis gefoltert worden. Folter aber schafft gewöhnlich einen Teufelskreis, der so lange nicht endet, wie die Opfer von Hass besessen sind und sich davon leiten lassen. Wenn meine Kritiker je an die Macht kämen, würden sie mein Buch wohl sofort verbieten lassen. Für sie bin ich ein *tavvab,* doch wenn ich tatsächlich jemanden verraten habe, dann nur mich selbst und meine Religion, nicht sie oder ihre Ideologie. Ich wurde gezwungen, zum Islam überzutreten und meinen Folterer zu heiraten, doch mein Menschsein, meine Identität wurden davon nicht berührt, das haben nicht einmal der Druck und die Gehirnwäsche vermocht, denen ich in Evin ausgesetzt war. Die Islamische Republik Iran versuchte, mich in ein hasserfülltes, dysfunktionales Etwas zu verwandeln, das nicht mehr vernünftig denken kann. Das ist ihr nicht gelungen. Was sehen meine Kritiker, wenn sie in den Spiegel blicken? Helden? Vielleicht. Doch alle Helden, die ich kenne, meine Freundinnen aus dem Gefängnis eingeschlossen, sind aufgeschlossene, vorurteilsfreie Menschen. Obwohl man sie zwang, öffentlich zu »bereuen«, haben sie sich doch ihre Güte und Menschlichkeit bewahrt.

Es sind vielleicht fünfundzwanzig oder dreißig Leute, die sich in Chatrooms und im Rundfunk immer wieder gegen mich wenden. Sie waren bereits erwachsen, als sie verhaftet wurden, und aktive Mitglieder verschiedener politischer Gruppierungen. Ihre Überzeugung bedeutete ihnen alles, und sie haben tapfer dafür gekämpft, was ich respektiere. Aber sie wissen nicht, wie eine hilflose Sechzehnjährige sich fühlt, wenn sie gefoltert wird. Wie sie alles gestehen, den Verhörbeamten jede nur erdenkliche Information geben würde, nur damit die brutalen Schläge endlich aufhören.

Ich kenne nur eine meiner Kritiker und Kritikerinnen persönlich: Sudabeh Ardavan. Sie beschuldigte mich öffentlich sowohl in Radio Hambastegi als auch online, eine Verräterin zu sein. Ich hatte sie bei zwei verschiedenen Anlässen im Winter 2006 in Toronto getroffen. Später wurde ich zu einem festlichen Abendessen eingeladen, bei dem ich ihr und anderen ehemaligen Gefangenen aus dem Iran begegnete. Damals war *Ich bitte nicht um mein Leben* noch nicht erschienen, doch meine Geschichte war schon bekannt. Michelle Shephards Artikel »Frau ohne Vergangenheit« war im Jahr zuvor im *Toronto Star* erschienen. Auch das Interview mit meinem Vater auf CBC Radio (bei dem ich über Einzelheiten meiner Haft, unter anderem die Ehe mit Ali, gesprochen hatte) war bereits gesendet worden. Beides war im Internet abrufbar.

Frau Ardavan gab in ihrem Interview mit Nasser zu, dass sie, bevor mein Buch erschienen war, nie erwähnt hatte, dass sie mich in Evin gekannt hatte. Das fiel ihr erst nach dem Erfolg des Buches wieder ein. Sie sagte, sie sei aus dem Qezel-Hessar-Gefängnis in den Block »Bandeh-yek« in Evin verlegt worden. Und sie behauptete, dies sei der Zellblock für Verräter, *tavvabs,* gewesen. Ich war nie in Bandeh-yek, auch bekannt als Block 240. Ich kann mich aber an ein Mädchen erinnern, das Frau Ardavan ähnlich sah – in Block 246, in dem ich den Großteil meiner Zeit in Evin verbrachte. Frau Ardavan meint, sie habe in Bandeh-yek gehört, ich hätte meinen Aufseher geheiratet, und sie habe diese Vorstellung abstoßend gefunden. In einem im Internet publizierten Artikel schreibt sie:

> … Eines Tages fragte ich meine Freundin, die ich in meinem Buch »Memoirs of the Prison« Mutter Maryam genannt habe: »Wer sind diese beiden Mädchen, die von morgens bis abends vor der Wand stehen und den Tschador sowie einen Kopfschleier tragen? Die, die nicht wie die anderen beten, sondern das »Mafateeh« in der Hand über dem Kopf halten?« Sie meinte: »Die beiden waren Christinnen, sind aber dann zum Islam übergetreten. Sie sind *tavvabs*. Die links heißt Marina, sie hat ihren Aufseher geheiratet.«
> … Sie [Marina] hatte ihren Kopf in einen weißen Kopfschleier gehüllt und trug einen weißen Tschador. Ich konnte nur ihr Gesicht sehen, nicht einmal ihr Kinn. Sie war sehr bleich, und in ihren Augen war keinerlei Emotion zu lesen. Sie sah uns nie an und kümmerte sich nur um ihren eigenen Kram …

Frau Ardavan sagte außerdem, ich hätte in meiner Zelle im selben Bett geschlafen wie ein Mann, der unschuldige Menschen folterte, nur weil sie anders dachten als er. Sie fragte, ob ich je über die Helden nachgedacht habe, die ihr Leben für die Freiheit geopfert haben, weil sie nicht mit dem Regime zusammenarbeiten wollten.

»Zahra Kazemi starb infolge der Folter und der Vergewaltigungen im Gefängnis«, fügte sie hinzu. »Kann man das wirklich mit Marina vergleichen, die aus ihrer Zeit in Evin quasi Flitterwochen machte …«

Flitterwochen? War sie denn in meiner Zelle und hörte mich schreien, wenn Ali mit mir machte, was er wollte?

In Evin und viele Jahre später hatte ich geglaubt, meine Freundinnen hätten nichts von meiner Ehe mit Ali gewusst: Schließlich hat mich nie eine von ihnen darauf angesprochen. Heute weiß ich, dass sie nichts sagten, weil sie mich liebten und nicht daran zweifelten, dass ich zu dieser Ehe gezwungen worden war. Ich habe meinen Status als Alis Frau nie zu meinem Vorteil genutzt. Allein das beweist doch, dass ich mich für diese Ehe schämte. Meine Zellengenossinnen respektierten einfach nur meine Entscheidung. Auch die wenigen Häftlinge, die mich offensichtlich als Verräterin betrachteten, schwiegen – weil sie um ihre Sicherheit fürchteten. Sie kannten mich nicht gut genug, um zu wissen, dass ich meine Stellung niemals gegen sie verwendet hätte. Ich war zwar zum Islam übergetreten und ich hatte Ali geheiratet, aber ich hatte mir geschworen, dass dies nie irgendeinem anderen Menschen zum Schaden gereichen sollte.

Frau Ardavan meinte darüber hinaus, sie kritisiere mich deshalb, weil ich lauthals verkündet habe, dass in Ali und seiner Familie auch Güte herrschte. Sie hingegen glaube, alle Verhörbeamten aus Evin, auch Ali, seien durch und durch schlecht.

»Obwohl wir alle [Marina Nemats Kritiker] von unserer höchstpersönlichen Hafterfahrung berichtet haben«, sagte sie in einem Hörfunkinterview, »hat niemand von uns behauptet, Ali Musawi habe uns vor den Kugeln des Hinrichtungskommandos gerettet. Wie kann Marina diesen Mann nur als menschliches Wesen darstellen?«

Ich habe jedes Recht, meine eigene Geschichte zu erzählen. Wie meine Kritiker.

Bei einer anderen Hörfunksendung behauptete eine Frau, die ebenfalls mehrere Jahre im Gefängnis war, die »Atmosphäre« in meinem Buch sei »erfunden«. Sie meinte, es sei völlig unmöglich, dass ein neunjähriges Mädchen, das in Teheran zur Schule gegangen sei, so gut Englisch beherrschte, dass sie englischsprachige Bücher hätte lesen können.[9] Natürlich war mein Englisch in der Grundschule nicht perfekt, aber ich konnte – unter enormer Anstrengung und mit Hilfe eines Lexikons – C. S. Lewis' *Chroniken von Narnia* verstehen. Übung und Ausdauer halfen mir, mein Englisch zu verbessern. Meine Liebe zur englischen Literatur trug sicher einiges dazu bei. Ich war ein einsames Kind in einer unglücklichen Familie, Bücher wurden zu meiner Zuflucht. Als ich im Iran zur Schule ging, gab es noch keine Privatschulen, doch ein paar Schulen boten hervorragenden Englischunterricht, unter anderem Grundschulen, welche ich besucht habe: Payk-eh Danesh und Giv. Aber das waren nicht die einzigen: Die Schüler der Soheil und Andishdeh waren in Englisch gewöhnlich sehr viel besser als ich.

Die Frau meinte auch, nicht einmal ein Verhörbeamter wie Ali hätte eine Frau aus dem Gefängnis mit nach Hause nehmen können. Möglicherweise hat sie es ja vergessen, doch als Verhörbeamter hatte man in Evin nahezu unbegrenzte Macht. Und diese Männer konnten durchaus Häftlinge aus den verschiedensten Gründen aus dem Gefängnis holen. Hier im Westen herrscht das Gesetz. Nicht nur in Gefängnissen, sondern in allen Bereichen. Und das Gesetz selbst wird ebenfalls geschützt. Wenn wir es brechen, müssen wir mit Konsequenzen rechnen, die wiederum das Gesetz vorgibt. Im Iran und in vielen anderen Ländern der Dritten Welt aber gehen Geld und Beziehungen über alles. Wenn Sie im Iran dem Gesetz Genüge tun wollen und beispielsweise eine Baugenehmigung brauchen, dann müssen Sie nicht nur einen Antrag stellen, sondern Sie müssen auch einen Beamten kennen oder einen bestechen, vielleicht sogar beides. In den achtziger Jahren war in iranischen Gefängnissen nahezu alles möglich. Sogar wenn ein Häftling unter der Folter starb, zog man den Verhörbeamten nicht zur Rechenschaft. Umgekehrt, wenn er wollte, konnte er einem Gefangenen durchaus den ein oder anderen »Gefallen« tun.

Im letzten Teil der Sendung kamen drei iranische Schriftsteller zu Wort, die mich unterstützten. Eine von ihnen, Nasrin Parvaz, war acht Jahre lang politische Gefangene und hatte über diese Zeit eine Autobiografie auf Persisch verfasst. Sie beglückwünschte mich dazu, dass ich trotz allem, was ich in Evin durchlitten hatte, mich nicht unterkriegen ließ. Sie sei extrem enttäuscht von der Art und Weise, in der meine Kritiker mich persönlich angriffen. Sie nannte das »psychologische Steinigung«. Frau Parvaz empörte sich vor allem darüber, dass man meine Zwangsehe mit Ali, eine einzige Vergewaltigung, als »Flitterwochen« bezeichnet hatte. Sie erläuterte, die islamische Regierung des Iran habe in den achtziger Jahren Tausende von Jugendlichen eingesperrt und zu demoralisieren versucht, indem man sie zu *tavvabs* erklärte. Nur wenige Häftlinge seien damals offen für ihre Überzeugungen eingetreten, von einer Mehrheit könne man bei diesen wenigen Fällen wohl kaum sprechen. Gerade die jungen *tavvabs* seien wie Zweige gewesen. Man konnte sie biegen, aber nicht brechen. Sie glaubte, dass man im Sommer 1988 deswegen so viele Gefangene hinrichtete, weil die Gefängnisleitung schließlich feststellen musste, dass der brutale Versuch, die Jugend in den Gefängnissen mittels der Tavvab-Politik umzuerziehen, gescheitert war. Die *tavvabs* hätten sich niemals wirklich bekehrt und hätten nie »bereut«. Ganz im Gegenteil: Sie wandten sich bei der erstbesten Gelegenheit gegen die islamische Regierung.

Einmal, als ich in Evin in Einzelhaft saß, knetete ich aus Wasser und altem Brot eine Brosche in Form einer fast fünf Zentimeter langen Libelle. Ich hatte Libellen immer gern gemocht. Wenn ich mit meinen Eltern am Kaspischen Meer Ferien machte, lag ich stundenlang draußen und sah ihnen zu. Kurz vor meiner Entlassung schenkte ich die Brosche einer meiner Zellengenossinnen namens Nahid. Ein paar Tage zuvor hatte sie mir ein Märchen erzählt, das sie sich ausgedacht hatte, ein Märchen, das von meiner Libelle handelte und ihrem Pferdchen, das sie aus Brotteig geknetet hatte. Ihr Pferdchen hatte ein Bein verloren, meine Libelle einen Flügel. Nahid konnte wunderbar Geschichten erzählen. Sie schlüpfte in die Rollen ihrer Figuren und verlieh jeder eine ganz eigene Stimme.

Das Märchen ging so: Eines Tages beschlossen ein Hengst und eine Libelle, ein Wettrennen zu veranstalten. Alle Tiere im Wald setzten auf den Hengst, nur die weise Eule sagte vorher, dass die Libelle gewinnen würde. Zunächst hatte der Hengst einen großen Vorsprung. Doch dann kam er an einen See und beschloss, um ihn herumzulaufen, weil er nicht hinüberschwimmen wollte. Die Libelle aber flog einfach über den See. Fast hätte sie ihren Konkurrenten eingeholt. Dann aber begann es heftig zu regnen. Die Libelle zwängte sich in eine enge Felsspalte, wobei ihr Flügel brach. Doch sie glaubte fest daran, ans Ziel zu kommen. Bald verzogen sich die Regenwolken, doch die Erde war vom vielen Regen aufgeweicht. Als die Libelle schwer atmend die Ziellinie überquerte, hörte sie hinter sich laute Schmerzensschreie. Sie drehte sich um und sah den Hengst, der im Schlamm lag. Eines seiner Beine war gebrochen.

Ich hatte Nahids Geschichte vollkommen vergessen, bis ich Jahre später eine wunderschöne silberne Libellenbrosche im Schaufenster eines Juweliers sah. Sie hatte leuchtend blaue Flügel. Tränen traten mir in die Augen. Ich kaufe selten Schmuck, doch diese Brosche musste ich haben. Sie erinnerte mich an meine jungen Gefährtinnen im Gefängnis und ihr verzweifeltes Rennen ums Überleben. Ich hoffte, dass die Kraft ihrer Zerbrechlichkeit sie alle nach Hause geführt hatte.

Fotos meiner Kinder

Als *Ich bitte nicht um mein Leben* erschien, waren meine Söhne achtzehn und vierzehn Jahre alt, und ich nahm sie zu einigen meiner Lesungen mit. Sie waren zwar neugierig, doch zu wissen, dass ich im Gefängnis gewesen war, machte ihnen sichtlich zu schaffen. Sie stellten mir nur ganz wenige Fragen. Als ich allerdings in *The Hour* auftrat – einer Fernsehshow auf CBC –, waren sie vollkommen aus dem Häuschen. Sie fanden den Moderator der Show, George Stroumoulopoulos, total cool. George fragte mich, wie denn meine Kinder auf diese Enthüllungen reagiert haben. Nach dem Interview schlug er vor, ich solle doch die Jungs mit ins Studio bringen, damit sie bei weiteren Sendungen im Publikum sitzen konnten. Anfangs waren die Jungs von diesem Vorschlag hellauf begeistert, doch mit der Zeit legte sich ihre Euphorie. Am Ende lehnten sie Georges Angebot ab. Sie wollen als eigenständige Persönlichkeiten und nicht als die Söhne ihrer Mutter wahrgenommen werden, schon gar nicht im Zusammenhang mit meinen Erfahrungen.

Dass ich auf diese Weise ins Rampenlicht rückte, war nicht nach dem Geschmack meiner Söhne. Ich hoffe nur, dass sie eines Tages meine Gründe verstehen werden. Ich weiß, dass sie stolz auf mich sind. Ich bin eine erfolgreiche Schriftstellerin. Aber ich weiß auch, dass ihnen lieber wäre, ich würde irgendwelche erfundenen Geschichten schreiben und nicht über mein Leben. Als ich beschloss, meine Geschichte zu erzählen, betrieb ich im Grunde Persönlichkeitsspaltung: Zum einen war ich die ruhige, hingebungsvolle Frau und Mutter, die die Wäsche macht, die Kinder herumkutschiert, kocht, putzt und aus Nebensächlichkeiten ein Drama macht. Zum anderen bin ich die ehemalige politische Gefangene, Schriftstellerin und engagierte Kämpferin, die viel reist, Interviews gibt und zu Vorträgen in aller Welt eingeladen wird. Zu Beginn meines Weges lebte die Familie mit Ersterer, während die Welt nur die Letztere kannte. Langsam aber wurde aus den beiden Frauen eine.

Nachdem ich einem kanadischen Theater die Rechte für die Bühnenaufführung meines Buches überlassen hatte, sagte ich meinem Sohn Thomas, der damals sechzehn war, dass ich von ihm erwarte, mit uns zur Premiere zu kommen. Andre war auch dabei. Er meinte, er wisse nicht, ob das gut für Thomas sei. Ich war perplex. Schließlich kannte Thomas meine Geschichte. Und er war genauso alt wie ich, als ich inhaftiert worden war. Unsere Kinder hatten das Recht, die ungeschönte Wahrheit zu kennen. Wie oft waren erwachsene Kinder von Holocaust-Überlebenden oder von ehemaligen politischen Gefangenen aus dem Iran nach einer Lesung an mich herangetreten und hatten mir – teils unter Tränen – berichtet, wie sehr sie darunter gelitten haben, dass ihre Eltern nie über diese Erfahrungen sprachen. Meine Söhne hatten sich mit der Zeit an meine Vergangenheit gewöhnt. Aber natürlich ist es schwierig für Kinder, Teenager und Erwachsene, sich mit dem Leid ihrer Eltern auseinanderzusetzen, vor allem, wenn es dabei um Gewalttaten geht. Ich aber glaube fest daran, dass die Wahrheit immer besser ist als schiere Unkenntnis.

Eines Tages, als ich mit Thomas unterwegs war, begegnete uns eine Freundin, die mit autistischen Kindern arbeitet. Sie erzählte mir, die Regierung habe ihr die Mittel gekürzt. Ich wusste, wie aufopfernd sie ihre Arbeit betrieb, also bot ich ihr an, ihr bei Benefizveranstaltungen unter die Arme zu greifen. Thomas hörte unserer Unterhaltung schweigend zu. Als wir nach Hause kamen und unsere Mäntel an die Garderobe hängten, meinte er nur: »Mom, du wirst doch nichts schreiben, was sich gegen die kanadische Regierung richtet, oder? Ich möchte nicht, dass du hier auch noch ins Gefängnis kommst.«

Ich war schockiert. Er weiß sehr gut, dass Kanada ein demokratisches Land ist, in dem man nicht ins Gefängnis kommt, weil man die Regierung kritisiert. Doch war seine Angst offensichtlich stärker als die Vernunft und hatte die Logik in die Ecke gedrängt. Ich versicherte ihm, dass ich in Kanada niemals verhaftet werden würde. Ich hatte nicht die leiseste Absicht, hier das Gesetz zu brechen. Doch Thomas reichte das nicht. Ich musste ihm versprechen, dass ich keinen Artikel schreiben würde, in dem ich die Kürzung der Mittel für die Förderung autistischer Kinder kritisierte.

Ich habe mich immer gefragt, wie viel mein ältester Sohn Michael von seinen ersten Lebensjahren noch wusste. Manchmal, wenn ich ihn frage, ob er sich noch an dies oder jenes Ereignis im Iran oder in Ungarn erinnert, sagt er, er wisse davon gar nichts mehr. Meine Erinnerungen reichen bis in mein viertes Lebensjahr zurück, aber Michael war ja noch nicht einmal drei Jahre alt, als wir nach Kanada kamen. Vermutlich erinnert er sich an gar nichts mehr aus der Zeit, als wir in Teheran beziehungsweise Budapest lebten. Andererseits waren einige dieser Tage doch recht traumatisch – für uns und für ihn –, so dass ich glaube, die Erinnerung daran hat sich seinem

Unbewussten eingeprägt. Vielleicht erinnert er sich in seinen Alpträumen daran und weiß nicht, dass er diese Dinge wirklich erlebt hat.

Michael kam im Dezember 1988 zur Welt, vier Monate nach Ende des Kriegs zwischen dem Iran und dem Irak, der acht Jahre gedauert hatte. Andre und ich lebten damals in Zahedan in der Provinz Sistan / Belutschistan. Die Stadt liegt nahe an der iranischen Grenze zu Pakistan und Afghanistan. Wir waren im März 1987 nach Zahedan gezogen. Andre hatte seinen Mastertitel erworben, so dass er künftig an einer der Grenzlanduniversitäten unterrichten durfte, statt Militärdienst leisten zu müssen. Ich hätte alles getan, damit Andre nicht zum Militär musste, und drei Jahre in Zahedan zu leben, das etwa tausendsechshundert Kilometer südöstlich von Teheran liegt, schien ein geringer Preis für seine Sicherheit. Die Universität hatte für ihr Lehrpersonal solide gebaute Häuser auf dem Campus errichten lassen. Wir bezogen eines mit nur einem Schlafzimmer.

Ich hatte nie in der Wüste gelebt. Teheran liegt am Fuß des Elburs-Gebirges und ist eine vergleichsweise grüne Stadt. Zahedan dagegen ist von nichts als Wüstensand umgeben – ein sich ständig veränderndes, goldenes Meer, das jeden Laut, jede Farbe erstickt. Nachts wird der Himmel zu einem schwarzen Ozean voll silberner Sterne, der alles zu verschlingen droht, was er berührt. Vor dem Aufstieg Reza Schah Pahlavis 1925 war Zahedan nur ein Städtchen namens Dozz-aap, von persisch *dozd-aab,* »Wasserdieb«. Der Landstrich trägt den Namen deshalb, weil alle Niederschläge, die dort fallen, sofort vom Sand verschluckt werden.

Als wir zum ersten Mal am Flughafen von Zahedan ankamen, trennten mich die Sicherheitskräfte von Andre. Ich war vor ihm wieder in der Wartehalle und setzte mich in eine Ecke, um auf den Professor zu warten, der uns dort abholen wollte.

Ich sah mich um. Da fiel mein Blick auf einen Angehörigen der Revolutionsgarde, der mich fixierte. Ich wendete den Blick ab. Der Mann kam auf mich zu.

»Woher kommen Sie?«, fragte er in einschüchterndem Tonfall.

Mein Herz begann zu schlagen.

»Aus Teheran«, antwortete ich.

»Reisen Sie allein?«

»Nein, mit meinem Ehemann. Er sollte jeden Moment hier sein.«

»Ihrem *Ehemann*?«, spöttelte er.

Plötzlich standen Andre und der Professor von der örtlichen Universität neben mir.

»Haben Sie Probleme?«, fragte der Professor den Revolutionsgardisten verärgert. »Warum belästigen Sie diese junge Frau?«

»Sind Sie der Ehemann?«, wollte der Mann wissen.

»Nein, ich bin ihr Ehemann«, versetzte Andre scharf.

»Wir lehren an der hiesigen Universität«, sagte der Professor. »Können wir Ihnen irgendwie helfen?«

»Nein, gehen Sie weiter.«

Als wir den Flughafen verließen, fragte Andre, weshalb der Mann denn auf mich aufmerksam geworden sei. Ich antwortete, ich wisse es nicht. Schließlich hatte ich mich ganz ruhig verhalten.

Wir fuhren durch die Stadt, und ich stellte schnell fest, dass kaum Revolutionsgardisten zu sehen waren. Die meisten Menschen trugen die regionale Kleidung: lange T-Shirts und weite Hosen für Männer, bunte, lange Gewänder mit locker sitzenden Kopfschleiern für Frauen. Bald erfuhr ich, dass die Drogenhändler in der Stadt vergleichsweise viel Einfluss besaßen. Sie waren bewaffnet und hatten entschieden etwas gegen die Revolutionsgarde und andere regierungsnahe Institutionen. Der Professor versicherte mir, dass die Revolutionsgardisten mich in der Stadt nicht belästigen würden. Die Drogenhändler griffen regelmäßig Regierungskonvois auf der Straße an, die aus den Bergen in die Stadt führte.

Kurz nach unserer Ankunft in Zahedan beschlossen Andre und ich, den Basar zu erkunden. Wir hatten gehört, dass man dort Porzellangeschirr zu günstigen Preisen kaufen konnte. Außerdem brauchten wir etwas zu essen. Als wir die staubigen Straßen des Basars auf und ab schlenderten und neugierig die kleinen Läden und Straßenhändler begutachteten, kam ein Mann auf uns zu, der die traditionelle Kleidung der Region trug. Er grüßte uns auf Englisch. Wir erschraken. Andre ist blond, hat blaue Augen und sieht sehr westlich aus. Vermutlich hatte der Mann angenommen, wir seien Ausländer. Doch Andre erklärte ihm auf Persisch, dass wir Iraner seien und er an der örtlichen Universität lehre.

»Wir mögen Professoren«, sagte der Mann. »Es ist so gütig von Ihnen, hierherzukommen, um unsere Kinder zu unterrichten. Zahedan ist eine schöne Stadt. Sie sind hier sicher.«

Wir dankten ihm und gingen fort. Zahedan gefiel mir. Anscheinend hatten die Revolutionsgarden nur am Flughafen und in Regierungsgebäuden etwas zu sagen.

Andre unterrichtete gern und machte viele Überstunden. Entweder unterrichtete er, war mit Unterrichtsvorbereitungen beschäftigt, oder er korrigierte Prüfungen und Hausarbeiten. Ich andererseits hatte nicht viel zu tun. Ich brachte die Tage mit Kochen und Saubermachen zu. Wahlweise starrte ich aus dem Fenster in den blassen Himmel. Ich konnte nicht Auto fahren. Die Universität lag ein wenig außerhalb, zwanzig Minuten mit dem Auto, und so kam ich nicht häufig in die Stadt. Normalerweise war es sehr heiß in Zahedan – zwischen fünfunddreißig und fünfundvierzig Grad Celsius. Also war es auch nichts mit langen Spaziergängen. Die Frauen der anderen Professoren waren fast durchweg ein paar Jahre älter als ich. Die meisten hatten Kinder und waren mit sich selbst beschäftigt. Am Wochenende trafen wir uns gewöhnlich mit anderen Fakultätsangehörigen zum Essen, unter der Woche aber war ich meist auf mich gestellt. Ganz besonders achtete ich darauf, kein Wort von meinem Gefängnisaufenthalt zu erzählen. Das hätte Andres Stellung kosten können.

Als der Krieg zwischen dem Iran und dem Irak seinem Höhepunkt zustrebte, wurde Teheran mit Scud-Raketen bombardiert, und so wusste ich den Frieden in Zahedan noch mehr zu schätzen. Da die Stadt so weit von der iranisch-irakischen Grenze entfernt lag, erreichte der Krieg uns einfach nicht. Vielmehr hüllte Zahedan sich in eine schläfrige Ruhe.

Anfangs war ich auch noch glücklich, so weit von Teheran und meinen traumatischen Erinnerungen fort zu sein, doch nach ein paar Monaten begann ich, mich zu langweilen. Ich hatte nicht einmal etwas zu lesen, denn ich hatte Angst, verbotene Bücher – darunter sämtliche Romane aus dem Westen – zu kaufen. Ich beneidete die Frauen, die außerhalb ihres Hauses Arbeit hatten, doch mit meiner politischen Vergangenheit konnte ich mir keine Hoffnung auf einen Job machen. Wenn Frauen in Zahedan eine gute Stellung wollten, mussten sie meist für die Regierung arbeiten.

Und so zog jeder Tag sich genauso hin wie der davor. Ich war dankbar für meine Sicherheit, doch ich sehnte mich nach menschlichem Kontakt und ein wenig Kultur. Andre schien in einer geschäftigen, aufregenden Welt voller Erfüllung zu leben, die meine allerdings schien irgendwie eingefroren. Es war wohl Ironie des Schicksals, dass ich so häufig allein war im Leben: Während meiner Kindheit sperrte man mich auf den Balkon, als Jugendliche saß ich in Einzelhaft, und nun war ich in Zahedan völlig von jedem menschlichen Umgang abgeschnitten.

Andres Leben hing buchstäblich an seinem Beruf. Wäre die Universität mit ihm nicht zufrieden gewesen, hätte man ihn an die Front geschickt. Außerdem ist Andre ein Perfektionist. Der Typ, der beruflich immer sein Bestes gibt. Das Schweigen, das meine Vergangenheit einhüllte, stand auch zwischen uns. Wir sprachen nur über Alltägliches. Andre war von seiner Tante großgezogen worden, die eine wunderbare Köchin und eine äußerst sorgsame Hausfrau war. Er erwartete von mir dasselbe. Er kochte nicht, und er half auch nicht gerne in der Küche. Mir war das egal, ich hatte ja ohnehin nichts zu tun. Da störte es mich schon eher, dass er von mir stets erwartete, alles so zu machen, wie er sich das vorstellte. Ich wusste, dass er in vielen Dingen geschickter und klüger war als ich, aber ich wollte, dass er meine Art respektierte, auch wenn man vielleicht das eine oder andere besser machen konnte. Als gute Frau, so dachte ich, müsse ich ihn unterstützen, verstehen und immer im Hinterkopf behalten, dass das Leben ein Geben und Nehmen war. Ich liebte Andre und hatte beschlossen, ihn zu heiraten. Also wollte ich auch alles dafür tun, dass unsere Ehe funktionierte. Obwohl die Schatten der Vergangenheit über meinem Leben lagen und Kleinigkeiten wie ein bestimmter Geruch oder ein einzelnes Wort manchmal schmerzhafte Erinnerungen in mir heraufbeschworen, gelang es mir doch, all das zurückzudrängen und nach vorne zu schauen. Aber ich fühlte mich isoliert. Zwischen Andre und mir lag ein tiefer Graben, den auch die Liebe nicht auffüllen konnte. Ich wusste das, ignorierte es aber bewusst, weil ich hoffte, dass die Zeit alle Wunden heilen würde.

Im Frühling 1988 merkte ich, dass ich ein Kind erwartete. Meine Schwangerschaft schenkte meinem Leben neues Licht.

Im achten Monat musste ich einmal ins Krankenhaus für eine Ultraschalluntersuchung. Zahedan war eine Kleinstadt, und mein Gynäkologe war an diesem Tag auch im Krankenhaus. Der Ultraschall zeigte, dass der Kopf des Kindes zu groß war für sein Alter. Der Gynäkologe glaubte, das Baby habe einen Wasserkopf. Der Arzt, der die Ultraschalluntersuchung vornahm, war jedoch der Ansicht, man könne eine solche Diagnose nicht allein aufgrund einer Ultraschalluntersuchung stellen. Es müssten weitere Anzeichen dafür vorhanden sein, doch diese fehlten. Ich lag währenddessen auf der Liege und hörte den beiden Ärzten zu, wie sie über mein Baby stritten. »Wir sollten einfach ein Loch in seinen Kopf bohren und das Baby mit einer Zange herausholen. Ein Kaiserschnitt muss deshalb nicht gemacht werden«, meinte der Gynäkologe.

Andre und mir reichte es. Am nächsten Tag bestieg ich eine Maschine und flog nach Teheran. Dort suchte ich einen anderen Arzt auf, der mir versicherte, dass es dem Baby – das wir später Michael nannten – gutging. Es hatte einfach nur einen großen Kopf. Fünf Wochen später kam Michael zur Welt. Der Arzt in Teheran hatte recht behalten.

Bald nach meiner Entlassung aus Evin wurde mir klar, dass ich nun in einem viel größeren Gefängnis namens Iran saß: Niemand wollte wissen, was mir widerfahren war. Ich konnte nicht zurück in die Schule. Und ich konnte mir keine Arbeit suchen. Es war erstickend. Und jeder schien zu glauben, dass das alles in Ordnung war. Diese Situation ließ meinen Wunsch, das Land zu verlassen, immer stärker werden. Andre und ich überlegten uns, zu emigrieren, doch leider war das nicht möglich, solange ich keinen Pass hatte und er seine drei Jahre »Universitätsdienst« in Zahedan nicht abgeleistet hatte. Nach Michaels Geburt allerdings gewann der Wunsch wegzugehen eine neue Dringlichkeit. Weder Andre noch ich wollten, dass unser Sohn in der Islamischen Republik zur Schule ging und Dinge wie: »Tod für Amerika!« oder »Tod für Israel!« oder *Allahu Akbar!«* rufen musste, bevor der Unterricht begann. Dann, im Oktober 1990, konnten Andre, Michael und ich endlich ausreisen. Wir flogen nach Madrid und ein paar Tage später weiter nach Budapest, wo Andre viele Verwandte hatte. In Ungarn war das kommunistische Regime seit einem Jahr Geschichte.

In Madrid verharrten wir zunächst einmal in Habachtstellung. Wir wussten nicht, was aus uns werden würde, besaßen kein Geld und sprachen kein Wort Spanisch. Andre und ich aßen nur einmal am Tag, um unsere Ausgaben so niedrig wie möglich zu halten. Alles, was wir hatten, sollte unserem Sohn zugutekommen. Obwohl wir uns durch die ungewohnte Umgebung eingeschüchtert fühlten, fanden wir die Stadt mit ihren breiten Straßen, ihren prachtvollen Brunnen, ihren historischen Gebäuden, ausgedehnten Parks und edlen Geschäften faszinierend. Madrid war voller Farbe und Energie. Als wir hingegen am Flughafen von Budapest eintrafen, fanden wir die Stadt fast noch düsterer als Teheran. Wir freuten uns schrecklich, Andres Schwester, seine Tanten, Onkel, Cousins und Cousinen zu sehen, aber uns fiel sofort auf, wie grau die Stadt war und welch düstere Traurigkeit sie ausstrahlte. Die Menschen trabten müde und in abgetragenen Sachen durch die Stadt. Die meisten Gebäude waren in schlechtem Zustand und lange nicht mehr gestrichen worden. Die lähmenden Auswirkungen des Kommunismus waren immer noch spürbar. Dass November war und kaum die Sonne schien, machte die Lage nicht besser. Nach nur einer Woche litt ich schon unter Depressionen.

Die ersten Tage verbrachten wir bei Andres Schwester. Sie war alleinstehend und lebte in einem kleinen Appartement im vierten Stock. Die Kommunisten hatten die großen Häuser in lauter winzige Appartementwohnungen aufgeteilt, und obwohl Andres Schwester eine gute Stellung hatte, wohnte sie in einem winzigen Einzimmerappartement mit einer ebenso winzigen Küche und einem Badezimmer. Danach bezogen Andre, Michael und ich eine größere Wohnung am anderen Ende der Stadt. Das Haus war älter, aber ein wenig größer. Andre, der Ungarisch sprach, fand eine Arbeit als Ingenieur bei einem großen ungarischen Unternehmen, verdiente dort aber nicht einmal genug, damit wir die Miete bezahlen konnten. Nach dem Sturz des kommunistischen Regimes waren die Preise in die Höhe geschnellt. Vorher hatten die Menschen in staatseigenen Wohnungen mit niedrigen Mieten gelebt. Sobald das politische System sich geändert hatte, gab die neue Regierung bekannt, dass das vormalige staatliche Wohneigentum auf die Mieter übergehen sollte. Andres Schwester war nun Eigentümerin ihres Appartements, wir aber, die wir damals noch nicht im Land gewesen waren, mussten Miete bezahlen.

Meine Schwägerin und Andres übrige Verwandte waren unglaublich nett zu uns. Sie luden uns zu traditionellen ungarischen Gastmählern zu sich nach Hause ein und halfen uns, wo sie nur konnten. Seine Schwester steckte uns sogar Geld zu. Ich kochte und putzte und unternahm das ein oder andere mit meinem Sohn. Jeden Tag ging ich mit ihm in den Park und las ihm aus englischsprachigen Büchern vor. Was mich wirklich schockierte, war, dass ich auf der Straße, in der Trambahn, der U-Bahn oder im Park immer wieder als »Zigeunerin« beschimpft wurde. Möglicherweise hatten die Ungarn ja noch nie eine Iranerin gesehen. Da ich langes schwarzes Haar hatte und dunkle Augen, hielten sie mich für eine Roma. Von da an galt meine Sympathie den Roma.

Zu Beginn unserer Zeit in Budapest versuchte ich immer wieder, in Läden oder Behörden englisch oder russisch mit den Leuten zu sprechen. Doch ich merkte bald, dass fast niemand Englisch beherrschte und alle so taten, als würden sie kein Russisch verstehen. Russisch war unter dem kommunistischen Regime Schulsprache gewesen, doch weil die Ungarn die Sowjets hassen, hassten sie auch ihre Sprache. Daher fühlte ich mich in Ungarn bald vollkommen isoliert. Doch wir hatten die Einreise nach Kanada beantragt, und ich vertraute darauf, dass Kanada uns aufnehmen würde.

Gegen Ende des Frühlings fiel mir eine Roma-Frau auf, die in Budapest an einer Straßenecke saß. Sie hatte einen schmutzigen Karton vor sich aufgebaut, auf dem etwas auf Ungarisch stand. Und sie hatte tatsächlich so dunkle Augen wie ich. Ihr lockiges Haar reichte ihr bis zur Taille. Ihre Kleidung sah schon ziemlich abgetragen aus. Ich war auf der Suche nach einem bestimmten Gebäude, das ich jedoch nicht finden konnte. Also musste ich fragen. Einfach Passanten anzusprechen hatte ich mir abgewöhnt. Ich wollte nicht, dass sie mich für eine Bettlerin hielten. Schließlich war ich nicht scharf darauf, dass jemand mich beschimpfte. Die Frau sah nett aus, daher fragte ich sie in meinem gebrochenen Ungarisch, wo diese Adresse wohl sein könnte. Ich hatte mich bemüht, Ungarisch zu lernen, war aber nicht sehr weit gekommen. Die Frau sah mich amüsiert an und zuckte mit den Schultern. Daher wiederholte ich meine Worte, doch dieses Mal auf Russisch. Da lachte sie.

»Wo kommst du denn her?«, fragte sie auf Russisch. »Du hast einen komischen Akzent.«

»Aus dem Iran«, sagte ich.

Sie war bestürzt. »Und was tust du hier? Betteln?«

»Nein. Das ist eine lange Geschichte. Ich muss zu einer bestimmten Adresse.«

»Ich helfe dir, wenn du mir sagst, was du hier machst.«

Das war ein faires Angebot.

»Ich bin aus dem Iran geflohen. Die Eltern meines Mannes waren Ungarn, daher haben wir bei seinen Verwandten Unterschlupf gesucht. Aber wir wollen nach Kanada, wo ich einen Bruder habe. Im Iran war ich politische Gefangene.«

»Eine politische Gefangene? Das ist nicht gut! Und ich dachte, ich hätte Pech … Haben sie dir etwas getan?«

Ich nickte. Dass eine vollkommen Fremde, eine Frau, die von vielen als Mensch zweiter Klasse betrachtet wurde, mir eine Frage stellte, die meine Familie vermied, erstaunte mich. Dann aber begriff ich, dass sie so neugierig war, eben weil wir uns nicht kannten. Es spielte keine Rolle, ob sie mit ihrer Frage meine Gefühle verletzte oder meine Antwort vielleicht nicht nach ihren Vorstellungen ausfiel. Sie wollte wissen, ob ich gefoltert worden war. Da erzählte ich ihr von Evin.

»Sprechen denn die Leute im Iran alle russisch?«, fragte sie.

»Nein. Meine beiden Großmütter waren Russinnen. Sie flohen nach der Revolution 1917 in den Iran.«

»Du siehst aus wie eine von uns, und du hast keine Heimat wie wir. Du bist also auch eine Zigeunerin«, sagte sie.

»Ja, in gewisser Weise.«

»Die Adresse, die du suchst, ist nicht weit weg. Geh einfach geradeaus und bieg an der dritten Straße rechts ab.«

»Danke.«

»Möchtest du, dass ich dir aus der Hand lese?«

»Ich habe kein Geld.«

»Für dich, meine seltsame, gefolterte Schwester, mache ich das umsonst.«

Ich streckte meine Hand aus. Sie nahm sie und studierte einen Augenblick lang die Innenfläche.

»Du wirst es nach Kanada schaffen ... Aha! Ich sehe deine Zeit im Gefängnis hier in deiner Lebenslinie. Als sei dein Leben plötzlich abgerissen und habe dann wieder von vorne angefangen.«

»Genauso war es.«

»Dein Sohn ist krank!« Sie sah Michael an. Mein Kind *war* sehr krank, doch das konnte man nicht sehen.

»Er hat tatsächlich eine schwere Krankheit«, sagte ich.

»Ja, aber er wird es überleben und ein starker Mann werden.« Ich wollte ihr so gerne glauben.

»Ich würde dich nicht anlügen. Es steht hier geschrieben. Und du wirst Bedeutsames vollbringen und in viele Länder reisen.«

»Kanada reicht mir schon.«

»Du wirst dorthin kommen.«

Ich versuchte, ihr Geld zu geben, aber sie nahm es nicht an. Ich dankte ihr noch einmal und ging weiter. Wie konnte sie wissen, dass Michael krank war? Ich sah zurück. Sie winkte mir nach. Und ich fühlte mich besser, als dies lange, lange Zeit der Fall gewesen war. Vielleicht war dies Gottes Weg, mir zu sagen, dass alles in Ordnung kommen würde.

Im Januar 1991, zwei Monate nachdem wir nach Budapest gekommen waren, hatten wir bemerkt, dass mit Michael etwas nicht stimmte. Er war so fröhlich und energiegeladen wie immer, doch jeden Morgen, wenn er aufwachte, waren seine Augen geschwollen. Ich nahm an, dass es sich dabei um eine Allergie handelte, und machte mir keine Sorgen, doch vorsichtshalber bat ich Andres Schwester, einen Arzttermin für uns auszumachen. Damals machten Ärzte in Ungarn noch Hausbesuche, und so erhielten wir Besuch von einem jungen Arzt. Wie ich war er der Auffassung, Michael müsse eine Allergie haben. Er trug mir auf, darauf zu achten, ob sich Mi-

chaels Schwellung verschlimmerte, wenn er bestimmte Dinge
aß. Also überwachte ich ihn genau, doch ganz egal, was er aß,
er wachte morgens mit geschwollenen Augen auf. Schließlich
schickte uns der Arzt ins Kinderkrankenhaus zur Urinprobe.
Da Andre beruflich stark eingespannt war, begleitete mich
seine Schwester. Im Krankenhaus sagte uns der Arzt, Michael
habe sehr viel Eiweiß im Urin.
Man musste ihn dabehalten.
Ich war entsetzt. Ich dachte, man würde uns Tabletten geben
und nach Hause schicken, doch der Arzt meinte, Michael sei
ernsthaft krank. Ich gab meine Zustimmung zu Michaels Ein-
weisung. Dann aber hieß es, dass ich ihn unter den gegebenen
Umständen nur wenige Stunden am Tag sehen konnte, zur
Besuchszeit eben. Ich bat Andres Schwester, dem Arzt zu
übersetzen, dass ich das nicht hinnehmen könne. Ich sah ja
ein, dass die Krankenhausregeln Eltern untersagten, bei ihren
noch kleinen Kindern zu bleiben, doch unser Fall lag anders.
Michael sprach kein Wort Ungarisch und konnte sich nicht
mit dem Krankenhauspersonal verständigen. Er würde Angst
haben. Ich sprach zwar nicht viel Ungarisch, aber ich war eine
Erwachsene und konnte mich notfalls mit Zeichensprache
verständigen. Doch der diensthabende Arzt sagte nein. Da
platzte mir der Kragen. Ich hatte es satt, nicht verstanden zu
werden.
»Warum spricht hier eigentlich kein Mensch englisch oder
russisch?«, fauchte ich in gebrochenem Russisch, zwischendrin zum Englischen übergehend, wenn mir im Russischen
die Worte fehlten. »Sie sind doch Arzt, zum Teufel! Sie sind
ein gebildeter Mensch! Nur Ungarisch? Das ist doch lächerlich! Ich komme aus dem Iran und habe nur Mittelschulabschluss, aber ich spreche vier Sprachen: Persisch, Russisch,
Englisch und Italienisch. Was ist denn mit euch eigentlich los?

Der Kommunismus ist vorbei! Die Mauern sind gefallen! Kommt endlich raus aus eurem Gehäuse! Es ist einfach grausam, die Eltern nicht bei einem kleinen Kind bleiben zu lassen! Es ist mittelalterlich! Es ist kommunistisch!«

Ich brach in Tränen aus.

Andres Schwester versuchte, mich zu beruhigen. Arzt und Oberschwester weinten ebenfalls, aber von denen hatte ich genug. Eine der Schwestern rief Andre an, der herkam, so schnell er konnte. Schließlich erlaubte man mir, dass ich tagsüber bei Michael bleiben durfte. Nachts aber musste ich nach Hause gehen. Immerhin besser als nichts.

Michaels Gesundheitszustand verschlechterte sich rapide. Sein ganzer Körper schwoll an. Eine Biopsie seiner Nieren zeigte, dass damit etwas nicht stimmte, doch die Ärzte fanden nicht heraus, was. Sie wussten nur, dass er eine Form von Nephrose hatte, eine rätselhafte Nierenerkrankung. Da wir aus dem Iran kamen, nahmen die Ärzte an, Michael habe wohl ein Bakterium beziehungsweise ein Virus, das sie nicht kannten. Da sie die Ursache nicht fanden, wollten sie ihn auch nicht mit Steroiden behandeln, was gewöhnlich die Therapie der Wahl ist.

Michael war sehr tapfer. Er klagte nie und blieb immer fröhlich. Ich spielte den ganzen Tag mit ihm und las ihm vor. Abends halfen Andre oder ich ihm beim Zähneputzen und lasen ihm eine Gutenachtgeschichte vor. Dann küssten wir ihn zum Abschied und versprachen ihm, dass ich gleich am Morgen zu ihm kommen und Andre gleich nach der Arbeit wieder hier sein würde. Michael weinte nie, wenn wir gingen. Er winkte uns vielmehr und warf uns Küsschen zu. Uns aber liefen die Tränen über die Wangen, wenn wir die Treppen hinunterstiegen. Michael lag in einem Zimmer mit mehreren anderen Kindern. Das Fenster ging zum Hof. Daher blieben

Andre und ich noch einmal stehen, bevor wir gingen. Wir sahen zu seinem Fenster hinauf und beteten, hoffend, dass er am nächsten Tag noch am Leben sein würde.

Seit Michael auf der Welt war, hatte ich ihn beschützt. Ich wusste ja, dass diese Welt ein schwieriger Ort war, aber ich hatte geschworen, alles in meiner Macht Stehende zu tun, um ihm ein sicheres, gutes Leben zu ermöglichen. Nun waren wir auf dem Weg in ein besseres Leben, und eine Krankheit schien ihn von uns nehmen zu wollen. Wir wussten, dass wir seine Krankheit nach Kräften bekämpfen würden, doch während ich für ihn betete, wurde mir klar, dass nicht ich es war, die darüber zu bestimmen hatte. Aus Gründen, die mir nicht einsichtig waren, hatte Gott beschlossen, dass Michael erkranken sollte. Jede Zelle meines Körpers litt den Schmerz einer Mutter, die Angst hat, ihr Kind zu verlieren. Und doch hatte ich hier unter Schmerzen eine wichtige Lektion zu lernen: Ich konnte die Menschen, die ich liebte, nicht vor dem Tod bewahren, wenn Gott entschieden hatte, dass er sie zu sich nehmen würde. Ich weinte und litt, doch am Ende beugte ich mich Gottes Willen. Michael war zuallererst Sein Kind, nicht meines. Wenn Er beschloss, ihn zu sich nehmen zu wollen, musste ich darauf vertrauen, dass Er sich gut um ihn kümmern würde.

Michael aber focht nicht nur einen erbitterten Kampf mit seiner Krankheit aus, sondern auch mit den Infektionen, mit denen er sich im Krankenhaus ansteckte. Das Blutdruckmedikament, das man ihm gab, linderte die Symptome und reduzierte das Eiweiß im Urin. Sein Zustand stabilisierte sich. Zumindest verschlimmerte er sich nicht. Irgendwann ließen die Ärzte ihn wieder zu uns nach Hause, doch wir wussten, dass etwas getan werden musste, da seine Nieren sonst versagen würden. Jetzt war es für uns noch wichtiger, nach Kanada zu kommen. Wir hofften einfach, dass es dort bessere Ärzte geben würde als in Ungarn.

Gleich nach unserer Ankunft in Toronto schlugen wir das Telefonbuch auf und fanden eine Kinderklinik in Richmond Hill. Der Kinderarzt dort schickte uns ins *Hospital for Sick Children*. Verglichen mit dem Kinderkrankenhaus in Budapest war dies der reinste Himmel. Wir konnten uns mit den Ärzten auf Englisch unterhalten, und sie hörten uns geduldig zu. Das Krankenhaus war hell und modern, das Personal nett und freundlich. Wenn meinem Sohn in Ungarn Blut abgenommen werden musste, zapfte man ihm Reagenzglas um Reagenzglas ab. Das dauerte ewig und war sehr schmerzhaft. Michael litt sehr, und wir mit ihm. In Kanada nahm man ihm nur ein ganz kleines bisschen Blut auf einmal ab, das dauerte höchstens ein paar Sekunden.

Im *Hospital for Sick Children* bekam Michael Steroide. Die Ärztin konnte nicht mit Sicherheit sagen, ob sie bei Michael wirken würden, doch es gab ohnehin keine andere Therapie. Unser Sohn brauchte nicht im Krankenhaus zu bleiben, doch wir mussten ihn genauestens überwachen. Steroide haben zahlreiche Nebenwirkungen. Der Weg, der vor uns lag, würde nicht einfach werden. Nach dem Beginn der Therapie erbrach sich Michael ein paar Tage lang. Dann wurde er müde und reizbar. Wir hatten schon gehört, dass Steroide Verhaltensauffälligkeiten nach sich zogen, doch diese sollten sofort aufhören, wenn er das Medikament nicht mehr nehmen musste.

Michael nahm die Steroide drei Jahre lang, und seine Krankheit verschwand Schritt um Schritt. Er musste bis zu seinem achtzehnten Lebensjahr regelmäßige Untersuchungen im Krankenhaus über sich ergehen lassen. Er hatte nicht einen einzigen Rückfall.

Mein kanadischer Pass

Am 29. Mai 1995 legten Andre, Michael und ich den kanadischen Staatsbürgereid ab und erhielten unsere Bürgerzertifikate. Wir feierten die Einbürgerungszeremonie nicht mit anderen Neukanadiern, denn wir wollten nicht bis zum 1. Juli, dem kanadischen Nationalfeiertag, warten. Im Juni fanden in Ontario nämlich Wahlen statt, und an denen wollten wir uns unbedingt beteiligen. Also wandten wir uns an die zuständigen Behörden und bekamen unsere Einbürgerungsurkunden noch vor der offiziellen Zeremonie. Zum ersten Mal in seinem Leben trug Michael Anzug und Krawatte, und auch Andre und ich hatten unsere besten Sachen angezogen. Den Einbürgerungstest, bei dem wir Fragen zur kanadischen Geschichte und Landeskunde beantworten mussten, hatten wir schon gemacht. Sobald wir die kanadische Staatsbürgerschaft besaßen, beantragte Andre einen kanadischen Pass, denn er musste berufsbedingt immer wieder mal ins Ausland reisen. Ich hingegen hatte keine Reisepläne und beantragte meinen Pass erst, nachdem *Ich bitte nicht um mein Leben* im Jahr 2007 erschienen war. Nachdem wir aus dem Iran weggegangen waren, hatten Andre und ich unsere iranischen Pässe nicht verlängern lassen.

Sobald ich selbst ins Ausland reiste und mich auf fremden Flughäfen in die Warteschlange einreihte, um meinen Pass abstempeln zu lassen, schielte ich immer nach den Pässen anderer Reisender, um herauszufinden, woher sie kamen. Nach dem 11. September 2001 mussten Personen aus dem Nahen Osten vor allem in den USA, doch auch in Kanada und Europa mit teilweise schikanösen Sicherheitskontrollen rechnen. Bei solchen Gelegenheiten präsentierte ich meinen kanadischen Pass stets mit einem stolzen Lächeln. Wenn ich in die USA einreiste, fragten die amerikanischen Zollbeamten mich in schöner Regelmäßigkeit, wann ich das letzte Mal im Iran gewesen sei. Und ich entgegnete ebenso regelmäßig, dass ich dorthin nicht mehr zurückgekehrt sei, seitdem ich das Land 1990 verlassen hatte. Sobald der Tag gekommen ist, an dem der Iran von Diktatur und Tyrannei befreit sein wird, werde ich einen iranischen Pass beantragen. Doch ich werde niemals vergessen, dass Kanada uns aufgenommen hat, als wir verzweifelt nach einem Ort zum Leben suchten.

Es dauerte Jahre, bis wir uns in Kanada eingelebt hatten, und erst nachdem mein Buch erschienen war, fühlte ich mich dort richtig zu Hause. Kanada hat mir geholfen, meine Stimme wiederzufinden und sie jenen zu leihen, die nicht für sich selbst sprechen können. Damit will ich nicht sagen, dass ich Kanada für das perfekte Land halte. Das ist es mit Sicherheit nicht. Doch in Kanada haben wir die Möglichkeit, unsere Stimme zu erheben und gehört zu werden.

Als ich im September 2007 eine E-Mail der Königlichen Berittenen Polizei von Kanada (RCMP) erhielt mit der Einladung, auf einem Seminar über Folter zu sprechen, war ich positiv überrascht. In der E-Mail hieß es weiter, das Seminar sei dazu gedacht, die Beamten der RCMP über den rechtswidrigen wie inhumanen Charakter der Folter aufzuklären.

Es hieß darin ausdrücklich, dass den Opfern die Hauptrolle bei der Aufklärung von Straftaten zukomme, sie aber gewöhnlich nicht gehört würden. Daher, so die RCMP, sei es wünschenswert, dass eine Überlebende von ihren konkreten Erfahrungen berichte, um ein Bewusstsein für die Unmenschlichkeit jeder Form von Folter zu schaffen.

Dass ein kanadisches Polizeiorgan mich einlud, über ein so wichtiges Thema zu sprechen, bedeutete mir sehr viel. Hätte mir jemand, als ich noch im Evin-Gefängnis inhaftiert war, gesagt, dass ich eines Tages auf einer Konferenz über Folter als Rednerin auftreten würde, so hätte ich ihm schlicht nicht geglaubt. Damals hatte die Welt meine Freunde und mich vergessen. In all den Jahren, die seitdem vergangen waren, hatte sich die Situation im Iran nicht wesentlich verbessert, doch nun bot sich mir endlich eine Gelegenheit, dies öffentlich zu thematisieren. Ich nahm also die Einladung der RCMP an. Ich bin überzeugt, dass in Einrichtungen wie der RCMP rechtschaffene Männer und Frauen arbeiten, auch wenn sie nicht immer das Richtige tun. Ich bin überzeugt, dass sie aus ihren Fehlern lernen können und dafür Sorge tragen, dass die Dinge sich zum Besseren wandeln. Man wollte mir eine Gelegenheit geben, Zeugnis abzulegen, und so musste ich diese Gelegenheit ergreifen. Was ich zu berichten hatte, konnte vielen Menschen helfen. Dass ich ein Opfer der Folter geworden war, hat mich gezeichnet und geprägt. Erhobenen Hauptes musste ich nun versuchen, mit dem, was ich aus dieser Erfahrung gelernt habe, meinen Beitrag zu leisten, damit Folter in jeglicher Form beendet wird.

Als Kind hätte ich mir niemals gedacht, dass ich einmal »Folteropfer« in meinen Lebenslauf schreiben würde. Ich hatte Ärztin werden wollen und auch fleißig genug gelernt, um das zu schaffen, doch nach der Entlassung aus dem Gefängnis gab ich jeden Gedanken daran auf, in der Islamischen Republik je wieder zur Schule zu gehen. Mir war klar, dass die Behörden jeden einzelnen meiner Schritte überwachen und in ihrem Bemühen, mich per Gehirnwäsche in eine gehorsame Untertanin zu verwandeln, niemals nachlassen würden.

Die oberste Zentrale der RCMP war am Stadtrand von Ottawa in einem ebenso riesigen wie beeindruckenden modernen Bau untergebracht, der einem der Hightech-Giganten der Dotcom-Blase gehörte. Bevor das Seminar anfing, machte man mich mit den anderen Vortragsrednern bekannt: dem stellvertretenden Staatsanwalt Don Macdougall; dem Anwalt beim Justizministerium John McManus; dem Professor für Geschichte an der Concordia-Universität Dr. Frank Chalk, Autor und Leiter des Montreal Institute for Genocide and Human Rights Studies; sowie dem früheren CIA-Agenten und Autor Robert Baer, der auch die Vorlage für den Film *Syriana* lieferte. Sie würden über das Thema staatliche Folter und ihre Geschichte sprechen. Ich war das Opfer, das den Zuhörern helfen sollte zu begreifen, was es bedeutet, gefoltert zu werden. Ich sollte den gesichtslosen Folteropfern, die in den meisten Fällen nur Zahlen, ein anonymes Nichts sind, ein Gesicht verleihen.

Das Seminar fand in einem Vortragssaal statt, der mit modernster Technik ausgestattet war. An die zweihundert Beamte der RCMP waren gekommen. Don Macdougall leitete seinen Vortrag ein mit einer Erklärung, was aus gesetzlicher Sicht unter Folter zu verstehen ist. Ich hatte mir nie großartig den Kopf darüber zerbrochen, wie das Gesetz Folter beschreibt – ich war immer davon ausgegangen, dass unmittelbar einsichtig ist, worin das Wesen der Folter besteht. Doch offensichtlich bestand die Notwendigkeit einer juristischen Definition. Macdougall sagte, Folter sei Schmerz oder Leid, das man einem

Menschen zufüge. Dieser Schmerz müsse beträchtlich sein und vorsätzlich mit einer bestimmten Absicht zugefügt werden: um Informationen oder eine Aussage zu erzwingen beziehungsweise zur Diskriminierung des Betroffenen.

Beträchtlicher Schmerz? Hatten sie vielleicht ein Dolorimeter, so fragte ich mich, einen Apparat, der die Stärke des Schmerzes maß? Und wo war die Grenze zwischen »beträchtlichem« und »unbeträchtlichem« Schmerz? Wäre der Schmerz beträchtlich und Folge von Folter, wenn Sie auf der Skala über 10 liegen, doch sobald Sie nur auf 9,5 kommen, dann ist Ihr Schmerz nicht beträchtlich und das, was ihn verursacht, keine Folter? Viele Folteropfer haben sichtbare Verletzungen. Hätte jemand in den ersten paar Tagen, nachdem ich ausgepeitscht worden war, meine Fußsohlen sehen können, wäre er vermutlich entsetzt gewesen. Doch mittlerweile waren meine Wunden verheilt. Auch die Narben waren kaum noch zu sehen, wenn man nicht wusste, wonach man suchen musste. Und doch kann man selbst heute, wenn man meine Fußsohlen, speziell die linke, vorsichtig berührt, noch kleine Knubbel von Narbengewebe spüren. Was aber ist mit den Foltermethoden, die keine sichtbaren Spuren hinterlassen: Schlafentzug, Hitze- und Kälteschocks, Water Boarding, Einschüchterung, Vergewaltigung, lange Isolationshaft oder Scheinhinrichtungen, um nur ein paar aufzuzählen? Was ist mit den Folteropfern, die einer dieser schrecklichen Methoden unterzogen wurden?

»Der Tatbestand der Folter ist immer dann gegeben, wenn Vertreter der Staatsgewalt an einem Individuum Gewalt anwenden«, fuhr Macdougall fort. »Ein Angehöriger der Polizei oder des Militärs kann auch dann wegen Folter zur Verantwortung gezogen werden, wenn er oder sie nicht unmittelbar an dem Akt der Folterung beteiligt war. Hat ein Beamter begründeten Verdacht, dass gefoltert wird, geht diesem Verdacht aber nicht nach, so macht er sich nach kanadischem Recht ebenso strafbar wie der Täter selbst. Kanadische Soldaten, die sich 1993 in Somalia an Folterungen beteiligt hatten, wurden vor einem Militärgericht angeklagt und verurteilt. In einem Fall lautete die Anklage auf Mord, in drei weiteren auf Folter. Nach kanadischem Recht kann ein Kanadier auch dann wegen Folter angeklagt werden, wenn die Straftat außerhalb Kanadas begangen wurde.«

Meine Gedanken drifteten ab zum Gefängnis und meinen Besuchen im Hosseinieh, einem turnhallengroßen Versammlungsraum auf dem Gefängnisgelände, der mehrere hundert Personen fasste. Dorthin brachten uns die Gefängnisaufseher, damit wir uns Propagandareden beziehungsweise die »Geständnisse« anderer Gefangener anhörten oder an Gruppengebeten teilnahmen. Eines Tages ließ die Gefängnisleitung die Namen von Gefangenen verlesen, die vor kurzem hingerichtet worden waren. Ich kannte ein paar der Mädchen, deren Name fielen, aber ich war mit keiner von ihnen enger befreundet gewesen. Noch nie zuvor hatte die Gefängnisleitung Namen öffentlich verlesen lassen. Niemand wusste, aus welchem Grund es dieses Mal geschah. Die Namen, die ich wiedererkannt hatte, gehörten Inhaftierten, die mit den Behörden kooperiert und ihre antirevolutionären Taten »bereut« hatten. Wollten die neuen Machthaber uns damit zeigen, dass auch ein »reuiger Sünder« nicht vor einem Todesurteil gefeit war? Das gesamte Hosseinieh war starr vor Entsetzen, denn die verlesenen Namen waren nicht fiktiv. Es war, als würde jeder den Atem anhalten. Eine Welle der Totenstille wogte über unsere Köpfe hinweg und ertränkte uns.

Bei einem anderen Aufenthalt im Hosseinieh sagten uns die Aufseher, dass ein paar Vertreter von Menschenrechtsorgani-

sationen (Angehörige des Roten Kreuzes möglicherweise) hier seien, die mit uns sprechen und sich mit eigenen Augen davon überzeugen wollten, dass es uns hier in Evin allen gutginge! Eine der Besucherinnen, eine Frau mittleren Alters, sie trug einen Kopfschleier und keinen Tschador, saß mir gegenüber. Sie fragte mich auf Englisch, wie es den Mädchen im Gefängnis gehe, und ich sah sie schweigend an. Sie wiederholte ihre Frage, und ich sagte: »Gut.« Ein Teil von mir wollte herausschreien »*Was glaubst du denn, wie es uns hier geht? Sie foltern, vergewaltigen und töten uns, und du sitzt freundlich lächelnd da und fragst, wie es uns geht? Du gehst danach wieder nach Hause, wo alles wunderbar ist, aber wir, wir bleiben hier! Was glaubst du, können wir dir erzählen? Bildest du dir wirklich ein, wir können so einfach die Wahrheit sagen? Wenn wir nur mit einem Wort erwähnen, was hier tatsächlich passiert, werden wir gleich vor dieser Tür erschossen.*«
Damals hätte mich die Vorstellung, einmal auf Konferenzen über Folter und Möglichkeiten zu ihrer Abschaffung zu sprechen, nur deprimiert. Ich wollte heraus aus Evin, wollte, dass Folter und Hinrichtungen ein Ende hatten, wollte, dass das Volk des Iran das Gefängnis stürmte und uns befreite, bevor ein weiteres unschuldiges Leben vernichtet wurde. Doch das geschah nicht. Ich verstand nicht, welchen Sinn es haben sollte, dass irgendwelche Leute über Folter diskutierten, während wir litten. Fünfundzwanzig Jahre später begriff ich, dass meine einzige Möglichkeit, mich gegen die schrecklichen Dinge zu wehren, die in der Vergangenheit geschehen waren – und im Iran und in vielen anderen Ländern der Welt immer noch passieren –, darin bestand, an Konferenzen teilzunehmen, Bücher und Artikel zu schreiben und bei Veranstaltungen als Rednerin aufzutreten.
John McManus, der nächste Redner auf dem RCMP-Seminar, berichtete von seiner Tätigkeit als junger Rechtsanwalt am

Federal Court of Canada. Er war Richter William McKeown zugeteilt gewesen. Ihnen oblag die Überprüfung von Asylanträgen. Sobald Richter McKeown, der für seine Gründlichkeit bekannt war, irgendwelche juristischen Mängel entdeckte, überwies er den Fall zurück an die Vorinstanz zur nochmaligen Prüfung. Ein Fall war McManus in besonderer Erinnerung geblieben. Es handelte sich um eine Frau aus Chile, die als politische Gefangene unter der Militärjunta von General Augusto Pinochet gefoltert wurde. Nach ihrem Martyrium versuchte sie, sich langsam wieder an ein normales Leben zu gewöhnen. In der ersten Zeit hatte sie Angst, überhaupt einen Fuß vor ihre Tür zu setzen. Dann fing sie an, in Begleitung von Freunden ihre Wohnung zu verlassen, und allmählich ging es ihr besser. Schließlich aber begegnete sie auf dem Marktplatz einem ihrer Folterer. Er ging auf sie zu und sagte ihr, sie solle sich bloß nicht einbilden, dass sie nun in Sicherheit sei, nur weil General Pinochet nicht länger Präsident sei. Seine Anhänger wüssten genau, wo sie wohne, und es sei ihnen ein Leichtes, sie zu holen. Am Tag nach dieser Begegnung floh sie aus ihrem Land und beantragte in Kanada Flüchtlingsstatus, was jedoch abgelehnt wurde. Die kanadischen Behörden begründeten ihre Entscheidung damit, dass für sie, da ja General Pinochet nicht länger an der Macht sei, bei einer Rückkehr nach Chile keine Lebensgefahr bestehe. Richter McKeown entschied jedoch, dass sie infolge ihrer erlittenen Folterung an einer Posttraumatischen Belastungsstörung (PTBS) leide. Der Zwischenfall auf dem Marktplatz habe ihre extremen Ängste wieder zum Vorschein gebracht. Soweit McManus sich erinnern konnte, war dies der einzige Fall, bei dem Richter McKeown einen Fall nicht an den Prüfungsausschuss zur Neubearbeitung zurückverwies, sondern die Gewährung des Flüchtlingsstatus anordnete.

Ich war stark beeindruckt von Richter McKeowns Entscheidung.

Im Sommer 2009 erzählte mir eine Freundin, wie ich eine ehemalige politische Gefangene aus dem Iran, dass sie 2001 oder 2002 bei einer Protestveranstaltung gegen das iranische Regime vor einem Regierungsgebäude in Los Angeles, Kalifornien, den Mann wiedergesehen hatte, der sie damals verhört hatte. Sie glaubte ihren Augen nicht zu trauen und war wie gelähmt. Ich fragte sie, ob sie sich an die Behörden gewandt oder sonst etwas getan hätte, um ihn zu entlarven. Sie verneinte. Sie stand nur bewegungsunfähig da und musste den Kopf wegdrehen. Als sie wieder in die Richtung schaute, wo der Mann gestanden hatte, war er gerade am Gehen. Er verschwand in der Menge. Meine Freundin lebte damals bereits seit einigen Jahren in den USA und hatte eigentlich vorgehabt, ihre Familie im Iran zu besuchen. Doch nach dieser Begegnung hat sie ihr Flugticket storniert und ist nicht in den Iran gereist – bis heute nicht.

Wie würde ich mich verhalten, wenn mir plötzlich einer meiner ehemaligen Verhörbeamten über den Weg liefe? Ali ist tot, aber was ist mit Hamed? Ich habe gehört, dass man ihn umgebracht haben soll, doch ich weiß nicht, wie zuverlässig diese Information tatsächlich ist. Falls er noch am Leben wäre, würde er mich nach so langen Jahren überhaupt noch erkennen? Wenn ich ihn nun plötzlich in der Menge ausmachen würde, was würde ich tun? Ich weiß es nicht. Es ist nicht unwahrscheinlich, dass ich wie meine Freundin einfach nur wie gelähmt dastehen würde.

Bei einem meiner Vorträge in Toronto – ich hatte mich klar gegen Folter und deren Rechtfertigung ausgesprochen – argumentierte ein Mann aus dem Publikum, dass der Westen, um seinen Lebensstil gegen Islamisten und Terroristen zu schützen, alle zu Gebote stehenden Möglichkeiten nützen müsse.

Wie weit er denn zu gehen bereit sei, um seinen Lebensstil zu schützen, fragte ich.

So weit, wie es eben erforderlich sei, sagte er.

»Das hat auch Hitler gesagt«, gab ich zurück. »Die Verteidigung Ihres Lebensstils kann so zur Besessenheit werden, dass Sie, während Sie eifrig andere Menschen foltern, völlig aus den Augen verlieren, was unseren Lebensstil eigentlich ausmacht. Wenn wir von unserem Lebensstil reden, meinen wir damit nicht nur eine demokratisch organisierte Gesellschaft, sondern auch eine Gesellschaft, die den Gedanken, dass alle Menschen die gleichen Rechte haben, bedingungslos respektiert, oder etwa nicht? Meinen wir damit nicht auch eine Gesellschaft, die ein klares Verständnis von Recht und Unrecht hat, die weiß, dass Unrecht niemals zu Recht werden kann? Alle Greuel der Geschichte waren nur möglich, weil wir plötzlich angefangen haben, bestimmte Dinge zu rechtfertigen.«

In Evin waren meine Schergen überzeugt, dass ich wüsste, wo sich ein Mädchen namens Shahrzad aufhielt. Immer wieder verhörten sie mich ihretwegen. Sie gehörte einer marxistischen Gruppierung an und war die Freundin einer Freundin. Wir waren uns eines Tages nach der Schule begegnet, und sie hatte mich nach Hause begleitet. Sie lud mich ein, mich ihrer Gruppe anzuschließen, doch ich lehnte ab. Ich erklärte ihr, dass ich zwar ihre Überzeugungen respektierte, aber als gläubige Christin mit Marxisten niemals einer Meinung sein könnte. Sie ging weiter, und wir haben uns nie wiedergesehen. Offensichtlich wurde sie damals bereits überwacht, und so hatten die Vernehmungsbeamten erfahren, dass ich mich mit ihr getroffen hatte. Doch dieser Kontakt war nicht der einzige Grund für meine Verhaftung. Die Direktorin meiner Highschool hatte meinen Namen und die vieler Mitschüler den Islamischen Revolutionsgerichten gemeldet.

Unter der Folter erzählte ich den Männern, die mich verhörten, alles so, wie es sich abgespielt hatte, doch sie glaubten mir nicht. Ich war ein naives junges Mädchen und dachte, wenn ich ihnen nur die Wahrheit sagte, würde ich gerettet. Dabei folterten diese Männer mich nicht, weil sie aus mir Shahrzads Aufenthaltsort herausbekommen wollten, sondern weil sie mich brechen wollten. Natürlich wäre es ihnen gerade recht gekommen, hätte ich ihnen auch noch verraten können, wo Shahrzad sich aufhielt.

Nachdem *Ich bitte nicht um mein Leben* erschienen war, traf ich mit ehemaligen politischen Gefangenen aus verschiedenen Ländern Südamerikas zusammen. Sie hatten unterschiedlichen politischen Gruppierungen angehört und waren darin geschult worden, bei Verhören während der ersten vierundzwanzig Stunden Informationen zurückzuhalten und Lügen zu erzählen. Nach vierundzwanzig Stunden durften sie mit den Behörden kollaborieren und einen Teil ihres Wissens preisgeben. Das gab ihren Genossen genügend Zeit, um zu fliehen. Ich war sechzehn, als man mich verhaftete, gehörte keinerlei politischen Gruppierungen an, und niemand hatte mir je gesagt, wie man sich verhielt, wenn man gefoltert wurde. Auf dem RCMP-Seminar ging Dr. Frank Chalk ausführlich auf die Geschichte der Folter ein. Im Mittelalter seien sämtliche die Folter betreffenden Vorgänge streng geregelt gewesen. Zunächst wurden dem Delinquenten, der für eine Befragung unter der Folter vorgesehen war, die Folterinstrumente vorgeführt. Oft habe diese sogenannte »Territion« oder »Schreckung« bereits den gewünschten Effekt gehabt und der Angeklagte gestand. Die Aussicht, dass man ihm das Fleisch in Stücken herausreißen würde, habe – gelinde gesagt – einschüchternd gewirkt. Der Richter war während der Befragung in der Folterkammer anwesend, Schreiber zeichneten den gesamten Ablauf auf. Auch die Anwesenheit eines Arztes war üblicherweise erforderlich, dessen Aufgabe habe sich aber darauf beschränkt, den Angeklagten mit einem Eimer Wasser wieder zu Bewusstsein zu bringen, wenn er ohnmächtig wurde. Einen Anwalt der Verteidigung hätte man in der Folterkammer vergeblich gesucht.

Ich war erstaunt, wie sehr sich die Prozeduren in den Gefängnissen der Islamischen Republik und die Gepflogenheiten in den Kerkern des mittelalterlichen Europa glichen. Bevor mich die Vernehmungsbeamten in Evin in die Folterkammer brachten, ließen sie mich zunächst im Gang sitzen, wo ich mit anhören musste, wie ein anderer Häftling gefoltert wurde. Es war ein Mann, der ausgepeitscht wurde. Ich hörte, wie das Schnalzen der Peitsche die Luft zerschnitt. Dann schrie der Mann. So ging das immer weiter. Es war eine nicht endende Höllenqual. Irgendwann brachten sie mich in denselben Raum und banden mich fest. Nur war dort nicht nur kein Anwalt der Verteidigung zugegen. Es gab auch keinen Arzt und keine Protokollanten.

Hätte ich gewusst, wo Shahrzad sich aufhielt, ich hätte es ihnen verraten. Doch ich wusste es nicht, und dafür dankte ich Gott. Die Vernehmungsbeamten ließen mich mehrere Papiere unterschreiben. Ich setzte meinen Namen darunter, ohne auch nur ein Wort zu lesen.

Im Frühsommer 2009 schickte mir ein Freund eine kurze Videoaufzeichnung, sie war nicht einmal zwei Minuten lang. Man kann nicht erkennen, wo das Video gemacht wurde, aber vermutlich in einer europäischen Stadt. Vor der iranischen Botschaft hatte sich eine Gruppe von Iranern versammelt und skandierte Parolen gegen das islamische Regime. Die Botschaftsangestellten beobachteten die Demonstranten. Die Stimme einer der Protestierenden war deutlich herauszuhören: »Wir werden euch alle töten! Wir werden euch alle hinrichten! Wir werden euch zeigen, was Leiden ist!«

Ich kann ihre Wut verstehen. Aber protestieren wir nicht gegen das iranische Regime, eben weil es mordet, hinrichtet, foltert? Wenn das Regime zusammenbrechen und die Macht in andere Hände übergehen sollte, werden wir nicht viel gewinnen, falls die neuen Machthaber dieselben Methoden anwenden wie ihre Vorgänger. Ist das die Art von Gerechtigkeit, nach der wir streben? Der Iran wird kein besserer Ort werden, solange wir nicht einsehen, dass Mord und Folter unter allen Umständen Unrecht sind.

Ich habe miterlebt, wie die Revolutionsgarden und die Islamischen Revolutionsgerichte nach der Islamischen Revolution von 1979 das Werk des SAVAK, der Geheimpolizei des Schahs, unter anderen Vorzeichen fortsetzten. Im Namen des Schutzes der Revolution und der nationalen Sicherheit begingen sie zahllose Greueltaten. Saßen unter dem Schah vielleicht einige hundert Häftlinge ein, so waren es in den achtziger Jahren mehrere tausend. Die meisten von ihnen waren Jugendliche. Nachdem man die Gefangenen ausgepeitscht oder geprügelt hatte, wurden sie in unterschiedliche Zellen gebracht, von denen viele Einzelzellen waren. Isolationshaft ist eine Form der Folter, die den menschlichen Geist brechen soll. Die Einsamkeit und das Fehlen jeder Möglichkeit, mit anderen zu kommunizieren, können dazu führen, dass der Häftling vollkommen den Verstand verliert.

Als ich im Trakt 209 des Evin-Gefängnisses in Einzelhaft saß, durften die Häftlinge nur einmal pro Woche duschen. Die Aufseherin, die mich anfangs zu den Duschräumen begleitete, mochte Ende fünfzig gewesen sein. Sie redete nicht viel und behandelte mich nicht schlecht. Nie hat sie mich gehetzt oder beschimpft. Nach einiger Zeit wurde sie von einer jungen

Frau abgelöst. Als diese mich das erste Mal zur Dusche eskortierte, stieß sie ohne Vorwarnung die Tür meiner Zelle auf, so dass ich keine Gelegenheit hatte, meinen Tschador und die Augenbinde anzulegen. Sie schrie mich an, warum ich die Sachen noch nicht anhätte. Als ich protestierte, nannte sie mich eine dreckige Christin, eine unreine Ungläubige, die es nicht verdiente, wie ein Mensch behandelt zu werden.

»Ich weiß Bescheid über dich«, sagte sie. »Es heißt, du hättest dich zum Islam bekehrt. Natürlich! Vielleicht kannst du andere zum Narren halten. Mich jedenfalls nicht! Ich kenne deine Sorte! Du bist eine dreckige Hure! Heiratet ihren Aufseher! Aber egal. Irgendwann hat er genug von dir, verstehst du? Dann bekommst du, was dir zusteht.«

Ich sagte kein Wort und beachtete sie nicht weiter.

Auf dem Weg zur Dusche blieb sie vor der Zelle neben meiner stehen und trat die Tür auf. Eine Frau schrie auf.

»Mach, dass du aufstehst, dreckige Ungläubige!«, schrie die Aufseherin. »Du hast kein Schamgefühl, genau wie diese Christin. Wo ist dein Tschador? Los, zieh ihn an! Bahai, Christen – wo ist da der Unterschied? Ihr zwei könnt gemeinsam duschen. Ihr gehört sowieso erschossen. Ich weiß gar nicht, warum ich euch eigentlich zur Dusche bringe. Ihr werdet niemals rein, und wenn ihr euch noch so viel wascht.«

Ich hörte das Rascheln von Stoff, dann Schritte. Eine Hand fasste meinen Tschador von hinten. Sie gehörte der Frau aus der anderen Zelle. Wie ich trug sie eine Augenbinde. Ich fasste das Ende des Stockes, den die Aufseherin mir in die Hand gedrückt hatte, und wir folgten ihr.

Die Frau, die hinter mir zum Duschraum ging, war die einzige Bahai, der ich im Gefängnis begegnete, obwohl es viele andere gab.

An der Tür zum Duschraum gab uns die Aufseherin mit eindeutigen Worten zu verstehen, dass wir nicht mehr als fünf Minuten brauchen durften.

»Wenn ihr länger braucht, ziehe ich euch nackt unter der Dusche heraus!«, bellte sie uns an.

Die andere Gefangene und ich gingen in den Duschraum und schlossen die Tür hinter uns. Hastig zogen wir uns aus. Sobald wir unseren Tschador abgelegt hatten, drehten wir einander den Rücken zu, um uns gegenseitig ein bisschen Privatsphäre zu geben.

»Ich heiße Marina«, sagte ich, während ich mein T-Shirt auszog und es in der Plastiktasche verstaute, die mein Handtuch enthielt.

»Minu«, kam es zurück.

»Du bist Bahai?«, fragte ich sie.

»Ja. Und du bist Christin?«

»Ja.« Ich schlüpfte aus meiner Hose und steckte sie in die Tasche.

»Ich habe gehört, was sie zu dir gesagt hat«, gestand sie mir. Ich reagierte nicht.

Ich zog meinen BH und den Slip aus und betrat eine Duschkabine. Minu tat es mir gleich. Der Betonboden unter meinen Füßen fühlte sich rauh an, doch schien er einigermaßen sauber zu sein. Das Wasser war lauwarm. Wenigstens war es nicht eiskalt.

»Die Aufseherin hat gesagt, dass du … dass du den Mann geheiratet hast, der dich verhört hat … Ist das wahr?«, fragte Minu mich.

Ich seifte meine Haare und meinen Körper so schnell ein, wie ich konnte.

»Letzte Nacht habe ich eine Frau schreien hören. Warst du das?«, wollte Minu wissen.

Ich wusch die Seife ab, trat aus der Duschkabine und wickelte mich in mein Handtuch.

»Du beeilst dich besser«, riet ich ihr. »Ich glaube nicht, dass die Aufseherin Spaß gemacht hat, als sie sagte, sie würde uns nackt hier rausziehen.«

Wasser tropfte von meinen Haaren, als ich wieder in meine Kleider schlüpfte. Minu trocknete sich ab. Sie muss Ende zwanzig gewesen sein.

»Ich habe nicht geschrien«, sagte ich. »Ich schreie nicht mehr.«

»Ich konnte nicht schlafen«, sagte Minu. »Jede Nacht habe ich Angst, dass jemand kommt und mich vergewaltigt.« Bei diesen Worten liefen ihr Tränen über die Wangen.

»Bist du verheiratet?«, fragte ich sie.

»Ja.«

»Dann mach dir keine Sorgen. Niemand wird dich anrühren.«

»Ist das hier so?«

»Niemand redet über diese Dinge ... aber ich glaube, du musst nichts befürchten.«

»Ist von deiner Familie auch jemand hier?«

»Nein.«

»Dann hast du Glück. Meine Eltern und mein Mann sind auch hier.«

»Das tut mir leid.«

»Wie alt bist du?«

»Siebzehn.«

»Um Gottes willen! Du bist ja noch ein Kind!«

»Wie lange bist du hier?«, fragte ich sie. Sie musste erst vor kurzem verhaftet worden sein, wenn die Anwesenheit einer Siebzehnjährigen in Evin sie noch überraschte.

»Drei Tage.«

»Ich hoffe, sie lassen dich bald gehen.«

Die Tür zum Duschraum wurde aufgestoßen, und die Aufseherin stürzte herein.

»Habe ich euch nicht verboten, miteinander zu reden? Los, Bewegung!«

Als die Aufseherin Minu in ihre Zelle brachte, hörte ich merkwürdige Geräusche. Dann Minus Stöhnen. Ich vermutete, dass die Aufseherin sie gestoßen und geschlagen hatte.

»Das war nicht nötig«, sagte ich, als die Aufseherin die Tür zu Minus Zelle schloss.

»Ich tue, was ich will! Ich werde dich totschlagen!«

Doch sie beließ es bei der Drohung, wahrscheinlich, weil sie Angst vor Ali hatte. Sie sperrte mich nur ein und ging. Minu habe ich nicht mehr wiedergesehen.

Auch wenn die *ahl al-kitab* (Anhänger von Buchreligionen wie Christentum, Judentum und Zoroastrismus) im Iran als religiöse Minderheiten anerkannt sind, betrachten einige – nicht alle – schiitische Führer sie als *kafir* und stufen sie daher als *najess* oder »unrein« ein. Ein *kafar* ist jemand, der Gott oder die Prophetenschaft Mohammeds leugnet. Ayatollah Khomeini hat das Thema *nejasat* oder »Unreinheit« in aller Ausführlichkeit abgehandelt. Als man ihn fragte, wie die *ahl al-kitab* im Hinblick auf Reinheit zu beurteilen seien, meinte er: »Nicht-Muslime jeder Religion oder Glaubensrichtung sind *najess*.«[10]

Die meisten meiner Freunde sind Muslime, und sie betrachten keineswegs alle als unrein, die einer anderen Religion angehören. Nicht einmal Ali glaubte, ich sei *najess*, stimmte in diesem Punkt also nicht mit Khomeini überein.

Gemäß islamischem Recht, das ja für den Iran maßgeblich ist, sind die Religionsgemeinschaften des *ahl al-kitab* eigentlich geschützt und haben ein Recht auf Ausübung ihres Glaubens.

Die Bahai jedoch, die größte religiöse Minderheit, stellen keine gesetzlich anerkannte Religionsgemeinschaft dar und besitzen daher auch keinen rechtlichen Status. Von staatlicher Seite wurden sie zu »ungeschützten Ungläubigen« erklärt. Nach den Gesetzen der Islamischen Republik muss jeder Bürger einer der vier offiziell anerkannten Religionen angehören. So muss beispielsweise jeder, der sich um einen Studienplatz an einer iranischen Universität oder um einen staatlichen Posten bewirbt, auf einem Fragebogen seine Religionszugehörigkeit ankreuzen. Als Antwort stehen vier Optionen zur Auswahl: muslimisch, zoroastrisch, jüdisch, christlich.[11]

Als ich auf dem RCMP-Seminar 2007 in Ottawa aufs Podium trat, hatte ich kein Lampenfieber. Seit mein Buch erschienen war, hatte ich einige Erfahrungen sammeln können, was Reden in der Öffentlichkeit anging. Ich kannte die erwartungsvolle Stille der Zuhörer. Jeder hatte seine eigene Einstellung, seine Sichtweise, seine Erwartungen, doch darüber mache ich mir keine Gedanken, wenn ich ins Publikum schaue. Ich hatte gelernt, mich aus der Umgebung herauszunehmen, in der sich mein Körper aufhielt, und mich geistig an einen Ort zu begeben, wo außer mir nur noch eine Person anwesend war, eine imaginäre Freundin, die mir endlich die Frage stellte, auf die ich so lange sehnlichst gewartet hatte: »Was ist dir widerfahren?« Ich fing immer ganz vorne an. Ich erzählte von meiner Kindheit, von unserer Wohnung in der Innenstadt von Teheran, von unseren Nachbarn und dem Ferienhaus am Kaspischen Meer ... Ich zeichnete ein lebendiges Bild, und während ich erzählte, sah ich die Farben meiner Heimat wieder vor meinen Augen, roch ihre Gerüche, hörte ihren Klang. So viele Jahre waren nun schon seit Evin verstrichen. Dieser zeitliche Abstand gab mir genügend Sicherheit, jene Welt, die mir so viel Leid verursacht hatte, erneut zu betreten. Das Verstreichen der

Jahre hatte mich keineswegs unempfindlich gegen Schmerz gemacht. Meine Vorträge waren stets ein Balanceakt über einem Abgrund alles verschlingender Traurigkeit. Doch wenn ich diese dunkle, schwere Woge des Kummers auf mich zurollen fühlte, legte sich gleichzeitig ein tiefes Gefühl inneren Friedens über mich, das mich wie ein Rettungsring vor dem Untergehen bewahrte. Denn nun konnte ich endlich Zeugnis ablegen.

Ich habe mich immer unter Kontrolle, wenn ich berichte, wie ich gefoltert wurde. Wenn ich erzähle, wie das Kabel meine nackten Fußsohlen traf, zucke ich nicht zusammen. Mein Herz schlägt schneller, und meine Hände werden kalt, doch mehr passiert nicht. Ich mache nie einen Hehl daraus, dass ich meine Seele verkauft hätte, wenn ich dafür der Folter entkommen wäre. Auch wenn ich mich verlassen, verängstigt, einsam und vergessen fühlte, Scham empfand, während sie mich schlugen, und mich fragte, was ich getan hatte, um das zu verdienen, so weiß ich doch heute, dass meine Folterer Angst vor mir hatten. Ich stellte für sie eine so große Bedrohung dar, dass sie mich eines grausamen, schmerzlichen Todes sterben lassen wollten. Sie wollten jede Spur meiner Existenz auslöschen. Heute weiß ich, dass ich keinen Grund hatte, mich zu schämen, wenn ich gefoltert wurde, selbst wenn ich meinte, zerbrochen zu sein, denn es gab einen Teil in mir, den sie nicht zu zerstören vermochten.

Was mich aber immer wieder aufwühlt und mir die Tränen in die Augen treibt, ist, wenn ich von meinen Freundinnen aus dem Gefängnis erzähle. Sie wissen, wie es ist, wenn man im Gefängnis statt in der Schule ist. Sie wissen, wie es ist, wie Glas zu sein, das aus großer Höhe herunterfällt und am Boden nicht zu Scherben zerspringt, sondern zu Staub wird. Sie kennen den Schmerz, wenn man versucht, wieder eins und heil zu werden.

Ich habe viel über alles nachgedacht, was ich auf dem RCMP-Seminar in Ottawa gehört hatte, und ich habe versucht, das Gehörte mit den Problemen, die sich nach dem 11. September ergaben, in Verbindung zu bringen. Es ist bekannt, dass die RCMP US-amerikanischen Behörden unbewiesene Informationen zukommen ließ und in Vorgänge verwickelt war, die zur Folterung von vier kanadischen Staatsbürgern führten: Maher Arar, Abdullah al-Maliki, Ahmad el-Maati und Muayyed Nureddin. Sie wurden festgenommen, in Länder gebracht, in denen Folter gängige Praxis ist, und dort gefoltert. Im Fall Arar wurde der Betroffene aufgrund dieser Falschinformationen bei einer Zwischenlandung auf dem JFK-Airport in New York festgenommen, als er sich auf dem Rückweg aus seinem Urlaub befand. Die US-Beamten hielten ihn fest und verhörten ihn wegen angeblicher al-Qaida-Kontakte. Anschließend schafften sie ihn nach Syrien, wo er gefoltert und geschlagen wurde. Er musste mehrere Monate in einer winzigen Zelle verbringen, die einem Grab ähnelte. Im Oktober 2003 wurde er schließlich freigelassen und konnte nach Kanada zurückkehren. Am 28. Januar 2004 gab die kanadische Regierung auf Druck kanadischer Menschenrechtsorganisationen und einer wachsenden Anzahl von Bürgern die Einberufung einer Untersuchungskommission bekannt, welche die Rolle kanadischer Beamter im Fall Maher Arar untersuchen sollte. Im September 2006 sprach der Vorsitzende der Untersuchungskommission, Richter Dennis O'Connor, Herrn Arar von allen Terrorvorwürfen frei. Er stellte weiterhin fest, dass er kategorisch ausschließen könne, dass Arar irgendwelche Rechtsverletzungen begangen habe oder dass seine Aktivitäten eine Bedrohung für die Sicherheit Kanadas darstellten.
Im Oktober 2008 veröffentlichte der ehemalige Richter am Obersten Gerichtshof von Kanada, Frank Iacobucci, Vorsit-

zender des nichtöffentlichen Untersuchungsausschusses, der mit der Aufklärung der Vorgänge betraut war, die zur Inhaftierung von Abdullah al-Maliki, Ahmad el-Maati und Muayyed Nureddin geführt hatten, eine öffentliche Version des vertraulichen Berichts. Alle drei Männer, so die abschließende Feststellung, seien gefangen gehalten und in einer Form misshandelt worden, die mit Folter gemäß der Definition der UN-Konvention gegen Folter gleichzusetzen sei. Iacobucci stellte fest, dass es in allen drei Fällen keine direkten Aktivitäten kanadischer Behörden gegeben habe, die zur Inhaftierung der Betroffenen führten. Aber die Kanadier hätten sehr wohl indirekt dazu beigetragen, dass Ahmad el-Maati und Muayyed Nureddin verhaftet und misshandelt wurden. Im Fall von Abdullah al-Maliki sagte Iacobucci, dass es ihm nicht möglich sei, anhand des ihm vorliegenden Aktenmaterials eindeutig festzustellen, ob kanadische Beamte dazu beigetragen hatten, dass er in Syrien gefangen gehalten wurde.

Ich bin sehr stolz darauf, Kanadierin zu sein. Sicher ist auch in Kanada nicht alles perfekt, doch es ist meine Überzeugung, dass Kanada ein demokratisches Land ist, das den weltweiten Kampf gegen Menschrechtsverletzungen anführen könnte. Nach dem 11. September haben wir uns von der Angst und Panik schürenden Politik der US-Regierung unter George W. Bush anstecken lassen. Im Namen des Kriegs gegen den Terror blieben die Menschenrechte auf der Strecke. Wir vergaßen, dass unsere Gesetze Ergebnis eines demokratischen Gesetzgebungsprozesses sind und dazu bestimmt, *alle* Kanadier vor Unrecht zu schützen. Sie sind das Herzstück dessen, was unser Land ausmacht. Diese Rechtsstaatlichkeit ist unser Lebensstil, ein Lebensstil, den, so die US-Regierung, Terroristen nun gefährden. Wir übersehen dabei, dass ein paar bombenwerfende Fanatiker für uns eine nicht annähernd so große Gefährdung darstellen wie die Verletzung jener Gesetze, die Kanada zu einem freien und demokratischen Land gemacht haben.

Es besteht kein Zweifel, dass die RCMP schreckliche Fehler begangen hat und die Verantwortlichen zur Rechenschaft gezogen werden müssen. Der Gerechtigkeit ist jedoch nicht damit Genüge getan, dass man ein paar Beamte zwingt, ihren Hut zu nehmen. Gerechtigkeit bedeutet, dass wir sicherstellen, dass das, was Maher Arar widerfahren ist, sich nicht wiederholen kann. Der entscheidende Punkt ist nicht, ob Arar Kontakte zu terroristischen Vereinigungen hatte. Der entscheidende Punkt ist, dass man ihn nie nach Syrien hätte bringen dürfen, eben weil er dort gefoltert werden würde.

Aber wie können wir sicherstellen, dass sich der Fall Arar nicht wiederholt? Der erste Schritt ist, dass sich die kanadische Regierung bei allen entschuldigt, die aufgrund der Weitergabe falscher beziehungsweise ungesicherter Informationen seitens des CSIS (Canadian Security Intelligence Service) beziehungsweise der RCMP gefoltert und/oder gefangen gehalten wurden.

Der zweite Schritt ist, dass die kanadische Regierung die Opfer für die erlittenen Qualen entschädigt. Als kanadischer Steuerzahler fühle ich mich verantwortlich für das, was diese Männer erdulden mussten, daher muss ich in dieser Sache Stellung beziehen. Ich wurde im Iran gefoltert und weiß, dass ich von der iranischen Regierung nie ein Wort der Entschuldigung hören werde. Die Regierung behauptet vielmehr, niemals Gefangene gefoltert zu haben. Auch wurde ich für das erlittene Leid niemals entschädigt. Ich musste sogar, als ich beschlossen hatte, den Iran zu verlassen, einen großen Geldbetrag hinterlegen, um einen Pass zu bekommen. Damit wollte man meine Rückkehr sicherstellen. Ich habe noch immer die Quittung, doch glaube ich nicht einen Moment daran, dass ich mein Geld je zurückbekommen werde. Als ich aber im Radio hörte, dass die Regierung sich bei Maher Arar entschuldigt hatte und er eine Entschädigung von zehn Millionen Dollar erhalten würde, empfand ich das als Sieg. Auch wenn man das Leid, das Folteropfer erfahren haben, niemals mit Geld wiedergutmachen kann, so hilft es ihnen doch, ihr Leben wieder aufzunehmen und für ihre Familien zu sorgen.

Der dritte Schritt ist, dass die kanadische Regierung unabhängige und unparteiische Ermittlungsverfahren gegen die verantwortlichen Beamten einleitet.

Der vierte Schritt ist, dass die RCMP ihre Beamten angemessen schult und bei ihnen ein Bewusstsein dafür schafft, dass Folter stets Unrecht ist, ob nun in Kanada oder in irgendeinem anderen Land der Welt. Es muss den RCMP-Mitarbeitern klar sein, dass die Weitergabe von Informationen an Länder, in denen Folter praktiziert wird, schwerwiegende Konsequenzen haben kann.

Ein fünfter notwendiger Schritt ist: Es muss ein Dialog eingeleitet werden zwischen Opfern, RCMP und kanadischer Regierung. Die Opfer müssen Gehör finden. Ihren Erfahrungen müssen auf menschliche, persönliche Weise Anteilnahme und Verständnis entgegengebracht werden. Dieser Schritt mag sich als der schwierigste erweisen, denn vermutlich haben die Opfer nicht genügend Vertrauen in die RCMP und die Regierung, um sich mit deren Vertretern an einen Tisch zu setzen. Ja, es ist mit Schwierigkeiten zu rechnen. Dennoch muss jetzt ein Dialog einsetzen, und wenn ich dazu beitragen kann, ein Bewusstsein dafür zu schaffen, was Folter ist und was sie den Menschen antut, so bin ich bereit, alles zu tun, was in meinen Kräften steht. RCMP, CSIS und kanadische Regierung müssen begreifen, dass der Gedanke der Rechtsstaatlichkeit, der seinerseits Ausdruck des demokratischen Prinzips ist, über allem stehen muss. Eine mögliche Bedrohung kanadischen oder amerikanischen Hoheitsgebietes durch Terroristen kann kein Grund sein, Menschen in Länder zu deportieren, in denen gefoltert wird. Wir müssen dieser Bedrohung mit unseren eigenen gesetzlichen Mitteln entgegentreten. Sobald wir anfangen, unsere eigenen Grundwerte zu missachten, riskieren wir, uns in eine Abwärtsspirale zu begeben, die nur in eine Katastrophe führen kann.

Der letzte, aber beileibe nicht unwichtigste Schritt ist, die Beamten, die in Syrien, Ägypten oder irgendeinem anderen Land kanadische Staatsbürger gefoltert haben, zur Rechenschaft zu ziehen. Das Foltern wird weitergehen, solange Regierungen und Einzelpersonen ungeschoren davonkommen.

Ich habe viele Vorträge an Schulen gehalten. Manchmal diskutiere ich mit den Schülern auch über den Holocaust, der ein gut dokumentiertes Beispiel dafür ist, wie ein ganzes Land dem Irrsinn verfallen kann. Manchmal lese ich den Schülern auch kurze Passagen aus Büchern über den Holocaust vor wie Imre Kertész' *Roman eines Schicksallosen*. Ich mag diese Diskussionen mit jungen Menschen sehr, weil sie immer offen und neugierig sind und sehr direkte Fragen stellen. Eine Frage kehrte dabei regelmäßig wieder: »Wie ist es möglich, dass die Polizei zu den Nachbarn kommt, mit denen man schon immer befreundet war, und sie wegbringt, um sie einfach so umzubringen? Warum sagt niemand etwas oder tut etwas dagegen? Wie kann so etwas passieren?«

Darauf erklärte ich diesen Kindern und Jugendlichen, dass ich auf ihre Frage keine Antwort wüsste, wenn ich nicht die Iranische Revolution erlebt hätte. »In der Geschichte war es immer so«, sagte ich, »dass solche schrecklichen Dinge nicht einfach über Nacht gekommen sind, sondern sich langsam

entwickelt haben. Um uns herum zeigen sich zwar immer
wieder Gefahrenzeichen, doch weil sie nur hie und da aufblitzen, denken wir, dass sie unwichtig sind. Wenn wir merken,
dass etwas Schlimmes passiert ist, ist es meist schon zu spät.
Wenn wir jetzt etwas sagen, werden wir selbst verhaftet, gefoltert und vielleicht sogar umgebracht. Sein Leben für Nachbarn oder Freunde zu opfern ist eine sehr edle Tat, doch ist
nicht gerade einfach. Es gibt zwar ein paar Menschen, die bereit sind, ihr Leben für andere zu riskieren, doch die meisten
Menschen schweigen in diesem Fall lieber.«
Nach dem 11. September habe ich solche Gefahrenzeichen
auch über Kanada und den USA aufblitzen sehen. Die durch
Lügen und Täuschung begründete Invasion im Irak war das
bei weitem größte dieser Zeichen. Und natürlich die Deportation einiger Muslime in Länder wie Syrien und Ägypten,
um sie unter Folter zu verhören. Angst und Paranoia regieren
nun die Welt. Das Gefangenenlager Guantánamo ist der Inbegriff dieser Angst. Was mich besonders verstört, ist, dass Guantánamo in so vielerlei Hinsicht Gemeinsamkeiten mit Evin
besitzt: ein schwarzes Loch, in dem Menschen verschwinden,
häufig, ohne dass konkrete Beweise vorliegen; ein Ort, an
dem Gefangene keinen Anspruch auf einen ordentlichen Prozess haben, misshandelt, gefoltert und auf unbestimmte Zeit
aus Gründen gefangen gehalten werden, die angeblich der nationalen Sicherheit dienen. Die Regierung des Iran steckte
mich ins Gefängnis, weil sie in mir eine Bedrohung der nationalen Sicherheit sah. Dass ich erst sechzehn war, war für die
Behörden nicht von Belang.
Während ich dies schreibe, fristet ein junger Kanadier sein
Dasein als Gefangener in Guantánamo. Sein Name ist Omar
Khadr. Mit fünfzehn wurde er in Afghanistan angeschossen
und gefangen genommen. Drei Monate lang hielt man ihn im

US-Militärgefängnis Bagram gefangen. Medikamentös ruhiggestellt und gefesselt, wurde er wenige Stunden nach seiner Entlassung aus einem Militärkrankenhaus zu seinem ersten Verhör gebracht. Im Oktober 2002 verlegte man ihn ins Gefangenenlager von Guantánamo. Mehr als acht Jahre vegetierte er an diesem furchtbaren Ort dahin. Im Gegensatz zu ihm habe ich nie an bewaffneten Auseinandersetzungen teilgenommen und in meinem ganzen Leben noch keine Schusswaffe angefasst. Das aber kann keine Rechtfertigung dafür sein, einen fünfzehnjährigen Jungen einzusperren, der, wie jeder andere auch, bis zum Beweis des Gegenteils als unschuldig gilt. Darüber hinaus fordert das internationale Recht, denn er war ein Kindersoldat, er sollte nicht der Strafverfolgung ausgesetzt werden, sondern vielmehr sollte man alles dafür tun, um ihn zu rehabilitieren. Omar braucht Hilfe und Mitgefühl, nicht Einschüchterung und Strafe. Er war in Afghanistan, weil seine Familie ihn dort hingebracht hat. Dort soll er einen amerikanischen Sanitäter getötet haben. Er braucht einen fairen Prozess, keine Verhandlung vor einem Militärgericht. Unrecht bleibt Unrecht, ob es nun vom Osten oder vom Westen begangen wird. Die kanadische Regierung hat es abgelehnt, einem Antrag Omars auf Überstellung in sein Heimatland zuzustimmen, obwohl er kanadischer Staatsbürger ist. Für mich ist das eine Schande und ein weiteres Anzeichen dafür, dass die Menschenrechte mittlerweile sogar in Kanada ignoriert werden.

Mein Rosenkranz

Im Dezember 2007 flog ich nach Italien, wo ich den vom Europäischen Parlament verliehenen Human-Dignity-Preis in Empfang nehmen sollte. Als ich aufbrach, ermahnte Andre mich noch – wie er es immer tut, wenn ich verreise –, gut auf mich aufzupassen. Ich verstand nicht, woher er den Mut nahm, mich weiter den Weg gehen zu lassen, den ich eingeschlagen hatte. Seine Erinnerungen aufzuschreiben ist eine Sache, in der Welt herumzureisen und Zeugnis abzulegen gegen die Islamische Republik Iran eine andere. Wären unsere Rollen vertauscht gewesen, hätte ich vermutlich alles getan, um ihn davon abzuhalten. Er hatte eine stille, schüchterne Frau geheiratet, die einfach nur ein normales Leben mit ihrem Mann führen und ihre Kinder großziehen wollte. Diese Frau war ich in den ersten siebzehn Jahren unserer Ehe gewesen. Die zwei Jahre in Evin schienen lange Zeit bedeutungslos. Doch dann drängten meine Erinnerungen wieder an die Oberfläche und machten einen völlig anderen Menschen aus mir. Die wirkliche Marina, die irgendwo in mir verschüttet gewesen war, war für Andre eine Fremde. Obwohl Andre und ich uns schon vor meiner Haft kannten, hatte er diese Marina nie kennengelernt, denn damals stand ich schon unter dem Eindruck der Verhaftung meiner Freunde und zog mich in mich selbst zurück. Das Leben an meiner Seite nach Erscheinen meines Buches war, als lebe man mit einem Menschen zusammen, der nach einer schweren Amnesie sein Gedächtnis wiedererlangt hat.

Dennoch stand Andre immer zu mir. Natürlich waren wir manchmal uneins und stritten uns. Er verfolgte meine Interviews und kritisierte, dass ich zu direkt sei, politisch nicht korrekt also. Vor allem war er der Ansicht, ich dürfe auf keinen Fall den Begriff »Islamist« gebrauchen. Das sah ich anders. Ich habe nichts gegen den Islam, viele meiner Freunde sind Muslime. Ich empfinde großen Respekt für jede Religion. Meiner Ansicht nach aber missbrauchen die Islamisten den Islam. Sie haben daraus eine gefährliche, blutrünstige und starre Ideologie gemacht, die keinerlei Achtung vor dem Leben anderer hat. Die Islamisten heutiger Tage erinnern mich an die mittelalterlichen Christen, die jeden, der irgendwie anders war, als Hexe oder Hexer diffamierten und auf dem Scheiterhaufen verbrannten. Die Inquisition steht im Gegensatz zu den Lehren Christi und hat dem Christentum sehr geschadet.

Kurz nach den Frühjahrsunruhen im Iran im Jahr 2009 lud das Referat für Gaststudien der Universität Toronto mich ein, den diesjährigen Preis für kreatives Schreiben seinem Gewinner zu überreichen. Andre begleitete mich zu dem Festakt. Ich hielt eine kurze Rede, und am Ende bat ich die Anwesenden, eine Schweigeminute einzulegen für die unschuldigen Opfer, die in den vorhergehenden Wochen im Iran ihr Leben verloren hatten. Als wir nach der Preisverleihung zurück zu unserem Auto gingen, meinte Andre, es sei nicht richtig von mir gewesen, diese Schweigeminute zu halten, denn schließlich habe die Veranstaltung nichts mit Politik zu tun gehabt und sicher seien nicht alle Anwesenden meiner Meinung gewesen.

»Das meinst du doch wohl nicht im Ernst!«, herrschte ich ihn an. »Unschuldige Menschen sind gestorben. Das ist eine Tatsache, oder etwa nicht? Und alles, was ich in dieser Situation tun kann, ist, um einen Augenblick der Stille, einen mickrigen Augenblick der Stille zu bitten, um der Toten zu gedenken! Es geht hier um Menschenrechte … um Recht und Unrecht! Wir können nicht einfach stillschweigend zur Tagesordnung übergehen!«

Andre sagte nichts. Er wusste, dass ich bei diesem Thema keinen Millimeter von meinem Standpunkt abrücken würde. Wahrscheinlich hat er sich gefragt, wer diese Frau ist, die da neben ihm hergeht. Die Marina, die er vor vierundzwanzig Jahren geheiratet hatte, hätte niemals derart heftig reagiert. Außerdem hätte sie sich für eine solche Szene entschuldigt.

Der Human-Dignity-Preis wurde mir in Mailand im Palazzo delle Stelline übergeben, einem Bau aus dem 16. Jahrhundert. Nachdem das Gebäude lange Jahre als Waisenhaus gedient hatte, war es schließlich Ende der achtziger Jahre aufs schönste restauriert und in ein Konferenzzentrum umgewandelt worden. Emsiges Treiben erfüllte den Saal, in dem ich saß und darauf wartete, dass die Zeremonie anfing. Reporter kamen und gingen. Die Assistenten von Mario Mauro – Vizepräsident des Europäischen Parlaments und der Mann, der mich für den Preis vorgeschlagen hatte – eilten ein und aus, um sicherzustellen, dass alles in Ordnung war. Ich saß an einem Fenster und sog das prachtvolle Panorama auf, das sich meinen Augen bot: ein tiefblauer, wolkenloser Himmel über dem roten Ziegeldach und dem ockerfarbenen Gemäuer des Palastes, der im Rasengrün des Innenhofes eingebettet lag.

Warum war ich heute so still und gelassen? Was machte mich meiner selbst so sicher? Wo war meine Nervosität? Ich sollte die Trägerin des erstmalig verliehenen Human-Dignity-Preises sein. Viele meinten mir gegenüber, sie könnten sich kaum vorstellen, wie aufgeregt ich sein müsse. Nun, ein bisschen aufgeregt war ich schon, aber das behielt ich für mich. Ich wollte nämlich nicht, dass die Leute von mir dachten, ich sei undankbar. Denn ich war ausgesprochen dankbar, doch diese Dankbarkeit drückte sich eher in einem stillen Gefühl der Ehrfurcht aus. Ergo fühlte ich mich schuldig, weil ich so wenig aufgeregt war. Ja, ich erwartete von mir immer noch ein Maximum an »Normalität«. Es war, als hätte mich eine gewaltige Detonation erwischt und Hunderte von Granatsplittern steckten in meinem Körper. Eigenhändig hatte ich mir ein paar der größten Splitter herausgezogen, doch viele saßen noch in meinem Fleisch. Immer noch vermied ich Trauer und Freude gleichermaßen. Ich konnte nicht anders. Gefühllosigkeit war mein Schutzmantel. Sie war so etwas wie ein künstliches Organ in meinem Körper geworden, eine Art zusätzlicher »Niere«, die sämtliche Emotionen filterte und nur ein geringes Quantum Schmerz zuließ, wenn die Dinge aus dem Ruder liefen. Ich besaß keinerlei Vertrauen in die Welt und wusste nur zu gut, dass selbst das größte Glück so schnell verlöschen kann wie ein Funke.

Mir gegenüber erhob sich über dem roten Dach des Palazzos die Kuppel der Kirche Santa Maria delle Grazie. Heilige Maria voll der Gnade. Ich bin mir sicher, dass Maria sich nicht »voll der Gnade« gefühlt hat, als man ihren Sohn kreuzigte wie einen gemeinen Dieb. Sie muss am Boden zerstört gewesen sein. Ich habe selbst Kinder, ich weiß das. Sie hätte sich vermutlich bereitwillig an Jesu Stelle kreuzigen lassen. Doch der Kelch des Leidens war ihm bestimmt. Er musste eines schrecklichen Todes sterben. Und sie musste dieses Leiden mit ansehen, ohne ihre Augen abwenden zu können. Voll der Gnade. Wie hat sie ihren Schmerz getragen? Ist sie innerlich gestorben, um das überleben zu können? Gerne würde ich sie nach der Natur der Gnade fragen. Ist sie ein Geschenk, das Gott uns gewährt? Oder müssen wir sie uns verdienen? Möglicherweise auch beides. Ich glaube, sie ist beides. Ein Geschenk Gottes, das in der Bedrängnis reifen muss. Wut, Hass und Furcht verderben es, Liebe und Vergebung lassen es erblühen.

»Heilige Maria, bitte Gott um Vergebung für all meine Sünden«, flüsterte ich. Meine Schuldgefühle lasteten auf mir so schwer wie eh und je. Aber konnte sie mich denn hören? Würde sie mich erhören? Und wenn sie es tat, war ich ihrer Mühen wert?

Bei der Verleihungszeremonie erzählte ich den etwa zweihundertfünfzig Gästen meine Geschichte. Ich hatte keine Rede vorbereitet. Ich bereite nie eine Rede vor. Ich erzähle einfach, was ich erlebt und was ich gesehen habe. Giovanna, meine junge Dolmetscherin, übersetzte, was ich gesagt hatte. Danach überreichte Herr Mauro mir eine silberne Plakette in einem marineblauen Samtetui.

Nachdem ich den Preis in Empfang genommen hatte, bildete sich eine lange Schlange von Leuten, die ihr Buch signiert haben wollten. Ich hatte schon einige Bücher signiert, als plötzlich ein junger Mann Ende zwanzig vor mir stand und lächelte. Ich erwartete, dass er mir sein Buch hinhalten würde, aber nichts …

»Ich habe etwas für Sie«, sagte er. Ich streckte meine Hand aus und hielt sie unter seine geschlossene Faust. Er ließ einen Rosenkranz aus blauen Perlen in meine Hand gleiten. Ich schnappte nach Luft. Er war dem Rosenkranz, den ich nach

Evin mitgenommen und später an Alis Grab gelassen hatte, zum Verwechseln ähnlich.

»Aus Medjugorje[12]«, sagte er.

»Danke«, murmelte ich, und er verschwand in der Menge.

War dies die Antwort auf meine Gebete? War das ein Zeichen, dass die Heilige Jungfrau über mich wachte?

Nachmittags besuchte ich zusammen mit Herrn Mauro die Kirche Santa Maria delle Grazie, um mir »Das Letzte Abendmahl« von Leonardo da Vinci anzusehen. Herrn Mauros Frau und seine Tochter sowie seine Assistenten begleiteten uns. Ich hatte im Internet gelesen, dass man nur eine Viertelstunde in dem Raum mit dem Wandgemälde bleiben durfte. Die Sicherheitsvorkehrungen waren sehr streng, und ebenso streng achteten Führer und Kirchenangestellte auf deren Einhaltung. Nur fünfundzwanzig Personen durften den Raum auf einmal betreten, und nach fünfzehn Minuten wurden sie hinausgeführt, um der nächsten Gruppe Platz zu machen.

Um in den Saal mit dem Gemälde zu gelangen, mussten wir mehrere luftdicht schließende Kammern durchqueren. Die Führerin erklärte, aus konservatorischen Gründen sei es nötig, das Raumklima stets zu kontrollieren. Leonardo hatte mit einer neuen Malweise experimentiert, als er die Wand des Refektoriums in Santa Maria mit seinem Gemälde schmückte. Doch ebendiese neue Technik sorgte dafür, dass sich das Wandgemälde, das schließlich schon im 15. Jahrhundert entstanden war, schlecht erhalten ließ. Die luftdicht schließenden Kammern gehörten zu einer Reihe von konservatorischen Maßnahmen, die den Verfallsprozess verlangsamen sollten.

Als ich »Das letzte Abendmahl« sah, verschlug es mir den Atem. Es war riesig! Ich wusste zwar, dass es sich um ein Wandbild handelte, doch irgendwie hatte ich es mir wesentlich kleiner vorgestellt. Was ich da vor mir sah, war ein lebensgroßes Bild von Jesus und seinen Jüngern, wie sie das Brot brechen und miteinander reden. Die Farben der Gewänder waren offensichtlich im Laufe der Zeit verblasst, doch wirken die vielen Nuancen von Blau, Rot, Gelb, Grün und Braun immer noch atemberaubend. Das Licht fällt von links und rechts auf die Wand, während der Raum selbst ins Dunkel gehüllt bleibt. Wie ein Kind, das gerade ein unglaubliches Geschenk erhalten hatte, bestaunte ich den Anblick, der sich mir bot. Mein Herz schlug schneller und schneller. Ich hatte das Gefühl, wenn ich in diesem Augenblick Jesu Namen rief, würde er mir direkt in die Augen schauen, und obwohl ich mir nichts sehnlicher wünschte, wusste ich doch, dass ich dafür noch nicht bereit war. Was sollte ich ihm sagen, wenn er mich fragte, was ich mit der Zeit getan habe, die er mir gegeben hat? Ich musste mich noch mehr anstrengen, um alles wieder ins Lot zu bringen, und wenn ich das Gefühl hatte, mein Werk getan zu haben, würde ich hierher zurückkehren und seinen Namen aussprechen. Aber würde ich je dazu bereit sein? Würde ich je wagen, daran zu glauben?

Ich bemerkte, dass meine Begleiter sich von mir entfernt hatten. Sie studierten die Schaubilder, die die Geschichte der Kirche und des Wandgemäldes erzählten. Doch die Schaubilder interessierten mich nicht. Ich wollte nur still hier stehen und mich lange genug in den Anblick der Jünger versenken, um ihre Hoffnungen und Träume zu verstehen. Da war Petrus, nicht ahnend, dass er Jesus verraten würde. Er, der dachte, dass er sein Leben freudig für seinen Meister geben würde. Doch die Geschichte nahm einen anderen Verlauf. Seine Liebe zur Welt und zu den Dingen, die sie zu bieten hat, war größer als seine Liebe zu Jesus.

Verrat am Geliebten – auch ich habe ihn verübt. Als Ali mir sagte, ich müsse mich zum Islam bekehren, habe ich nicht gekämpft. Doch vor mir lag noch eine andere Prüfung. Ich war überzeugt, Gott erwarte von mir, dass ich Ali vergab und ihn liebte. Liebet eure Feinde. Als ich Ali mein Herz öffnete und versuchte, ihn zu verstehen, begann sich die Abneigung, die ich gegen ihn empfand, aufzulösen. Wäre er noch am Leben, hätte ich ihn vielleicht sogar lieben gelernt. Vielleicht. Doch mein größter Verrat hat meiner Ansicht nach nichts mit meinem Übertritt zum Islam oder mit Ali zu tun. Ich habe das Gefühl, meine Freundinnen im Evin-Gefängnis verraten zu haben, als ich von dort wegging, wissend, dass sie zurückbleiben und leiden, vielleicht sogar den Tod finden würden. Wie hatte ich sie dort zurücklassen können? Ich war eine junge Frau, die nach Hause wollte. Doch um welchen Preis? Damals wusste ich nicht, dass der Preis, den ich zu zahlen hatte, hoch war. Tränen flossen mir über die Wangen.

Nachdem die Viertelstunde um war, vernahm ich zu meiner Überraschung, dass unsere Gruppe länger bleiben durfte. Herr Mauro hatte offensichtlich eine Ausnahmegenehmigung bekommen. Ich stand in einer Ecke und betrachtete weiter das Bild Jesu.

Mein Jesusbild hat sich seit meinen Kindertagen nicht sehr gewandelt. Meine Gefängniserfahrung und alles, was sich daran anschloss, haben letztlich dazu geführt, dass ich ihn umso mehr liebe. Dass er der Sohn Gottes ist, ist für mich einsichtig, denn ich glaube, dass Gott ein Gott der Liebe und der Gnade ist, dass er gerecht ist und uns vergibt. Ich glaube auch, dass Gott den freien Willen des Menschen respektiert. Denn schließlich hat er uns Jesus gegeben, damit wir uns entscheiden, ob wir ihn lieben oder hassen, ob wir Gutes oder Böses tun wollen. Würde es zu einem liebenden Gott passen, auf seinem himmlischen Thron zu sitzen und uns hier unseren Kämpfen und Leiden zu überlassen? Würde ein guter Vater sein Kind in alldem im Stich lassen? Darum finde ich es vollkommen einleuchtend, dass Gott beschlossen hat, in unsere Mitte zu kommen, zu leben wie wir und eines qualvollen Todes zu sterben, nachdem er zuvor gemartert wurde. Dies ist ein Gott, den ich lieben kann, ein Gott, der ein Beispiel gibt. Ein Gott, der sein Blut für uns vergossen hat, ein Gott, dessen Herz gebrochen wurde. Das bedeutet Jesus für mich. Ich möchte nicht behaupten, dass ich das Geheimnis der Dreifaltigkeit verstehe. Doch ich verstehe Liebe und Aufopferung. Ich verstehe Treue.

Um mich selbst wieder aufzurichten, habe ich im Gefängnis mein Leiden mit dem verglichen, das Jesus erduldet hat. Er wurde gegeißelt – ich ebenfalls. Man hat ihm die Dornenkrone aufgesetzt und ihn gezwungen, ein schweres Kreuz durch die Straßen zu tragen; ich wurde vergewaltigt. Man schlug ihm Nägel in Hände und Füße, und er starb daran; ich stand vor einem Erschießungskommando, auch wenn man mich nicht exekutiert hat. Ich versuchte mir vorzustellen, wie es sein muss, wenn man gekreuzigt wird. Ich weiß nur, dass der Schmerz schlimmer sein muss als alles, was ich je erfahren habe. Ich achte, liebe und vertraue dem Einen, der all dies freiwillig erduldete. Ich verstehe Jesus mit meinem Herzen. Der Rest der Welt mag zu ihm stehen, wie er will. Historiker und Autoren, die sich in dicken Büchern mit Fragen auseinandersetzen wie, ob Jesus etwa verheiratet war, interessieren mich nicht. Sollte er beschlossen haben zu heiraten, umso besser. Das würde ihn noch menschlicher machen, noch mehr mein Ebenbild. Ich wüsste das zu würdigen. Ich bin eine eher atypische Katholikin. Ich glaube, dass der Weg zu Gott über Jesus führt, es aber auch andere Wege zu ihm gibt. Ich glaube, dass jeder gute Muslim, Bahai, Jude, Zoroastrier, Hindu, Buddhist, jeder Anhänger einer Religion, der ehrlich seinem

Gewissen folgt und sich bemüht, Gutes zu tun, schließlich ewigen Frieden in Gott findet. Meine Religion kennt nur ein einziges Gebot: Liebet einander. So einfach dies klingen mag, so schwer ist es zu befolgen, wie mich das Leben gelehrt hat. Seine Feinde zu lieben ist leichter gesagt als getan.

Nach einer Stunde vor Leonardos »Letztem Abendmahl« verließen wir die Kirche. Beim Hinausgehen ergriff unsere Führerin meine Hände und sagte mir, wie tief sie *Ich bitte nicht um mein Leben* berührt hätte. Ich blickte in diese unbekannten Augen. Das Wissen, dass die Erinnerung an jene, die in Evin gelitten hatten, in ihr – einer Fremden in einem fremden Land, die nicht einmal unsere Sprache sprach – weiterlebte, gab mir ein tiefes Gefühl des Trostes.

Ein Weihnachtsstern
aus Plätzchenteig

Meine Großmutter lehrte mich zu beten. Sie war auch die Erste, die mir Geschichten von Maria und Jesus erzählte. Und sie schärfte mir ein, dass, wenn auch sie nicht ständig ein Auge auf mich haben konnte, Gott dennoch immer wisse, was ich gerade im Schilde führte. Am Sonntag nahm sie mich immer zu den endlos langen Messen in der russisch-orthodoxen Kirche mit, und auf dem Heimweg kaufte sie mir Leckereien zur Belohnung, weil ich so brav und geduldig ausgeharrt hatte. Ich mochte Schokolade und Bonbons, aber am liebsten aß ich Weihnachtsplätzchen. Weihnachten bedeutete, noch viel länger in der Kirche zu sitzen als an einem normalen Sonntag und sich fürchterlich zu langweilen. Doch das Warten lohnte sich, denn nach der Messe führte *Babu* mich eilig nach Hause, wo ich mir ein sternförmiges Weihnachtsplätzchen vom Christbaum nehmen durfte. Meine Eltern waren nicht gläubig und gingen nie mit *Babu* und mir zur Messe. Die Russisch-Orthodoxen waren ohnehin eine winzige Minderheit in Teheran. Die iranischen Christen gehören entweder der Armenischen, Assyrischen oder Chaldäischen Kirche an. Dies sind durchweg Ethnien, die schon seit Jahrhunderten im Iran ansässig sind und in einigen größeren Städten wie Teheran, Täbris oder Isfahan Kirchen unterhalten. Die armenische Gemeinde wuchs, als viele Armenier nach dem Völkermord der Türken an den Armeniern 1915 in den Iran auswanderten. Unter der Regentschaft von Reza Schah Pahlavi (1941–1979) durften die Armenier eigene Schulen bauen. Sie spielten eine bedeutende Rolle bei der Modernisierung des Landes und galten bald als fleißig und aufrichtig. Über Jahrhunderte hinweg bildeten sie im Iran eine Randgruppe, die nur überleben konnte, weil sie sich immer dem Herrscherhaus unterordnete und im Gegenzug dafür Schutz vor muslimischen religiösen Extremisten erfuhren. Obwohl die Mehrheit der Armenier der Apostolischen Kirche angehört, gibt es auch einen kleinen Prozentsatz Katholiken und Protestanten unter ihnen.

Ob es sich bei der als »Assyrer« bezeichneten Gruppe um eine ethnische Minderheit oder um eine Religionsgemeinschaft handelt, ist nicht eindeutig geklärt.[13] Sie unterteilen sich in mehrere Glaubensgemeinschaften wie die Nestorianer und deren chaldäische Ableger, die russisch-orthodoxe Kirche, mehrere protestantische Kirchen sowie die jakobitische Kirche.

Der Iran zählt gegenwärtig etwa vierundsiebzig Millionen Einwohner, davon knapp neunundneunzig Prozent Muslime, die wiederum zu etwa neunzig Prozent Schiiten und zu zehn Prozent Sunniten sind. Das restliche eine Prozent besteht aus Bahai, Juden, Christen und Zoroastriern.

Obwohl *Babu* nicht gut singen konnte, war sie Mitglied des Kirchenchors. Ich sehe sie noch genau vor mir, wie sie, ihr graues Haar im Nacken zu einem festen Knoten gebunden, mit weißer Bluse, sorgfältig gebügeltem schwarzem Rock und einem kleinen roten Schal um den schlanken Hals zwischen den anderen Mitgliedern des Kirchenchors stand, die mindestens ebenso alt waren wie sie. Ich sehe sie lächeln und Freudenhymnen singen, die den Weg aus ihrem Herzen fanden und nun über flackernden Kerzen, Bildern der Jungfrau und des Gotteskindes und den Köpfen der Gläubigen tänzeln. Nie war *Babu* glücklicher als zu Weihnachten und zu Ostern. Sie war eine gütige und großherzige Frau. Doch sie hatte ein schweres Leben gehabt und, wie sie mir einmal sagte, verlernt, wie man lächelt. Schon als ganz kleines Kind war Weihnachten für mich ein Wunder, denn es war einer von den zwei ganz besonderen Tagen im Jahr, an denen in *Babus* Augen das Glück aufblitzte.

Es gibt wohl kaum einen größeren Kontrast zwischen dem Leben, das *Babu* in den zwanziger und dreißiger Jahren im Iran kennengelernt hatte, und dem, das ich in den Siebzigern führte. Ich konnte tragen, was ich wollte, wenn ich aus dem Haus ging, und zu Schah-Zeiten wurde ich nie diskriminiert, weil ich einer religiösen Minderheit angehörte. Ich las westliche Literatur und besuchte eine gute Schule. Als *Babu* 1921 in den Iran kam, musste sie sich den islamischen Kleidervorschriften entsprechend kleiden, was damals hieß: das Tragen des Tschadors. Manchmal geschah es auch, dass Nachbarskinder Steine nach ihr warfen und sie als dreckige Christin beschimpften, wenn sie auf den Markt ging.

Doch dann gab es einen politischen Umbruch. Am 21. Februar 1921 putschte Reza Khan gegen Ahmad Schah Kadschar und stieß den letzten König der Kadscharen-Dynastie vom Thron, die seit dem Jahre 1794 über den Iran geherrscht hatte. Nach einigen Quellen soll Großbritannien Reza Khan bei seinem Griff nach der Macht unterstützt haben, um den Vormarsch der Bolschewisten im Iran zu stoppen. 1925 wurde Reza Khan zum Schah, zum König, ausgerufen und wurde damit zum Begründer der Pahlavi-Dynastie. Er hatte eine moderne Vision vom Iran. Während seiner sechzehnjährigen Regierungszeit wurde die Transiranische Eisenbahnlinie gebaut, die den Norden und den Süden des Landes miteinander verband. Das Straßennetz wurde ausgebaut. Er modernisierte das Bildungssystem des Landes durch die Gründung der Universität Teheran und errichtete zahlreiche moderne Industrieanlagen. Zu Beginn seiner Herrschaft trugen alle Frauen in der Öffentlichkeit den Hidschab, wie es seit Jahrhunderten religiöse Tradition gewesen war. Im Bestreben, den Iran weiter zu modernisieren, verbot Reza Schah Ende der dreißiger Jahre das Tragen des Hidschab. Er war der Überzeugung, dass das Tragen des Kopfschleiers die Frauen einschränkte und sie daran hinderte, eine aktive Rolle in der Entwicklung des Landes zu übernehmen. Nach Rezas Anti-Hidschab-Erlass konnte eine Frau, die in der Öffentlichkeit den Tschador trug, von der Polizei gezwungen werden, ihn abzulegen. Im Falle einer Weigerung musste sie sogar mit Verhaftung rechnen.

Reza Schah war ein Diktator. Er duldete keinerlei Kritik und schuf ein System, in dem die Redefreiheit de facto nicht existierte. Wer es wagte, den Mund aufzumachen, wurde verhaftet, eingesperrt, gefoltert oder umgebracht. Er ließ viele politische Führer einsperren, darunter Mohammad Mossaddegh. Andere wurden auf seinen Befehl hin ermordet wie etwa Teymourtash, der von 1925 bis 1932 sein Hofminister gewesen war. Er beschlagnahmte Land, das den Kadscharen oder seinen politischen Gegnern gehörte, um es seinem Grundbesitz hinzuzufügen. Auch unter seiner Regierung ging die Korruption weiter und griff mehr und mehr um sich. In den Jahren 1938 und 1939 ließ er die armenischen Schulen schließen und nahm den armenischen Gemeinden ihre innere Autonomie. Alte armenische Ortsnamen in der Provinz Aserbaidschan wurden auf seinen Befehl hin iranisiert.

In Artikel 13 der Verfassung der Islamischen Republik Iran heißt es: »Iranische Bürger zoroastrischen, jüdischen und christlichen Glaubens sind als offizielle religiöse Minderheiten anerkannt, die vollständig frei ihre religiösen Pflichten im Rahmen des Gesetzes ausüben können. Die Personenstandsangelegenheiten und die religiöse Erziehung erfolgen nach der entsprechenden eigenen Religion.«[14]

Der Passus »im Rahmen des Gesetzes« hat dem iranischen Regime natürlich einiges an Gestaltungsspielraum eröffnet. Auch wenn die anerkannten religiösen Minderheiten des Iran ihre Tempel, Synagogen und Kirchen haben dürfen, müssen sie vermeiden, öffentlich in Erscheinung zu treten, um nicht in den Verdacht zu geraten, sie wollten Muslime dazu bewegen, von ihrem Glauben abzufallen. Im Iran steht auf den Übertritt vom Islam zu einer anderen Religion die Todesstrafe. Die iranische Regierung hat in den letzten Jahren mit Argusaugen über eventuelle Missionierungsbestrebungen von Christen, die ihre Gottesdienste auf Persisch halten, gewacht.

In den Jahren 1985 und 1986 arbeitete ich mit einigen armenisch-katholischen Nonnen, die in Teheran eine Mädchenschule unterhielten. Obwohl die Schule nach außen hin immer noch der armenisch-katholischen Kirche unterstand, hatte die Regierung die Vollmachten der Nonnen deutlich beschnitten. So bekam die Schule eine muslimische Direktorin und zahlreiche muslimische Lehrer. Den Nonnen war es ferner nicht gestattet, im Religionsunterricht einen christlichen Katechismus zu verwenden, sondern nur solche Lehrwerke, die die islamische Regierung für den Unterricht von christlichen Schülern verfasst hatte. Die Inhalte dieser Lehrbücher deckten sich nicht mit den Lehren der Kirche. Diese »revidierten« Katechismen mussten außerdem auf Persisch statt auf Armenisch geschrieben sein, um der Regierung eine vollständige Kontrolle über das Unterrichtsmaterial zu ermöglichen. Bald war es sämtlichen religiösen Minderheiten untersagt, ihre Sprache im Unterricht zu verwenden. Es erging ein Verbot, wonach sich auf einem Gelände, auf dem ein Tempel, eine Synagoge oder eine Kirche stand, keine Schule befinden durfte. Zweck dieser Anordnung war, so hieß es, dass Muslime, die solche Schulen besuchten, nicht mit anderen Religionen in Berührung kommen sollten. In einem Brief von Erzbischof Manukian an Ayatollah Montazeri, der am 6. Juli 1984 in der *Iran Times* veröffentlicht wurde, heißt es: »Trotz Ihrer ermutigenden Worte blieben die Probleme, zu denen es in Verbindung mit den Schulen kam, nicht nur ungelöst, die Situation hat sich durch die jüngsten Anweisungen sogar noch weiter verschlechtert. Sie führten zu folgenden Missständen: unberechtigte Ersetzung von Schulleitern, Entlassung von Lehrern, die Unterricht in armenischer Sprache und Religion erteilen können, sowie Schließung zahlreicher Schulen.«[15]

Die Bahai sind im Iran weiterhin eine nicht anerkannte Religionsgemeinschaft und haben keinen gesetzlichen Status. Die Behörden haben sie zu »Ungläubigen, die keinen Schutz genießen«, erklärt. Sie werden aufgrund ihrer religiösen Überzeugungen systematisch diskriminiert und im Iran bis auf den heutigen Tag verfolgt. Sie haben mehr Leid als jede andere religiöse Minderheit erfahren. 2008 wurden im Iran acht Geistliche der Bahai-Gemeinde verhaftet und ins Evin-Gefängnis gebracht. Zum Zeitpunkt der Niederschrift dieses Buches sitzen sie dort immer noch in Haft. Diese letzte Säuberungsaktion erinnert an die Verhaftung beziehungsweise Verschleppung sämtlicher Mitglieder des Nationalen Geistlichen Rates der Bahai und seines Nachfolgegremiums im Iran

Anfang der achtziger Jahre, in deren Gefolge siebzehn Personen spurlos verschwanden beziehungsweise hingerichtet wurden.[16]

Babu starb, als ich sieben war. Nach ihrem Tod war Weihnachten für mich nicht mehr dasselbe. Nun gab es keinen Christbaum und keine sternförmigen Weihnachtsplätzchen mehr. Ein paar Jahre lang spielte mein Bruder Alik den Retter in der Not und machte mir regelmäßig ein Weihnachtsgeschenk. Einmal bekam ich eine Puppe mit schwarzen Locken und blauen Augen von ihm, dann wieder eine Spielzeugeisenbahn. Zuvor hatte ich nie Weihnachtsgeschenke bekommen, weil *Babu* der Ansicht war, dass Spielsachen Kinder nur verderben würden. Daher war ich von Aliks freundlicher Geste höchst entzückt, vermisste aber dennoch den Christbaum und die Plätzchen. Als ich vier war, ging er nach Schiras im Zentraliran, um dort zu studieren, und ich bekam ihn kaum noch zu Gesicht. Seine kurzen Besuche zu Hause waren immer höchst aufregend. Ich möchte den Duft seines Aftershaves, der dann immer in der Luft hing. Für mich als kleines Kind war er wie einer der Helden aus meinen Büchern. Er nahm so plötzlich Gestalt an, wie er dann wieder verschwand, geheimnisvoll und verwirrend.

Weihnachten war im muslimischen Iran zu keiner Zeit Feiertag, also musste ich an diesem Tag ganz normal zur Schule gehen. Doch das machte mir nichts aus, schließlich war ich daran gewöhnt. 1979, nach dem Sieg der Islamischen Revolution, entwickelte ich das starke Bedürfnis, das Weihnachtsfest wiederauferstehen zu lassen und es wieder zu einem Teil meines Lebens zu machen. Christen waren im Iran ja eine anerkannte religiöse Minderheit, es würde uns nicht in Schwierigkeiten bringen, in die Kirche zu gehen und Weihnachten zu feiern, solange wir uns an die islamischen Vorschriften hielten, die nun das Land regierten, und nicht versuchten, Muslime zum Christentum zu bekehren. Und natürlich durften wir die Regierung nicht kritisieren.

Im Sommer 1980 fing ich an, Geld für einen Christbaum zu sparen. Als es auf Weihnachten zuging, sagte ich meiner Mutter, sie müsse mit mir kommen und mir helfen, den Baum heimzutragen. Sie hatte nichts dagegen. Nun war der Kauf eines Christbaums in Teheran mit Schwierigkeiten verbunden, denn die wenigen Händler waren über die ganze Stadt verteilt. Zum Glück aber gab es einen in fußläufiger Entfernung zu unserer Wohnung. Sobald der Baum in seinem Ständer stand, holte ich die alten, eingestaubten Schachteln mit Christbaumschmuck aus dem Keller herauf. Als ich aber die Schachteln aufmachte, war ich ziemlich enttäuscht: Die Farbe war verblichen, und der Christbaumschmuck sah ziemlich schäbig aus. Also umwickelte ich ihn mit farbigen Bändern aus dem Kaufhaus, so dass er fast wie neu aussah.

Im Gefängnis bekam Weihnachten noch einmal eine neue Bedeutung für mich. Als Ali mich zwang, zum Islam überzutreten, kam ich mir vor wie eine Verräterin. In der Einzelhaft hat man viel Zeit zum Nachdenken, und manchmal sprach ich stundenlang mit Gott. Ich bat ihn Hunderte von Malen um Vergebung, sagte ihm, dass ich keine andere Wahl gehabt hätte, dass Ali meine Mutter, meinen Vater und Andre verhaftet hätte, hätte ich nicht getan, was er von mir verlangte, und dass ich damit niemals hätte leben können. Wenn sie meine Familie geholt hätten, dann hätte ich kein Zuhause mehr gehabt, in das ich eines Tages wieder zurückkehren könnte. Ich erwartete, dass Gott etwas zu mir sagte, doch er sprach kein Wort, und ich fragte mich oft, ob er mich denn verlassen habe. Doch dann gab es jene Augenblicke in der Nacht, irgendwo zwischen Wachen und Schlaf, in denen ich das Gefühl hatte, in der Dunkelheit der Zelle wie in einem Grab zu liegen – in diesen Momenten fühlte ich eine Präsenz. Es war keine Stimme, nichts, was man sehen oder berühren hätte können, doch es war etwas Warmes und Sanftes, das mich nicht verlassen würde.

An Heiligabend 1983 schneite es. Sie hatten mich aus meiner Einzelzelle geholt und in die Zelle mit den anderen Mädchen gebracht. Als ich am frühen Morgen aus dem vergitterten Fenster schaute, tanzten flaumige Schneeflocken im Wind auf und ab. Bald waren die Wäscheleinen im Hof und die Kleider, die daran hingen, weiß bereift. Als die Zeit für unseren Hofspaziergang gekommen war, gingen die meisten Mädchen, nachdem sie ihre Wäsche abgenommen hatten, gleich wieder nach drinnen, weil es ihnen zu kalt war. Unsere Gummipantoffeln boten nicht viel Schutz gegen die Elemente. Ich erklärte mich bereit, die Kleider zweier Freundinnen von draußen hereinzuholen. Es war kälter, als ich gedacht hatte, aber ich mochte es, wie die Schneeflocken mein Gesicht berührten. Niemand war im Hof. Ich zog meine Socken und Pantoffeln aus und stand so reglos wie möglich. Das weiße Rund des Winters griff nach mir, bedeckte mich und füllte die schmalen Spalten zwischen meinen Zehen. Heiligabend. Der Tag von Christi Geburt. Ein Tag der Freude und des Feierns, ein Tag, an dem man Lieder singt, festlich tafelt und Geschenke aufmacht. Wie konnte sich die Welt einfach weiterdrehen, als sei nichts geschehen, so, als hätte es die vielen zerstörten Leben nie gegeben?

Nach einer Weile begannen meine Füße zu schmerzen und taub zu werden. Evin hatte mich herausgerissen aus meinem Zuhause, weg von dem Menschen, der ich gewesen war. Mich hineinversetzt in ein Reich unsäglicher Angst. Dort sah ich mehr Leid, als je ein Mensch erleben sollte. Ich hatte Verlust und Kummer schon zuvor kennengelernt. Doch in Evin presste das nicht enden wollende Leid seine Opfer in einen Zustand der Erstickung. Wie konnte das Leben weitergehen, wenn man einmal etwas Derartiges erlebt hat?

Als wir 1991 nach Kanada kamen, war ich ganz aus dem Häuschen, als ich erfuhr, dass Weihnachten hier ein Feiertag ist. Zum Einkaufszentrum zu gehen, mir die Weihnachtsdekoration anzuschauen und den Leuten dabei zuzusehen, wie sie ihre Weihnachtseinkäufe tätigten, entzückte mich. Zum letzten Weihnachtsfest vor meiner Verhaftung hatte ich für meine Freundinnen und Verwandten Schals gestrickt, doch hier in Kanada konnte ich in den Laden gehen und ihnen viel schönere Dinge kaufen, obwohl wir nicht viel Geld hatten. Ich hatte für alle schwarze Schals gestrickt, denn wenn man leuchtende, helle Farben trug, konnte man sich ernsthafte Schwierigkeiten einhandeln. Die Revolutionsgarden verwarnten jeden, der etwas anderes als Schwarz, Braun, Grau oder Dunkelblau trug.

Seit ich 2002 mit dem Schreiben angefangen habe, kreisten meine Gedanken mehr und mehr um mein Weihnachten im Iran, und schließlich befand ich, dass ich Weihnachten so schlicht wie möglich begehen wollte. Wichtig ist mir ein Christbaum, doch auf neuen Christbaumschmuck lege ich keinen Wert. Ich möchte Weihnachtslieder singen, auch wenn ich keine gute Sängerin bin. Ich möchte mich an die Einsamkeit erinnern, die ich im Gefängnis gespürt habe, und an die Präsenz, die mich am Leben hielt, als meine Welt nur noch aus Dunkelheit bestand. Ich möchte mich an meine Freundinnen erinnern, die in Evin gelitten haben, und an jene, die ihr Leben verloren haben. Und ich möchte an das Kind denken, das vor über zweitausend Jahren geboren wurde und die Menschen ermahnte, einander zu lieben.

Wenn es nach mir ginge, gäbe es zu Weihnachten keine Geschenke, doch mir ist klar, dass ich damit einen Aufstand auslösen würde. Zu Weihnachten bedenke ich Briefträger, Kollegen, Lehrer und so weiter nicht mit nutzlosem Krimskrams, sondern spende für wohltätige Zwecke. Was ich mir zu Weihnachten wünsche, sind sternförmige Weihnachtsplätzchen, ein Christbaum und dass ich meine Familie um mich habe – denn ich weiß, wie unvorhersehbar das Leben sein kann. Vielleicht gibt es für uns ja kein weiteres Weihnachtsfest mehr.

Das Fläschchen
mit dem Folsäurepräparat

Jahrelang vermied ich es, Folsäurepräparate einzunehmen, obwohl mir meine Hausärztin dazu geraten hatte, da ich an einer genetisch bedingten Blutkrankheit leide. Ich hatte immer ein Fläschchen davon zu Hause, doch ich stellte es ganz nach hinten ins Medizinschränkchen, so dass ich es nicht sehen konnte. Lange Zeit machte ich mir überhaupt keine Gedanken darüber, weshalb ich das Präparat partout nicht nehmen wollte. Ich wollte nicht an alte Erinnerungen rühren. Auf einer Griechenlandreise holte mich diese Erinnerung dann unerwartet ein. Kaum war ich von der Reise heimgekehrt, stellte ich das Fläschchen mit der Folsäure auf den Küchentisch, wo ich es ständig im Blick hatte. Wie einst bei *Babu,* meiner Großmutter, und ihrem Schmuckkästchen auf dem Esstisch hatten nun auch bei mir die Gespenster der Vergangenheit Einzug in die Küche gehalten.

Am 30. Mai 2008 wälzte ich mich um acht Uhr früh aus dem Bett. Ich war erst am Abend zuvor in Thessaloniki angekommen und ziemlich erschöpft. Ich trank drei Tassen starken schwarzen Kaffee und machte mich auf den Weg zur Buchmesse, wo ich einen Vortrag halten sollte. Die Veranstaltung fing zwar erst um ein Uhr an, aber ich wollte mich vorher noch ein wenig am kanadischen Buchstand umschauen. Die Kanadische Botschaft in Griechenland und mein griechischer Verleger hatten die Reise organisiert.

Ich schlenderte über das Messegelände, um mir die Bücher ein wenig anzuschauen. Als ich auf den kanadischen Stand zusteuerte, fiel mir der der Islamischen Republik Iran ins Auge. Ich wollte die beiden Männer hinter der Theke auf keinen Fall ansprechen, wusste ich doch, dass die Regierung des Iran zu solch internationalen Ereignissen nur ihre linientreuesten Vertreter schickte. Vermutlich hatten die beiden Verbindungen zum Ministerium für Nachrichtenwesen und Sicherheit, und das war nun nicht gerade die Sorte Mensch, mit der ich gern geplaudert hätte.

Die Messestände Kanadas und des Iran lagen nur ein paar Schritte voneinander entfernt. Die Kanadier hatten zahlreiche Exemplare der griechischen Übersetzung meines Buches ausgelegt, an einer Wand klebte die Seite mit dem Online-Interview, das die Messezeitung zuvor mit mir gemacht hatte. Bei der Begrüßung durch Denys Tessier, Berater für Politik und Öffentlichkeitsarbeit, sah ich, wie einer der Männer vom iranischen Stand zu uns herüberkam. Er ging direkt an mir vorbei, hinüber zum Buchregal, nahm ein Exemplar meines Buches und blätterte darin herum, während ich mich mit Denys Tessier unterhielt. Plötzlich unterbrach er uns und fragte: »Sind Sie die Autorin dieses Buches?«

»Ja«, sagte ich und setzte mein gewinnendstes Lächeln auf, doch mein Herz schlug schneller, als ob ich gerade einen Hundertmetersprint hingelegt hätte.

Der Mann starrte mich an.

Ich wollte nicht, dass er sich einbildete, er hätte mir Angst gemacht, also sagte ich: »Wollen Sie sich nicht ein wenig zu uns setzen?«, und stellte zwei Stühle für uns auf. Herr Tessier holte für sich einen dritten.

»Entschuldigen Sie bitte, aber ich habe Ihren Namen wohl überhört«, sagte ich.

»Ali«, kam seine Antwort.

Er spielte eindeutig Katz und Maus mit mir. Selbst wenn er wirklich Ali hieß, so stellen sich Iraner doch niemals mit ihrem Vornamen vor. Entweder sagen sie *nur* ihren Familiennamen (Im Iran würde ich mich mit: »Mein Name ist Nemat.« vorstellen.) oder sie nennen Vornamen *und* Familiennamen. Mein Herz schlug noch schneller.

Es herrschte unbehagliches Schweigen. Ich musste etwas sagen. Egal was.

»Nun, wie ist der Autoverkehr in Teheran so?«, fragte ich.

»Immer noch so schlimm, wie ich ihn in Erinnerung habe?«

Der Teheraner schimpft über den Verkehr wie der Kandier übers Wetter.

»Schrecklich«, sagte der Mann. »Wann waren Sie das letzte Mal dort?«

»1990.«

»Seitdem ist es noch viel schlimmer geworden. Wir haben einen fürchterlichen Bürgermeister. Er hat überhaupt nichts getan, damit sich etwas bessert. Die Straßen im Zentrum der Stadt gleichen eher einem Parkplatz.«

Wieder Schweigen. Wir sahen einander nur an.

»Übrigens, ich halte heute um ein Uhr nachmittags einen kleinen Vortrag hier«, platzte ich heraus. »Wenn Sie mehr über mein Buch wissen möchten …«

»Ich weiß«, unterbrach er mich und stand auf. »Wir wissen alles über Sie. Wir beobachten Sie«, fügte er hinzu und verschwand, ehe ich noch ein Wort sagen konnte.

Herr Tessier wandte sich mir zu und fragte: »Was zum Teufel sollte denn das eben bedeuten?«

»Ich habe keine Ahnung«, gab ich zurück.

Zoe Delibasis, Referentin für Kultur und Öffentlichkeitsarbeit der Kanadischen Botschaft, kam zu uns herüber. »Der Typ ist schon seit ein paar Tagen ständig um unseren Stand herumgeschlichen«, erzählte sie mir. »Ich glaube, er hat auf Sie gewartet. Vielleicht hätte ich Ihnen das sagen sollen. Geht es Ihnen gut?«

»Alles bestens. Die wollen mich nur einschüchtern.«

Ich war ziemlich aufgewühlt, hatte mich aber im Griff. Die Art, wie der Iraner mich angestarrt hatte, war mir auf schreckliche Weise vertraut. Sie erinnerte mich an die Verhörbeamten in Evin. Er wollte mir zeigen, dass er in der Position des Stärkeren war. Wäre ich noch ein sechzehnjähriges Mädchen gewesen und hätte im Gefängnis gesessen, hätte er mich viel stärker aus dem Gleichgewicht bringen können, doch mittlerweile war ich erwachsen und hatte einiges dazugelernt. Ich war nun eine freie Frau.

Tags darauf zeigte mir Athanassios Psichogios, mein griechischer Verleger, viele der berühmten Sehenswürdigkeiten Athens. Die Stadt erinnerte mich ein wenig an Teheran. Die Straßen mit ihren vier- oder fünfstöckigen Beton- und Ziegelbauten glichen denen bei uns. Auch die Luft, verschmutzt und abgasgeschwängert, roch wie die Luft in Teheran. Geografisch gesehen war ich dem Iran nicht mehr so nahe gekommen, seit ich vor vielen Jahren von dort weggegangen war. Am Nachmittag wanderte ich stundenlang durch die Stadt, und am Ende hatte ich mir sogar Blasen gelaufen. In einer Apotheke kaufte ich mir eine Salbe, die die Schmerzen etwas lindern sollte. Die vollgepfropften Regale, das schlechte Licht und die freundlichen Angestellten erinnerten mich ebenso an die Apotheken in Teheran, speziell an die eine, in die Ali mich gebracht hatte. Bis zu diesem Augenblick hatte die nicht unwillkommene Ferne Kanadas mir immer geholfen, mein

Heimweh zu vergessen, doch nun war es, als müsste ich nur meine Arme ausstrecken, um meine Erinnerungen an den Iran mit Händen zu greifen.

Ende August 1983, fünf Monate nach meiner Heirat mit Ali, ging es mir plötzlich sehr schlecht, und ich musste mich dauernd übergeben. Nach ein paar Tagen brachte Ali mich zur Ärztin seiner Mutter, einer Frau Anfang fünfzig. Sie ließ ein paar Tests machen. Danach stellte sich heraus, dass ich in der achten Woche schwanger war. Dass ich ein Kind bekommen könnte, war mir überhaupt nicht in den Sinn gekommen. Als ich einwilligte, Ali zu heiraten, fragte ich mich nur, welche Konsequenzen diese Entscheidung für mein Leben und das Leben meiner Eltern beziehungsweise Andres haben würde. An Kinder hatte ich dabei gar nicht gedacht. Nun würde ein weiteres Leben von meiner Entscheidung betroffen sein: das eines unschuldigen Kindes. Ein Kind würde sich auf mich verlassen, würde mich brauchen, und, ob mir das nun gefiel oder nicht, es würde auch seinen Vater brauchen. Mit diesem Kind verschwand der Mensch, der ich vor Evin gewesen war, endgültig und unwiderruflich.

Als die Ärztin mir die Testergebnisse mitteilte, meinte sie, dass den Tests zufolge irgendetwas mit meinem Blut nicht in Ordnung war.

»Die Werte liegen nicht im Normalbereich, daran gibt es keinen Zweifel«, sagte sie. »Ich weiß aber nicht, was die Ursache ist. Sie müssen eine Spezialistin aufsuchen.«

Sie schrieb einen Namen auf ein Stück Papier und gab es mir. Ich musste ihr versprechen, mich dort untersuchen zu lassen. Ali wartete im Auto auf mich. Als ich ihm sagte, dass ich schwanger sei, war er außer sich vor Freude. Dann gab ich ihm den Zettel mit dem Namen der Spezialistin und erzählte ihm, die Ärztin glaube, dass etwas nicht stimme. Er sah sehr besorgt aus und sagte, er würde einen Termin für mich ausmachen.

Ein paar Tage später fuhr Ali mich in die Praxis, die die Ärztin mir genannt hatte. Sie lag in der Nähe der Kakh-Avenue.

»Es wird alles gutgehen«, sagte Ali, nachdem er den Motor abgestellt hatte. »Mit dir ist alles in Ordnung. Und mit dem Baby wird auch alles in Ordnung sein.«

Ich nickte nur. Ich wollte dieses Kind nicht. Ich schämte mich für diese Gefühle, aber ich konnte einfach nicht anders. Tief in mir wünschte ich mir, dass der Arzt bei mir Leukämie feststellen würde. Dann konnten ich und das Kind bald sterben.

Die Ärztin ordnete einige weitere Tests an. Als die Ergebnisse da waren, rief sie Ali an, um ihm mitzuteilen, dass sie mit uns beiden sprechen müsse. Offensichtlich litt ich an *Thalassaemia minor,* einer genetisch bedingten Form der Anämie. Sie meinte, die Befindlichkeit gleiche der bei einer leichten Form von Blutkrebs, doch würde sich meine Krankheit weder verbessern noch verschlimmern. Keineswegs würde sie mich das Leben kosten. Ich habe also immer schon Thalassämie gehabt, ohne es zu wissen, und ich könne mein Leben so weiterführen wie bisher. Auch wenn die Krankheit nicht heilbar sei, so können Folsäurepräparate mir doch eine gewisse Linderung verschaffen. Zu Komplikationen könne es höchstens im Falle einer Schwangerschaft kommen.

»Ich bin schwanger«, sagte ich.

»Dann müssen wir auch bei Ihrem Mann einen Bluttest machen«, meinte sie nachdenklich und sah Ali an. »Sollte er dieselbe Krankheit haben, die im Iran relativ verbreitet ist, dann könnten Ihre Kinder schon in den ersten Lebensjahren sterben.«

Ali machte den Test. Es stellte sich heraus, dass er nicht an Thalassämie litt. Er war erleichtert, ich aber verspürte ein Gefühl, als käme das Fallbeil meinem Nacken immer näher. Sobald ich einmal ein Kind hätte, gäbe es keinen Ausweg mehr. Auch wenn ich meine Heirat mit Ali vor meiner Familie bisher hatte verbergen können, so ließ sie sich nun nicht länger geheim halten. Ich musste meinen Eltern gegenübertreten und ihnen die Wahrheit gestehen. Würden sie mich verstoßen und für immer hassen?

Ali fuhr mit mir zur Apotheke, und wir kauften alles an Folsäurepräparaten, was ich brauchte. Als wir wieder im Auto saßen, starrte Ali einfach nur reglos vor sich hin.

»Du siehst so traurig und unglücklich aus«, brachte er schließlich hervor.

Ich senkte die Augen.

»Was stimmt denn nicht mit dir?«, fragte er.

Ich lachte auf.

»Was ist so komisch?«

»Du fragst, was nicht stimmt?«, rief ich. »Nichts stimmt! Nichts! Du! Ich! Diese Heirat! Evin!«

Ich begann zu weinen.

»Marina, du bist schwanger. Schwangeren Frauen geht es so. Das Leben ist schwer, ich weiß. Aber ich gebe mir Mühe, und du musst dir auch Mühe geben. Bitte.«

Man hatte mich in die Enge getrieben, und es gab kein Entrinnen. Trotzdem durfte ich die Hoffnung nicht sinken lassen. Die Marina von früher war tot, und die Frau, die ich jetzt geworden war, hatte einen Mann und bald auch ein Baby, das sie brauchen würde.

»Das muss von der Schwangerschaft kommen«, sagte ich schluchzend. »Ich meine das alles gar nicht so.«

»Dann muss ich dich ein wenig aufheitern«, meinte Ali. »Siehst du den kleinen Laden da drüben, neben der Apotheke? Der ist bei den Frauen sehr beliebt. Meine Schwester Akram kommt auch manchmal zum Einkaufen her. Ich habe sie schon ein paarmal hergebracht und dann eine halbe Ewigkeit im Auto gewartet, bis sie ihre Einkäufe erledigt hatte. Hier … ich gebe dir ein bisschen Geld. Geh rein und kauf dir was Schönes.«

Er gab mir eine Handvoll Geldscheine. Ich stieg aus dem Auto und ging zum Laden hinüber. Im Schaufenster lagen ein paar schöne Handtücher und ein bestickter rosa Bademantel. Sie sahen ungeheuer edel aus. Ich ging hinein. Die Verkäuferin, die ziemlich viel Make-up trug, begrüßte mich. Ich wunderte mich, dass sie sich so stark geschminkt auf die Straße wagte, aber vielleicht wusch sie ja vorher alles wieder ab. Im Laden senkte ich den Blick. Ein paar Morgenröcke und Nachthemden hingen an einem Ständer, alle mit Spitzen und wunderschön. Ich suchte mir ein rosa Nachthemd und einen passenden Morgenrock aus und fragte die Verkäuferin, ob ich sie anprobieren dürfe. Sie führte mich zu einem Umkleideraum. Ich schlüpfte in die Sachen und betrachtete mein Bild im Spiegel. Ich sah überhaupt nicht schwanger aus. Mein Bauch war so flach wie eh und je. Ich stellte mir vor, wie ich mit meinen neuen Sachen in meiner Einzelzelle sitzen würde. Plötzlich klopfte es draußen, ich fuhr auf.

»Ja?«

»Brauchen Sie eine andere Größe?«, wollte die Verkäuferin wissen.

»Nein. Es passt alles«, gab ich zurück.

»Soll ich mal einen Blick drauf werfen, ob alles richtig sitzt?« Ich machte die Tür auf.

»Wunderbar!«, rief sie aus. »Ihrem Mann wird das gefallen.« Wenn sie nur wüsste.

Als ich die Apotheke in Athen verließ, dachte ich an das Baby – das, wie ich mir sicher war, ein Junge geworden wäre. Als Ali erschossen wurde, erlitt ich eine Fehlgeburt. Wäre unser Sohn nicht gestorben, wäre er jetzt vierundzwanzig Jahre alt, ein junger Mann also. Wem er wohl ähnlich gesehen hätte? Ali oder mir? Hätte er irgendwann auch für das iranische Regime gearbeitet, oder hätte ich ihn den Unterschied zwischen Recht und Unrecht lehren können? Wäre er am Leben geblieben, hätte ich ihm erzählt, welch grauenhafte Dinge sein Vater in Evin getan hatte. Dass er mich gezwungen hatte, ihn zu heiraten, ich aber dennoch stolz auf ihn war, weil er seine Arbeit dort kurz vor seinem Tod aufgegeben hatte und sich alle Mühe gab, gut für sein ungeborenes Kind und mich zu sorgen.

Ein Jahr vor meiner Griechenlandreise hatte ich eine E-Mail von einem jungen Mann namens Nima erhalten. Er schrieb, dass er in Evin geboren worden sei und seine Eltern niemals kennengelernt habe. Er habe mein Buch drei Mal gelesen und das Gefühl gehabt, seine Mutter hätte es geschrieben haben können. Mir war unsäglich weh ums Herz. Ich wollte wissen, ob er wisse, was mit seinen Eltern passiert sei. Er schrieb zurück, er würde es mir mitteilen, sobald er dazu bereit sei. Wie viele Kinder waren in Evin zur Welt gekommen, hatten Gefängnisaufseher und Vernehmungsbeamte zum Vater? Eine schwangere Frau war mit uns in Block 246. Sie und ihr Mann waren zum Tode verurteilt worden. Eine schwangere oder stillende Frau hinzurichten lässt das islamische Recht nicht zu, also setzte die Gefängnisleitung den Vollzug des Todesurteils aus. Sie brachte einen hübschen Sohn zur Welt. Wir sahen zu, wie er langsam größer wurde. Hinter Gefängnismauern wuchs er zu einem kleinen Knirps heran. Schließlich schickte die Mutter ihn nach Hause zu ihren Eltern, obwohl es ihr das Herz brach, sich von ihm zu trennen. Doch er hatte noch nie eine Blume oder einen Baum gesehen. Die Welt, die er kannte, bestand allein aus Beton und Stacheldraht.

»Sie haben versucht, uns alles zu nehmen«, schrieb ich Nima, »sogar die Möglichkeit, jemals wieder glücklich zu sein. Ich wünsche Dir Glück, auch wenn es unvollkommen bleiben wird.«

Er antwortete mir: »Auch ich wünsche Dir Glück, Marina, denn das ist unsere einzige Rache.«

Ebendiese Worte hatte Shahnoosh im Traum zu mir gesagt.

Nach meiner Freilassung aus Evin, kurz vor meiner Hochzeit mit Andre, wären meine geheime Eheschließung mit Ali und meine Schwangerschaft fast noch entdeckt worden.

Ich hatte bisweilen ausgesprochen starke Regelblutungen. Einen Monat nach meiner Entlassung waren die Blutungen so heftig, dass ich das Bett nicht verlassen konnte. Meine Binden waren schon nach wenigen Minuten durchgeblutet. Meine Mutter rief eine Freundin der Familie an, die Frauenärztin von Beruf war. Sie kam vorbei und gab mir eine Spritze, um die Blutungen zu stillen. Später ließ sie ein Blutbild machen. Sobald sie die Ergebnisse hatte, meinte sie, ich müsse dringend einen Spezialisten aufsuchen. Ich hatte weder ihr noch irgendjemandem zu Hause von meiner geheimen Eheschließung, der Schwangerschaft und dem Abgang erzählt, also konnte ich ihr nicht sagen, dass ich bereits wusste, dass ich an *Thalassaemia minor* litt. Der Schreck fuhr mir in alle Glieder, als sie mich zur selben Spezialistin überwies, zu der mich schon die Hausärztin von Alis Mutter geschickt hatte.

Andre wollte mich zu dieser Ärztin begleiten. Sie hätte mich höchstwahrscheinlich wiedererkannt und mich nach Ali und dem Baby gefragt. Das durfte ich nicht zulassen. Zwei oder drei Tage vor dem Termin ging ich in ihre Praxis. Ich sagte der Sprechstundenhilfe, dass ich die Ärztin dringend sprechen müsse. Es würde aber nicht lange dauern, und ich würde gerne so lange waren, bis sie Zeit für mich hätte. Ich war ziemlich aufgelöst. Darum meinte die Sprechstundenhilfe, sie würde mich so bald wie möglich dazwischenschieben. Nach etwa einer Stunde führte sie mich ins Sprechzimmer. Ich sagte der Ärztin, wer ich war. Sie konnte sich noch an Ali und mich erinnern. Ich erzählte ihr, dass Ali tot war und ich einen Abgang gehabt hatte. Die Farbe wich aus ihrem Gesicht. Und ich erzählte ihr, dass ich, als ich das erste Mal in ihrer Praxis gewesen war, eine Gefangene in Evin gewesen war. Sie riss vor Erstaunen die Augen weit auf.

»Meine Familie weiß nichts von Ali und davon, in welcher Beziehung ich zu ihm stand«, sagte ich. »Ich bitte Sie inständig, ihnen nichts zu verraten. Sie werden mich verstoßen, wenn sie davon erfahren. Bald werde ich den Mann heiraten, den ich liebe. Ich möchte einfach einen Schlussstrich unter die Vergangenheit ziehen. In zwei Tagen habe ich einen Untersuchungstermin bei Ihnen. Bitte tun Sie, als würden Sie mich nicht kennen, wenn ich mit ihm hierherkomme.«

»Ich bin Ihre Ärztin«, sagte sie mit zitternder Stimme. »Alles, was Sie mir erzählen, unterliegt der Schweigepflicht, und ich kann Ihnen versichern, dass ich sie nicht brechen werde. Mein armes Kind … ich hatte ja keine Ahnung … Sie wirken so normal … und er machte einen so sympathischen Eindruck …«

Ich seufzte vor Erleichterung.

Die Ärztin spielte ihre Rolle perfekt, als ich mit Andre in die Sprechstunde kam. Andre schöpfte keinerlei Verdacht. Auch er machte den Bluttest. Er war nicht krank. Wir würden Kinder haben können.

In Athen hatte ich mich mit zwei Freunden zum Abendessen im Hotel Grande Bretagne getroffen. Vom Dachrestaurant hatten wir einen märchenhaften Blick auf die Akropolis. Der

Anblick dieser Ruinen erinnerte mich an Persepolis, das ich besucht hatte, als ich so um die fünf Jahre alt war. Die Ruinen beider Städte sind seltsame Denkmäler aus einer Zeit, da die Welt von anderen Supermächten beherrscht wurde. Persepolis wird auf Persisch *Tacht-e Dschamschid,* »Thron des Dschamschid«, genannt. Es war die Zeremonialhauptstadt der Achämenidendynastie und wurde von Alexander dem Großen 330 v. Chr. in Brand gesteckt.

Als die Sonne versank und die Lichter aufflammten, schien die Akropolis wie ein Schiff aus gelbem Licht, das im Dunkel schwamm. Ich glaubte beinahe, Persepolis im Wüstensand vor mir zu sehen. Jedes Molekül barg in seinem Kern eine Geschichte. Seine entvölkerten Tore erinnerten an die Augenhöhlen eines merkwürdigen Schädels, und seine staubigen Knochen schienen in den Himmel zu starren und sich an Geschichten zu erinnern, die die Welt längst vergessen hatte. Über Persepolis stand weiß, bleich und gespenstisch der Vollmond in seinem milchigen Hof und wachte über ein strenges Land, wo Tag und Nacht einander in unerbittlicher Rache jagen und nur die Fata Morgana einen Faden der Hoffnung in die Wirklichkeit webt.

Babu pflegte manchmal zu sagen: »Einmal gehe ich zurück nach Russland. Irgendwann werden diese kommunistischen Mörder verschwunden sein, und dann fahre ich heim.«

Babu ist nicht nach Hause zurückgekehrt. Die Kommunisten wurden schließlich verjagt, doch sie war schon lange tot, als das geschah. Ihre Gebeine lagen zerfallend in der Erde. Doch ich glaube fest, dass ihre Seele Frieden gefunden hat, denn ich habe seit ihrem Tod nicht ein Mal von ihr geträumt.

Nun bin ich es, die davon träumt, einmal nach Hause zurückzukehren. Ob ich wohl das Ende der Islamischen Republik noch erleben werde?

Meine Gänseblümchenpantoffeln
und ein kaputter Schirm

Möglicherweise kommt das Ende der Islamischen Republik ja doch noch zu meinen Lebzeiten, mein Vater aber wird es vielleicht nicht mehr erleben.

Im Winter 2009 bekam mein Vater, er war damals neunundachtzig, eine Infektion im rechten Zeh. Zunächst schien es nichts Ernstes zu sein, dann aber breitete sich die Infektion aus, und das ganze Unterhautgewebe entzündete sich. Er bekam intravenös Antibiotika verabreicht und erholte sich langsam. Doch insgesamt verschlechterte sich dadurch sein Gesundheitszustand. Er bekam einen leichten Schlaganfall, litt unter hohem Blutdruck und Arthritis. Zwar versuchte er sein Bestes, aber er war sichtlich langsamer und gebrechlicher geworden. Dennoch übte er weiter jeden Morgen etwa eine Stunde lang grundlegende Tanzschritte. Dass er lange Jahre immer relativ gesund gewesen sei, verdanke er – so meinte er – seinem regelmäßigen Training.

Nach dem Schlaganfall dachte mein Vater öfter über den Tod nach. Ich brachte ihn zum Doktor, kaufte für ihn ein, wenn es ihm nicht gutging, und versuchte, ihm das Leben so angenehm wie möglich zu machen. Einmal gab er mir einen Umschlag, und als ich ihn aufmachte, fand ich tausend Dollar darin. Ich weigerte mich, sie anzunehmen. Doch er meinte, wenn ich das Geld nicht nähme, würde er böse werden.

»Marina, ich sterbe bald, was soll ich da mit dem Geld?«, sagte er.

Seit dem Tod meiner Mutter hatte mein Vater sich Stück um Stück verändert. Vor mir stand derselbe Mensch, der sich vor Jahren geweigert hatte, mir das Geld zu leihen, das mir die Ausreise aus dem Iran ermöglicht und damit das Leben gerettet hätte. Ich nahm den Umschlag und dankte ihm. Waren es vielleicht die Gedanken an den Tod, die meinen Vater zu einem anderen Menschen hatten werden lassen? Er und meine Mutter waren *achtundfünfzig* Jahre verheiratet gewesen, als sie starb. Ihr Tod war ein herber Verlust für ihn. Schon als jungem Mädchen war mir aufgefallen, dass alle Freunde und Verwandten meine Mutter lieber mochten als meinen Vater. Sie war bei allen beliebt und hatte viele Freundinnen. Mein Vater hingegen war eher ein Einzelgänger. Er hatte zwar zwei oder drei Freunde, doch alles in allem blieb er lieber für sich. Sein liebster Zeitvertreib war es, in unser Wochenendhaus zu fahren und sich dort stundenlang mit dem Bewässern von Bäumen und Sträuchern zu beschäftigen. Solange ich denken kann, lagen sich meine Eltern wegen irgendetwas in den Haaren. Am Ende eines solchen Streits brach meine Mutter gewöhnlich in Tränen aus und drohte, ihn zu verlassen. Als ich noch kleiner war, machten mir diese Drohungen immer Angst. Als ich dann zwölf geworden war, merkte ich, dass ich gut für mich selbst sorgen konnte und meine Mutter gar nicht brauchte. Das war ein wichtiger Einschnitt in meinem Leben. Ich war unabhängig geworden und machte mir keine Sorgen mehr, was meine Mutter vielleicht tun würde. Zur selben Zeit fand ich Mittel und Wege, um mich der strengen Kontrolle durch meinen Vater zu entziehen. Ich hatte gelernt, alles vor ihm zu verbergen, was sein Missfallen erregen könnte, meine Freundschaften mit Jungen beispielsweise oder meine religiösen Überzeugungen, die mit jedem Tag stärker wurden. Als dann meine Eltern nach Kanada kamen und bei uns einzogen, war es meist Mutter, die anfing, wenn wir uns stritten. Vater stieß dann einfach ins selbe Horn. Ich bin mittlerweile selbst vierundzwanzig Jahre verheiratet und weiß, dass nach so vielen gemeinsam verlebten Jahren Mann und Frau nahezu zu einem Wesen verschmelzen. Sie beeinflussen einander auf unnennbare Weise. Stirbt einer der Partner, verliert dieses gemeinsame Sein seine Grundlage, wie ich an meinen Eltern sehen konnte. Dann muss der Zurückgebliebene sich neu definieren.

Ich fühle mich Menschen, die den Tod nicht leugnen und als unausweichliche Tatsache akzeptieren, stark verbunden. Sind wir gar dem Tod gerade noch von der Schippe gesprungen, vermag uns diese Tatsache auf wunderbare Weise zu lehren, wie wir unser Leben führen sollten. Wir werden unser Leben nur dann gut leben, wenn jeder Augenblick uns zum Kosmos wird, den wir voll Wertschätzung erforschen.

Im Mai 2007 lernte ich in Amsterdam die Journalistin Kim Moelands kennen, eine Frau mit einem breiten, warmen Lächeln und honigfarbenem Haar. Sie machte mit mir ein Interview über mein Buch *Ich bitte nicht um mein Leben*. Immer wieder zwang ein starker Husten, tief in der Brust, sie, mitten im Satz innezuhalten. Es hörte sich an, als habe sie eine Lungenentzündung.

»Ist alles in Ordnung?«, fragte ich. »Soll ich Ihnen Tee kommen lassen?«

»Nein danke«, sagte sie und lächelte. »Ich habe Mukoviszidose. Ich bin jetzt dreißig, und meine Ärzte haben mir gesagt, ich würde vor meinem dreißigsten Lebensjahr sterben, dabei sitze ich immer noch hier.« Dann erzählte sie mir, dass ihr

Mann ebenfalls Mukoviszidose gehabt hatte und im Jahr zuvor gestorben sei.

Ich wusste nicht, was ich sagen sollte.

Sie erzählte weiter, wie sehr sie sich mit meinem Buch identifiziert habe, mit dieser Situation, in der man, den Tod vor Augen, einen scheinbar aussichtslosen Kampf führt.

Nach dem Interview standen wir an einem der großen Fenster, das auf eine schmale Gasse an einer Gracht hinausging, und beobachteten das Treiben da draußen. Es war später Nachmittag. Die alten Stadthäuser warfen ihre zitternden weißen, braunen, roten, blauen und grauen Spiegelbilder auf die dunkelgrün schimmernde Oberfläche des Wassers. Zwei Radfahrer, junge Männer, die sich laut unterhielten und lachten, fuhren vorbei. Ein weißes Boot vollzog ein Wendemanöver auf dem Kanal, das zu unserer Überraschung glückte, war das Boot doch fast so lang wie der Kanal breit. Kim und ich labten uns an der Schönheit, die uns umgab, eben weil wir um die Zerbrechlichkeit des Lebens wussten. Jede von uns hatte dem Tod ins Auge geblickt und akzeptiert, dass sie bald sterben würde. Doch den Tod zu akzeptieren bedeutet nicht, im Leben keinen Sinn mehr zu sehen. Ganz im Gegenteil, diese Einsicht lässt jeden Augenblick kostbar werden. Kim und ich hatten jetzt keine Zeit zu verschwenden. In diesem innigen Moment verspürte ich ein eigenartiges Gefühl des Friedens, und ich wusste, dass es Kim genauso ging.

Nach meiner Rückkehr nach Kanada blieben Kim und ich in Verbindung. Sie schrieb mir, sie plane, ein Buch über ihr Leben zu schreiben. Ich bestärkte sie in ihrem Vorhaben und erzählte ihr, dass es mir sehr schwergefallen sei, über meine traumatischen Erlebnisse zu schreiben, andererseits sei es aber auch eine befreiende, optimistische Erfahrung gewesen. Kims Buch *Ademloos (Atemlos)* kam im Herbst 2008 heraus.

Es wurde von der Kritik mit Beifall aufgenommen und in den Niederlanden ein Bestseller.

Das letzte Mal traf ich Kim im November 2008, als ich auf dem Weg zu einer Konferenz in Mailand war, wo ich einen Vortrag halten sollte. Sie war gerade aus dem Krankenhaus entlassen worden und hatte eine Behandlung mit zahlreichen Komplikationen hinter sich. Sie erzählte mir, dass sie jemanden kennengelernt habe, einen Journalisten namens Jan. Er hätte ein Interview mit ihr gemacht und bei dieser Gelegenheit hätten sie sich ineinander verliebt. Ich war ganz aus dem Häuschen, als ich diese Neuigkeit erfuhr. Kim meinte, Jan sei klar, dass die Zeit, die sie miteinander haben würden, begrenzt sei. Ich erinnerte sie daran, dass letztlich doch unser aller Zeit begrenzt sei. Niemand wisse, wie viel Zeit ihm noch bliebe. Der einzige Unterschied in Kims Fall war, dass ihre Krankheit alle, die sie liebten, ständig daran erinnerte, wie zerbrechlich das Leben ist.

Das Wetter in Amsterdam zu jener Jahreszeit war kalt und feucht, und so blieben Kim und ich meist im Haus. Stundenlang unterhielten wir uns über Bücher, über das Leben und über den Tod. Sie schenkte mir ein Paar holländischer Pantoffeln, gelb mit lachenden roten Gänseblümchen drauf. Sie hatte im Krankenhaus zwei exakt gleiche Paare gekauft: eins für sich und eins für mich. Diese Pantoffeln hatten sie zum Lachen gebracht, während sie sich der schmerzhaften Behandlung unterziehen musste. Sie wusste, dass auch ich ein Paar solcher Pantoffeln gut brauchen konnte. Ich hatte Kim auch ein Geschenk mitbringen wollen. Sobald feststand, dass ich sie auf dem Weg nach Italien besuchen würde, hielt ich nach einem passenden Mitbringsel Ausschau. Doch je mehr ich suchte, desto klarer wurde mir, dass es nichts gab, was ich ihr kaufen konnte. Was ich ihr gerne schenken wollte, war Gesundheit. Aber wie sollte das vor sich gehen? Ich wünschte mir, ich könnte Jesus begegnen, ihn am Arm nehmen und zu Kim bringen. Ich betete regelmäßig für sie, doch wie es aussah, schienen meine Gebete nichts zu nützen. Und so beschloss ich, ihr meinen Rosenkranz zu schenken. Den Rosenkranz aus Medjugorje, den mir der junge Italiener geschenkt hatte, als ich in Mailand den Human-Dignity-Preis in Empfang nahm. Bei mir hatte er schon ein Wunder bewirkt. Er hatte mich daran erinnert, dass die Jungfrau über mich wachte. Seit ich den Rosenkranz bekommen hatte, trug ich ihn immer bei mir, doch nun war die Zeit gekommen, ihn weiterzugeben. Es war an der Zeit, dass er für jemand anderen ein neues Wunder vollbrachte.

Ich hatte meinem Vater von Kim erzählt. Seitdem fragt er mich immer, wie es ihr geht, wenn ich ihn besuche. Kim geht ständig im Krankenhaus ein und aus. Ich bete für sie und bewahre sie in meinem Herzen. Ich bitte Gott, sie zu heilen, doch mit ihrer Krankheit wird es nicht besser. Verstehe ich die Welt gut genug, um zu begreifen, warum Menschen wie Kim leiden müssen? Nein, das tue ich nicht. Ich weiß nur, dass ich bei Kim außergewöhnliche Kraft und Mut gesehen habe. In ihr erkenne ich eine ungewöhnliche Schönheit, die ich kaum je zuvor erlebt habe. Hätte sie ein unbeschwertes, »normales« Leben geführt, wäre sie dann jene Kim, die ich zu achten und bewundern gelernt habe? Vermutlich nicht. Und so halte ich mich an das, was ich mit Sicherheit weiß: Mein Herz ist voll Liebe für Kim, und ich wünsche mir, dass es ihr gutgeht. Wie ein störrisches Kind, das kein Nein akzeptieren will, dränge ich weiter Gott mit meinen Bitten.

Als ich im Flugzeug nach Mailand saß, dachte ich über den Engel des Todes nach. Ich war sieben, als ich nach *Babus* Tod von ihm träumte. In meinem Traum war er ein schöner junger Mann mit lockigem schwarzem Haar und weißem Gewand.

Er sei mein Schutzengel, sagte er. Als ich fragte, warum er denn keine Schuhe anhabe, erwiderte er, dass man dort, von wo er komme, keine Schuhe brauche. Er nahm mich in den Arm, und ich fühlte mich geliebt und beschützt. Seit jenem Tag wandern meine Gedanken zu ihm, wenn die Last der Welt zu schwer für mich wird. Wenn Menschen, die ich liebte, starben, war es mir ein Trost zu wissen, dass er in der nächsten Welt auf sie wartete.

In Mailand war es für die Jahreszeit ungewöhnlich kalt, kälter noch als in Amsterdam. Die Temperaturen schienen sich am Gefrierpunkt einpendeln zu wollen. Am zweiten Tag der Konferenz schneite es, als ich frühmorgens aus dem Fenster meines Hotelzimmers schaute – für Mailand ein eher ungewöhnlicher Anblick. Die Schneeschicht wurde immer dicker, und die Schneeflocken waren die größten, die ich je gesehen hatte. Mein Morgenritual begann: Ich nahm eine Dusche, zog mich an und brach zu einem kleinen Spaziergang auf. Damit meine Haare nicht nass wurden und sich kringelten, spannte ich den Schirm auf. Es ging kein starker Wind, ich genoss die knackig kühle Luft. Irgendwann blieb ich vor einem Brunnen mit kleinen Engeln in der Mitte stehen, die in ihren Schneegewändern noch himmlischer aussahen. Allmählich wurde der Wind stärker, und so ging ich ins Hotel zurück, um zu frühstücken. Plötzlich fuhr eine heftige Windböe in meinen Schirm, drehte ihn um und riss ihn mir aus der Hand. So etwas Ähnliches war mir schon vor Jahren im Iran passiert. Mir war, als hätte eine Hand mich gepackt und zurück in die Vergangenheit gestoßen. Tränen liefen mir übers Gesicht und brannten auf meiner eisigen Haut. Ich konnte keinen Fuß mehr vor den anderen setzen.

Ich war auf der Gedenkfeier für Arash, den Jungen, den ich am Kaspischen Meer kennengelernt hatte. Ich hatte nicht gewusst, dass er ein glühender Gegner des Schah-Regimes gewesen war und leidenschaftlich dagegen gekämpft hatte. Im September 1978, ein paar Monate vor dem Sieg der Islamischen Revolution, war Arash bei Straßenkämpfen ums Leben gekommen. Seine Familie wusste nicht, wohin man seine Leiche gebracht hatte. Er war achtzehn, als wir uns kennenlernten, und hatte gerade das erste Jahr seines Medizinstudiums an der Universität von Teheran hinter sich. Wir verbrachten viel Zeit miteinander in jenem Sommer. Von ihm hörte ich zum ersten Mal von der Islamischen Revolution, die überall im Land auf dem Vormarsch war. Aus seinem Mund vernahm ich zum ersten Mal den Namen von Ayatollah Khomeini. Ich war erst dreizehn und interessierte mich nur für Bücher und Musik, Politik war mir gleichgültig. Obwohl ein Altersunterschied von fünf Jahren zwischen uns lag, wurden wir schnell enge Freunde, aus unserer Freundschaft wurde Liebe. Arash erzählte mir, der Schah sei ein Diktator und lasse alle Menschen einsperren, die gegen ihn waren. Er sagte, dass die Iraner sich gegen ihn auflehnten, weil sie die Demokratie haben wollten. Ich wusste nicht so recht, was ich davon halten sollte. Ich fand, dass es uns gutging und wir keine Revolution brauchten. Arash widersprach mir und meinte, ich sei noch zu jung, zu naiv für diese Dinge.

Im Dezember 1979 gaben die Eltern von Arash es auf, nach dem Grab ihres Sohnes zu suchen, und ließen einen Gedenkstein für ihn errichten. Freunde und Verwandte begleiteten die Eltern ans Kaspische Meer zum Ferienhaus seiner Tante. Dort, an jenem Ort, den er so sehr gemocht hatte, hielten wir an einem trüben, kalten und regnerischen Tag im Januar 1980 die Gedenkfeier für ihn ab. Meine Wangen waren gefühllos vor Kälte. Ich ließ meine Augen von Gesicht zu Gesicht, von schwarzem Trauergewand zu schwarzem Trauergewand, von der grauen Landschaft zum grauen Himmel wandern auf der Suche nach Hoffnung. Von einem Augenblick zum nächsten ging der Regen in Schnee über. Noch nie hatte ich es am Kaspischen Meer schneien sehen. Aram, Arashs Bruder, legte einen Strauß roter Rosen am Gedenkstein nieder. In diesem Moment drehte ein heftiger Windstoß meinen Schirm um, riss ihn mir aus den Hand und wehte ihn in die Bäume.

Arashs Mutter fing an zu schreien. Ihre Schreie schienen ihre Brust aufzureißen und all ihren Schmerz, ihre Hilflosigkeit bloßzulegen. Alle weinten.

Nach der Gedenkfeier fuhren wir zurück nach Teheran. Kaum war ich aus dem Auto gestiegen, ging ich ins Haus und suchte einen Karton, der groß genug war, um alles hineinzutun, was mich an Arash erinnerte. Ich musste mich selbst von dem quälenden Schmerz heilen, den ich in mir spürte. Das einzig sichere Heilmittel aber schien Vergessen. Ich ging von Zimmer zu Zimmer, den Karton hinter mir herschleifend, und sammelte alles ein, was auch nur entfernt sein Andenken wachrufen könnte – jedes Erinnerungs- oder Kleidungsstück, jede Musikkassette, jedes Buch … Als der Karton voll war, klebte ich ihn zu und stellte ihn für eine Zeitlang in den Keller. Im März 1980 fuhren wir über die iranischen Neujahrsfeiertage in unser Ferienhaus, und ich nahm den Karton mit. Auf dem Grundstück dort gab es eine besondere Stelle, wo ich jeden Morgen – wie *Babu* es mich gelehrt hatte – das Vaterunser betete. Von weitem sah es aus wie ein vermooster Felsen, doch wenn man näher kam, konnte man erkennen, dass es in Wirklichkeit viele kleine Steine waren. Dieser Steinhaufen war etwa 1,20 Meter hoch und 1,80 Meter breit. An jeder Ecke ragten dicke, rostige Eisenstangen in die Höhe. Er stammte noch aus jener Zeit, als der Großteil des Grundstücks vom Meer bedeckt wurde. Hatte er früher den Fischern gedient, ihre Boote festzumachen, wirkte er nun wie ein Fremdkörper in dieser verlassenen Ecke des Grundstücks. Ich liebte es, auf diesem Steinhügel zu stehen und meine Arme in der sanften Brise auszubreiten. Ich schloss die Augen und stellte mir vor, wie das Meer mich umfloss und die glasartige Oberfläche des Wassers das Sonnenlicht in eine goldene Flüssigkeit verwandelte, die langsam auf das Ufer zuwogte. Irgendwann hatte ich dieses eigenartige Denkmal auf den Namen »Gebetsfelsen« getauft. Ich besorgte mir eine Schaufel, hob ein tiefes Loch neben dem Gebetsfelsen aus und vergrub dort den Karton.

Nach Arashs Tod entwickelte sich zwischen mir und seinem Bruder Aram eine innige Freundschaft, die dauerte, bis er den Iran verließ – kurz vor meiner Inhaftierung in Evin. Wir verloren uns aus den Augen. Bis zu jenem Telefonanruf im April 2000 hatte ich nichts mehr von ihm gehört.

Der Winter 2000 war mir länger vorgekommen als jeder andere, den ich in Kanada erlebt hatte. Fast schien es, als würde es nie mehr Frühling werden, als wäre dieser irgendwo tief drin in der Erde erfroren und läge unter einer ewigen Schicht von gleißendem Eis begraben. Am 22. April, es war mein fünfunddreißigster Geburtstag, inspizierte ich meine Blumenbeete. Die dunkelgrünen Spitzen meiner Tulpen hatten sich aus dem Boden gebohrt, doch die Erde sah immer noch grau aus. Der Wind peitschte mir ins Gesicht, und es begann zu regnen. Obwohl ich es nicht mag, wenn ich nass werde oder friere, blieb ich draußen, um den Geruch der erwachenden Erde einzuatmen. Eine Schar Kanadagänse kehrte aus ihrem Winterquartier zurück und erfüllte den Himmel mit ihrem munteren, eindringlichen Geschrei. Ihre anmutigen, dunklen Flügel beugten und streckten, hoben und senkten sich und trugen sie sicher nach Hause.

Ich ging nach drinnen. Weil ich Geburtstag hatte, hatte ich mir freigenommen. Der Küchenboden jedoch sah fürchterlich aus, und das Schlafzimmer war ein einziges Chaos. Ich beschloss, mir erst einmal eine Tasse Tee zu genehmigen und mich dann an die Hausarbeit zu machen. Kaum hatte ich mich niedergesetzt, läutete das Telefon.

Ich nahm den Hörer ab.

»Hallo?«

»Marina?«

»Ja.«

Stille.

»Hallo?«

»Ich bin es … Aram.«

»Aram?« Seinen Namen auszusprechen hatte etwas Irreales. Er klang wie ein fernes, versprengtes Echo.

»Der Bruder von Arash.«

»Mein Gott. Wo … wo bist du?«

»New York.«

»Wohnst du dort?«

»Nein, ich bin nur beruflich hier. Ich lebe in Australien.«

»Wie hast du mich gefunden?«

»Das ist eine lange Geschichte … hat einige Zeit gedauert.«

»Ja. So an die neunzehn Jahre.«

Ich erzählte ihm, dass Andre und ich 1985 geheiratet hatten und zwei Söhne haben. Aram sagte, er sei geschieden und habe einen Sohn. Sein Vater und seine Mutter seien vor ein paar Jahren gestorben, beide innerhalb eines Jahres. Dann fragte er mich nach meinen Eltern. Ich erzählte ihm, dass meine Mutter wenige Wochen zuvor gestorben sei, es meinem Vater aber gutgehe.

»Tut mir leid, dass deine Mutter gestorben ist«, sagte er. »Sie hatte mir geschrieben, dass man dich eingesperrt hat …«

»Ich war zwei Jahre in Evin.«

»Ich habe Anfang 1984 den Kontakt zu deinen Eltern verloren. Meine Briefe wurden immer zurückgeschickt.«

»Sie sind umgezogen.«

»Ich habe Jahre gebraucht, um herauszufinden, dass man dich freigelassen hat und du aus dem Iran weggegangen bist.«

»Wir sind 1991 nach Kanada gekommen.«

»Marina, ich war so unendlich sauer auf dich. Habe ich dir nicht gesagt, du sollst vorsichtig sein?«

Rief er mich etwa nach neunzehn Jahren an, um mir zu sagen: »Ich habe es dir doch gleich gesagt«?

Dann meinte er, er würde mich gerne in Toronto besuchen. Mir wurde bange. Ich war mir nicht sicher, ob ich ihn wirklich wiedersehen wollte. Genauer gesagt, ich wollte es nicht. Dieser Abschnitt meines Lebens war zu Ende, und ich wollte nicht wieder daran rühren.

»Aram … lassen wir die Vergangenheit doch ruhen.«

Stille.

»Aram?«

»Gut, ich verstehe.«

»Melde dich wieder.«

»Ja.«

Ich legte auf und starrte aus dem Fenster. Ein schwarzes Eichhörnchen saß auf dem Zaun und starrte zurück. Ich setzte mich. Ein Teil von mir wollte ihn anrufen und ihm sagen, dass es falsch von mir gewesen sei, ihn nicht sehen zu wollen. Doch mir war klar, was das bedeutet hätte. Sechzehn Jahre lang hatte ich die Auseinandersetzung mit der Vergangenheit um jeden Preis vermieden. Viele Jahre lang hatte ich alle Erinnerungen an mein Leben im Iran wie in einem Glasbehälter sicher verschlossen mit mir herumgetragen. Nun zeigten sich Risse an der Oberfläche.

Drei Monate später rief Aram mich wieder an. Nach diesem Telefonat schrieben wir uns hin und wieder E-Mails. Als ich beschloss, *Ich bitte nicht um mein Leben* herauszubringen, bat ich ihn um Erlaubnis, über seinen Bruder und ihn schreiben zu dürfen. Er willigte ein unter der Bedingung, dass seine Anonymität gewahrt bliebe. Er hatte noch Freunde und Verwandte im Iran und besuchte sie alle zwei Jahre. Ich durfte in meinem Buch nichts schreiben, was den Behörden ermöglicht hätte, seine Identität aufzudecken und ihm Schwierigkeiten zu bereiten.

Nachdem das Buch erschienen war, überlegte ich, ob ich Aram besuchen sollte. Vor meiner Inhaftierung hatte ich ihn *wirklich* gemocht. Wir passten einfach gut zusammen – abgesehen von der Tatsache, dass ich die Freundin seines Bruders gewesen war. Nach Arashs Tod konnten wir nur noch Freunde sein. 1981 schließlich, kurz bevor Aram aus dem Iran wegging, verliebte ich mich in Andre.

Im Persischen gibt es ein Wort, das sich schlecht übersetzen lässt: *mehr*. Man könnte es annähernd mit »Liebe« wiedergeben, doch das persische Wort für Liebe ist *eshgh*. Doch *eshgh* meint die hormongesteuerte, dramatische Form der Liebe, während *mehr* die ausgeglichene, starke und zugleich sanfte Liebe ist. Sie schließt Freundschaft und gegenseitiges Vertrauen mit ein. In all den Jahren, die ich nun mit Andre zusammen war, hatte sich mein *eshgh* in *mehr* verwandelt. Hätte ich mich mit Aram getroffen, hätte das vielleicht gefährdet, was Andre und ich hatten.

In vielerlei Hinsicht hätten Andre und ich unterschiedlicher nicht sein können. Ich liebe die Literatur, Andres Lektüre ist rein berufsbezogen. Ich sehe mir gerne Filme an, er schaut nur den Sport-, Nachrichten- oder Wetterkanal. Ich tanze gerne, er hingegen hat noch nie eine Tanzfläche betreten. Ich reise gerne, er will immer zu Hause bleiben. Ich bin eher der unbekümmerte Typ, der auch mal fünfe grade sein lässt. Andre hingegen ist Perfektionist und verlangt selbst beim Bettenmachen Präzisionsarbeit. Er hat stets zu mir gehalten, und ich war ihm treu. Wir waren eins geworden im Angesicht Gottes. Als ich mir überlegte, ob ich Aram besuchen sollte, waren wir zweiundzwanzig Jahre verheiratet. Wir waren und sind einander immer noch sehr verbunden. Ich wusste, dass ich unsere Ehe schützen musste. Ich musste auf Andre aufpassen, wie er auf mich aufgepasst hatte. Bis dass der Tod uns scheidet. Darum beschloss ich, Aram nicht wiederzusehen, auch nachdem ich mich meiner Vergangenheit gestellt hatte.

Am Ende jenes verschneiten Tages in Mailand galten meine letzten Gedanken, ehe ich in den Schlaf sank, Arash und Aram. Zuvor hatte ich Aram noch eine E-Mail geschrieben und ihm von meinem Schirm erzählt und davon, wie dieser kleine Zwischenfall mich wieder in die Vergangenheit zurückversetzt hatte. Am nächsten Morgen fand ich folgende E-Mail von ihm im Posteingang:

Du wirst es nicht glauben, aber letzte Nacht, bevor ich Deine E-Mail las, habe ich von Arash geträumt. Er und ich standen am Strand des Kaspischen Meeres und schauten Dir zu, wie Du in der Ferne schwammst. Arash hielt einen Schirm in der Hand. Es war ein schöner Tag, und so fragte ich ihn, was er mit dem Schirm wolle. Er sagte, der Schirm gehöre Dir und er habe Dir versprochen, darauf aufzupassen.

Traumfänger

Als ich noch ein Kind war, sah ich manchmal nachts, wenn ich im Bett lag, Engel, Mönche oder gar Gespenster. Später, als ich älter wurde, konnte ich Traum und Wirklichkeit immer besser voneinander trennen, doch selbst dann gab es hin und wieder Momente, in denen ich in eine Welt hinüberglitt, die ich nur als Zwischenwelt, als Reich zwischen Schlaf und Bewusstsein beschreiben kann. Ein Freund, der ebenfalls traumatische Erfahrungen durchlebt hat, erzählte mir einmal, dass er manchmal aus seinen Alpträumen heraus aus dem Bett springt, um sich und die Menschen, die er liebt, zu verteidigen. Im Gegensatz zu ihm verharre ich reglos, wenn Alptraum und Wirklichkeit eins werden. Meine Alpträume lassen mich in ein Meer der Lautlosigkeit tauchen und darin lahm werden.

Ich habe gelegentlich wiederkehrende Alpträume. In einem mache ich mit Freunden oder der Familie Ferien oder einen Ausflug. Wir schlendern umher, lachen, amüsieren uns. Ich trage ein helles, geblümtes Sommerkleid. Plötzlich packt mich eine Hand und zieht mich in einen halbdunklen Raum. Dort finde ich mich an ein Bett gefesselt wieder. Ich versuche mit aller Kraft zu schreien, aber ein Knebel verschließt meinen

Mund. Stets ist ein Mann mit mir in diesem Raum, dessen Gesicht ich nicht erkennen kann. Dann wache ich auf, nass von kaltem Schweiß.

Als meine Söhne noch sehr klein waren, kaufte ich jedem von ihnen einen Traumfänger und hängte sie in ihrem Zimmer auf. Ich erklärte ihnen, der Traumfänger – ein Weidenreifen mit einem Netz, in das man persönliche oder heilige Gegenstände wie Federn oder Perlen flicht – würde ihre Alpträume einfangen, so dass nur schöne Träume sie erreichen könnten. Traumfänger stammen ursprünglich aus der Ojibwa-Kultur, doch während der sechziger- und siebziger Jahre wurden sie auch von anderen Indianervölkern Nordamerikas übernommen. Manchen gilt der Traumfänger als Symbol der Einheit dieser Völker.

Als ich im Herbst 2008 im italienischen Cosenza war, um den Premio Grinzane Cavour für *Ich bitte nicht um mein Leben* entgegenzunehmen, lernte ich Giuliana Sgrena kennen. Sie war eine der Preisrichterinnen und saß beim Abendempfang neben mir. Ich fühlte mich ihr gegenüber ein wenig im Nachteil, weil ich so gar nichts über sie wusste, sie aber mein Buch gelesen hatte und daher mit meiner Geschichte gut vertraut war. Sie war zwei, drei Zentimeter kleiner als ich, vermutlich Ende fünfzig und wog allerhöchstens fünfzig Kilo. Ihr schulterlanges blondes Haar war nachlässig gekämmt, und sie trug kein Make-up. Für die Farbe ihrer Augen fällt mir keine passende Bezeichnung ein, sie hatten einen seltsamen Ton zwischen Bernstein und Grau. Giuliana kam mir müde vor. Sehr müde.

»Sprechen Sie englisch?«, fragte ich im Bemühen, ein bisschen Smalltalk zu betreiben.

»Ja«, gab sie zurück, »aber nicht sehr gut.«

»Nun, ich denke, Ihr Englisch ist auf jeden Fall besser als mein Italienisch«, meinte ich grinsend. »Was machen Sie beruflich?«

»Ich bin Journalistin.«

»Sind Sie viel im Ausland?«

»Oh ja …«

»Waren Sie auch schon mal im Nahen Osten?«

»Ja, Irak, Afghanistan …«

»Wann waren Sie im Irak?«

»Ziemlich oft, das letzte Mal 2005.«

»Wie war es dort?«

»Ich wurde gekidnappt und als Geisel gefangen gehalten.«

Ich kam mir wie eine Idiotin vor. Warum wusste ich darüber nicht Bescheid? Ihr Gesicht war mir vage bekannt vorgekommen. Vielleicht hatte ich sie im Fernsehen gesehen.

»Entschuldigung … das habe ich nicht gewusst. Was ist passiert?«

»Ich wurde am 4. Februar 2005 vor einer Moschee in Bagdad gekidnappt, als ich Flüchtlinge aus Falludscha interviewte. Einen Monat später wurde ich freigelassen. Ich glaube nicht, dass es sich bei meinen Kidnappern um Fundamentalisten handelte. Vermutlich waren es Mitglieder der Baath-Partei oder etwas in der Art.«

»Wie hat man Sie behandelt?«

»Ich wurde nicht misshandelt oder geschlagen oder so etwas. Was mir am meisten zusetzte, war, dass ich nicht wusste, ob ich fünf Minuten später noch am Leben sein würde. Ich hatte dauernd schreckliche Angst.«

Ich wusste genau, wovon sie sprach: von ebendiesem Ort zwischen Leben und Tod.

»Was haben sie verlangt?«

Sie erzählte, ihre Entführer haben den Abzug sämtlicher italienischer Truppen aus dem Irak verlangt. Sie habe ihren

Entführern gegenüber stets beteuert, dass sie eine Gegnerin des Irakkriegs sei, ja, dass sie ebendeshalb in den Irak gekommen war, um der Welt zu zeigen, welche Folgen der Krieg für die Menschen dort habe. Doch das habe die Männer nicht interessiert. Sie haben nur gesagt, dass sie keine Ausländer in ihrem Land haben wollten. Ihnen entging völlig, was Giuliana für den Irak hätte tun können. Ihr ganzes Leben galt dem Bemühen, Menschen Gehör zu verschaffen. Wirklichen Menschen. Opfern von Gewalt. Doch das war ihren Entführern egal. Eben das, meinte sie, habe der Krieg mit ihnen gemacht: Er habe in ihnen jegliche Fähigkeit zur Kommunikation zerstört.

Ich fragte, wie sie freigekommen sei, und erfuhr, dass der italienische Geheimdienst ihre Freilassung ausgehandelt habe. Eines Tages haben ihre Kidnapper sie in einem Auto fortgeschafft. Sie hatten ihr die Augen verbunden, so dass sie nicht sehen konnte, wohin sie mit ihr fuhren. Dann blieben sie stehen, sagten ihr, sie solle sich nicht bewegen und keinen Lärm machen, und stiegen aus. Etwa zwanzig bis dreißig Minuten später habe eine freundliche Stimme ihren Namen gerufen. Sie gehörte Nicola Calipari, einem Offizier des italienischen Geheimdienstes. Er sagte ihr, dass sie frei sei und er sie zum Flughafen bringen werde, von dem aus sie nach Hause fliegen würde. Calipari war in Begleitung eines zweiten Mannes. Sie brachten sie zu einem Wagen. Nicola nahm neben ihr auf dem Rücksitz Platz, weil er wusste, dass sie verängstigt und verwirrt war. Er redete ihr die ganze Zeit gut zu und tröstete sie, während sie zum Flughafen in Bagdad fuhren. Sie waren nur noch einen Kilometer vom Ziel entfernt, als aus einem gepanzerten amerikanischen Militärfahrzeug, das hinter einer Kurve am Straßenrand geparkt war, das Feuer auf sie eröffnet wurde.

»Die *Amerikaner* haben das Feuer auf Sie eröffnet?«, fragte ich entsetzt.

»Richtig. Die Amerikaner«, sagte sie.

»War das ein Kontrollpunkt? Haben Sie vielleicht nicht angehalten?«

»Nein, nein. Da war kein Kontrollpunkt. Da stand nur dieses gepanzerte Fahrzeug. Kein Schild. Keine Warnhinweise. Sie haben einfach das Feuer eröffnet. Als Nicola die Schüsse hörte, drückte er mich nieder und legte sich über mich. Er starb noch im Wagen. Ich wurde in die linke Schulter getroffen. Das Geschoss explodierte in meinem Körper, und mein linker Lungenflügel fiel in sich zusammen.«

Ich sah die Szene, die sie beschrieb, buchstäblich vor Augen. Sie war mir irgendwie schrecklich vertraut. Ali. Ich sah Ali wieder. Er drückte mich zu Boden und legte sich über mich. Mit seinem Körper schirmte er mich vor den Kugeln ab, die ihn töteten. Er starb in meinen Armen. Ich schob die Erinnerung daran weg.

»Der Fahrer schrie: ›Wir sind Italiener! Nicht schießen! Wir sind Italiener!‹ Bis die Amerikaner schließlich das Feuer einstellten«, erzählte Giuliana weiter.

»Grauenhaft! Was haben die Amerikaner gesagt? Warum haben sie auf euch geschossen?«

»Da hieß es nur, man befinde sich eben im Krieg. Sie weigerten sich, die Verantwortung zu übernehmen.«

Der Zwischenfall wurde als verkraftbarer Verlust abgetan. Mit dem Argument, dass man sich im Kriegszustand befindet, kann man offensichtlich alles rechtfertigen. Wie viele unschuldige Iraker wurden an Kontrollpunkten getötet? Und was ist mit denen, die nach der US-Invasion bei den Auseinandersetzungen zwischen Schiiten und Sunniten ums Leben kamen? Wie viele unschuldige Tote muss es geben, bis es zu viele werden? Wenn niemand für diese Taten zur Verantwortung gezogen wird, bleibt die Gerechtigkeit auf der Strecke.

Ich fragte Giuliana, ob sie immer noch als Journalistin arbeite, und sie bejahte. Sie war viele Jahre als Kriegsberichterstatterin tätig. Das war ihr Beruf.

Sie erzählte weiter, ein paar Leute haben damals gemeint, sie hätte eben nicht in den Irak gehen sollen. Und dass sie selber die Schuld trage an dem, was ihr passiert sei.

»Es ist immer leichter, die Schuld dem Opfer in die Schuhe zu schieben«, sagte ich, »besonders dann, wenn das Opfer eine Frau ist. Mir hat man auch vorgeworfen, dass ich selbst an allem schuld sei. So läuft das immer. Wie geht es Ihnen denn jetzt? Haben Sie gesundheitliche Probleme?«

»Ja, ich kann nicht mehr schlafen. Ich leide unter Schlafstörungen.«

Ich sagte, ich wisse ja nicht, wie sich ihre Geiselerfahrung auf sie ausgewirkt habe. Bei mir sei es so gewesen, dass ich nach Evin das Leben mit anderen Augen gesehen habe. Dass ich jetzt ganz in der Gegenwart lebe und mir nicht vorstellen könne, was in einem Monat sein würde. Jeden Abend vor dem Schlafengehen überfällt mich der Gedanke, dass ich den kommenden Morgen vielleicht nicht erleben würde oder dass ich einen geliebten Menschen verlieren könnte.

Sie sagte, ihr gehe es genauso.

Dann erzählte ich, dass ich vermutlich ihr Bild im Fernsehen gesehen habe, als über ihre Entführung berichtet wurde, aber nie von den Schüssen der Amerikaner auf sie gehört habe. Sie erzählte mir, dass auch sie ein Buch[17] über ihr Martyrium geschrieben habe. Das Buch sei ins Englische übersetzt worden und auch in Amerika erhältlich. Ich habe ihr Buch später gelesen. Sie berichtet darin unter anderem, dass das amerikanische Militär die Schießerei, bei der Nicola Calipari ums Leben gekommen war, untersucht und die Soldaten, die das Feuer auf den Wagen eröffnet hatten, von jeder Schuld freigesprochen habe. Der Bericht kommt zu dem Schluss, dass der Wagen mit einer Geschwindigkeit von sechzig oder siebzig Kilometern pro Stunde unterwegs gewesen sei und nicht angehalten habe, obwohl mehrfach Zeichen gegeben worden seien. Die Soldaten hätten also keine andere Wahl gehabt, als das Feuer zu eröffnen. Dieser Bericht aber steht in eklatantem Widerspruch zu den Aussagen von Giuliana und dem Fahrer des Wagens, einem Mitarbeiter des italienischen Militärischen Nachrichtendienstes namens Carpani. Beide sagen aus, dass der Wagen weder mit überhöhter Geschwindigkeit gefahren sei, noch dass es irgendwelche Warnungen gegeben habe.

Giuliana schrieb für *Il Manifesto,* eine unabhängige kommunistische Tageszeitung. Wenn ich das Wort »Kommunist« höre, bekomme ich gewöhnlich ein leichtes Bauchgrimmen, denn die meisten – nicht alle! – Kommunisten, mit denen ich zu tun hatte, waren sture Dogmatiker, für die Dialog hieß, den anderen nicht ausreden zu lassen, ihm die eigene Ideologie überzustülpen und seine religiösen Vorstellungen lächerlich zu machen. Doch Giuliana mochte ich, denn sie war eine hochintelligente, mitfühlende Frau. Ich glaube an den Dialog und daran, dass wir als Menschen unsere Erfahrungen miteinander teilen sollten. Zweifelsohne war das der Weg, auf dem Giuliana und ich eine Verbindung zueinander hergestellt hatten. Ich verabscheue alles politische Aus- und Abgrenzen, da es einen künstlichen Keil zwischen die Menschen treibt. »Religiös« beziehungsweise »links« zu sein scheint sich auszuschließen, aber tut es das wirklich? Ich bin Katholikin, stehe aber beileibe nicht hinter allen Aussagen der katholischen Kirche, und viele meiner Ansichten sind eher als »links« zu bezeichnen. Doch was sagt das über mich aus? Ich bin es leid, ständig in Schubladen gesteckt zu werden. Ich bin der Ansicht, dass – wie man mittlerweile gesehen hat – alle Ideologien politisch gefährliche Instrumente sind, die den Menschen erlauben, einen Unterschied zwischen »wir« und »den anderen« zu machen. Ich bin der katholischen Kirche noch nie blindlings gefolgt.

Am nächsten Morgen, es war noch stockfinster, wurden Giuliana, zwei weitere Hotelgäste und ich von einem Taxi abgeholt, das uns zum Flughafen brachte. Dort wartete der Flieger nach Rom auf uns. Giuliana saß neben mir auf dem Rücksitz, und ich fragte mich, was ihr wohl durch den Kopf gehen mochte. Beide schwiegen wir. Ich war mir sicher, dass es schreckliche Erinnerungen in ihr wachrief, auf dem Rücksitz eines Autos durch die Dunkelheit zu fahren. Vielleicht lief vor ihren Augen wieder und wieder die Szene ab, wie sie damals beschossen worden war. Vielleicht versuchte sie auch, sich an weitere Einzelheiten ihres schrecklichen Erlebnisses zu erinnern. Zumindest tat ich das und tue es manchmal noch, wenn auch nicht mehr so oft wie früher. Ich habe Angst vor dem Vergessen, als hieße Vergessen, eines plötzlichen, sinnlosen Todes zu sterben.

»Schauen Sie nur, wie schön der Mond ist!«, rief plötzlich einer der Mitfahrer aus.

Ich blickte zum Himmel auf und wunderte mich, dass ich den Vollmond nicht bemerkt hatte. Groß, silbern und vollkommen stand er dort, dennoch lastete das Dunkel der Nacht schwer und uneingeschränkt auf uns. Ich konnte die Gräben zwischen den Menschen im Auto förmlich spüren. Dann aber erinnerte ich mich daran, wie Giuliana und ich ein Band zwischen uns geknüpft hatten. Unser beider Leben unterschied sich sehr, trotzdem hatten wir eine ähnliche Erfahrung gemacht. Und schon schrumpften die Gräben zusammen.

Während wir am Flughafen am Gate warteten, bis wir an Bord gehen konnten, fiel mir ein Mann auf, der in unserer Nähe stand und Giuliana anstarrte. Dieser Blick hatte nichts Zufälliges, er musste sie wiedererkannt haben. Giuliana konnte den Mann unmöglich übersehen haben, schließlich stand er genau in ihrem Blickfeld, doch ihre ruhige, ernste Miene änderte sich kein bisschen. Ich bin mir sicher, dass sie ziemlich oft wiedererkannt wurde, doch man gewöhnt sich nie an diese Form von Aufmerksamkeit. Ihr Schicksal hatte in den italienischen Medien ein breites Echo hervorgerufen, ihr Bild war landauf, landab in den Zeitungen, im Fernsehen und auf Plakaten zu sehen gewesen. Ich war auf verrückte Weise stolz auf sie, weil sie kämpfte, weil sie tat, woran sie glaubte, und sich nicht unterkriegen ließ. Wahrscheinlich wünschte auch sie sich, dieses Martyrium wäre ihr nie widerfahren. Aber es ist eben nicht mehr ungeschehen zu machen, und diese Erfahrung hat sie zu der Frau gemacht, die sie heute ist. Und wie ich sie erlebte, war sie entschlossen, vor dem, was sie erfahren hatte, nicht wegzulaufen.

Während das Flugzeug sich langsam in den grauen Morgenhimmel erhob, der sich nur allmählich mit Licht füllte, blickte ich durch mein Fenster hinunter auf das Tyrrhenische Meer, das tiefblau an die westlichen Küsten Italiens schlug. Ich hatte schon viele Transatlantikflüge mitgemacht, aber so ruhige Wasser wie die des Mittelmeeres hatte ich nie noch gesehen. Seine Oberfläche erinnerte an blaue Seide. Als ich den Ozean zum ersten Mal überflog, um in Kanada ein neues Leben zu beginnen, hätte ich mir niemals träumen lassen, dass ich siebzehn Jahre später nach Italien fliegen würde, um einen Preis dafür entgegenzunehmen, dass ich die Geschichte der dunkelsten Tage meines Lebens erzählt hatte. Was hatte Giuliana zu der Zeit gemacht, als ich im Gefängnis war? Ich versuchte, meine Zeit in Evin mit ihrer Geiselhaft zu vergleichen. Um die Welt besser zu verstehen und ein Gespür zu bekommen, wie diese Erfahrung mein eng begrenztes Leben verändert hatte, musste ich versuchen, andere Menschen, die ebenfalls traumatische Erfahrungen erlitten hatten, zu begreifen.

Anders als meine war Giulianas Gefangenschaft von Anfang an ein öffentliches Ereignis. Schon kurz nach ihrer Entführung berichteten Nachrichtenagenturen in aller Welt darüber, waren die meisten ihrer Landsleute offen besorgt um ihr Schicksal und wünschten ihre sichere Heimkehr. In den achtziger Jahren, vor YouTube und Facebook, sah die Lage politischer Gefangener im Iran noch ganz anders aus. In gewisser Weise waren auch wir gekidnappt worden, aber von unserer eigenen Regierung. Die Folge war, dass unser Verschwinden geheim blieb und weder unsere Familien noch die örtlichen Medien es wagen konnten, offen darüber zu sprechen, wenn sie nicht unser Schicksal teilen wollten.

Wie Giulianas Geiselnehmer hatten auch unsere Entführer vollkommene Macht über unser Leben. Sie wurde zum Glück nicht körperlich misshandelt, doch das Wissen, jederzeit hingerichtet werden zu können, war qualvoll genug. Was wäre geschehen, wenn die italienischen Behörden beschlossen hätten, nicht mit den Geiselnehmern zu verhandeln? Giuliana hätte sehr wohl getötet werden können, auf grauenhafte Weise enthauptet wie andere Geiseln. Die vielen Tausende junger Iraner wie ich wurden gefoltert und lebten in ständiger Gefahr, standrechtlich erschossen oder gehängt zu werden.

Giuliana erzählte mir, sie habe während ihrer Gefangenschaft die Hoffnung niemals aufgegeben, weil sie wusste, dass ihre Landsleute um ihr Martyrium wussten und ihre Freilassung forderten. Ein paar Tage nach ihrer Gefangennahme ließen ihre Entführer sie eine Sendung auf Euronews ansehen. Im entsprechenden Beitrag war ein riesiges Bild von ihr zu sehen, das vom Rathaus im Rom hing. Später registrierten ihre Kidnapper mit einiger Überraschung, dass die Spieler von Roms Spitzen-Fußballmannschaft Trikots mit der Aufschrift »Free Giuliana« trugen. Überall in Italien gingen die Menschen auf die Straße und demonstrierten für ihre Freilassung. Das gab ihr die Kraft, durchzuhalten. In unserem Fall sah es so aus, als hätte die Welt uns vergessen. Niemand scherte sich darum, was mit uns passierte, gerade so, als hätte es uns niemals gegeben. Unsere Familien weinten heimlich um uns und wussten nur zu gut, dass sie uns vielleicht nie wiedersehen würden. Doch ihre Angst musste ihr Geheimnis bleiben – mit anderen Worten, *wir* mussten ein Geheimnis bleiben. Das schreckliche Geheimnis der Islamischen Republik Iran. Unsere Fotos hingen nicht von Rathäusern und erschienen nicht auf den Titelseiten der Zeitungen. Wir fanden Hoffnung in unseren Mitgefangenen, nicht in der Welt draußen. Unsere einzige Möglichkeit des Überlebens war, uns daran zu erinnern, dass wir noch immer Menschen waren, dass wir Familien hatten, Brüder, Schwestern, Mütter, Väter, dass wir zur Schule gegangen waren, Geburtstagspartys gefeiert, Bücher gelesen, Filme gesehen hatten, in die Ferien gefahren waren. Und indem wir diese Erinnerungen miteinander teilten, schufen wir eine kollektive Hoffnung, die uns half, daran zu glauben, dass unser Alptraum eines Tages enden würde und wir wieder nach Hause könnten.

Nach ihrer Freilassung wurde Giuliana Gegenstand einer regelrechten Medienhysterie. Für die einen war sie eine Heldin, für die anderen geschundenes Opfer, manche bedachten sie kübelweise mit Kritik. Doch jeder wusste, was ihr widerfahren war, und darauf kam es an, selbst wenn sie in Nordamerika nie die Aufmerksamkeit erfahren hatte, die sie verdient hätte. Die US-amerikanische Regierung übernahm keinerlei Verantwortung für die Vorgänge, die zum Tod von Nicola Calipari geführt hatten. Die politischen Häftlinge im Iran der achtziger Jahre aber, die das Gefängnis überlebt hatten und schließlich – oft erst nach Jahren – freigelassen worden waren, sahen sich mit einer Kultur des Schweigens konfrontiert. Wir mussten unsere Erinnerungen zur Seite schieben und alleine damit fertig werden. Giuliana packte ihre traumatischen Erfahrungen direkt nach ihrer Freilassung an, während wir, auf uns allein gestellt, uns ein neues Leben aufbauen mussten – unter vollkommener Ausklammerung der Gefängniserfahrung. Erst nach zwanzig Jahren machte ich mich auf die Reise, die Giuliana sofort nach ihrem Martyrium angetreten hatte. In meinem Leben gibt es eine Lücke von zwanzig Jahren, die ich nie mehr füllen kann, doch am Ende habe ich schließlich den Weg zu mir selbst gefunden. Allerdings fürchte ich, dass es noch Tausende wie mich gibt, die sozusagen immer noch mit einer »falschen« Identität leben.

Im Juni 2009, nach den umstrittenen Präsidentschaftswahlen im Iran, wurde Maziar Bahari, ein iranisch-kanadischer Journalist, der für *Newsweek* schrieb, in Teheran verhaftet und der Spionage angeklagt. Er wurde psychisch und körperlich misshandelt. Unter Folter wurde ihm ein falsches Geständnis abgepresst. Er war vier Monate in Evin. Als er nach seiner Freilassung nach Kanada zurückgekehrt war, hörte ich ein Interview mit ihm in *The Current,* einem Nachrichtenmagazin auf CBC Radio One. Er erzählte, dass der Vernehmungsbeamte ihn immer wieder gefragt habe, warum niemand da draußen je seinen Namen erwähnte? Ob er denn keine Freunde habe? Niemand, dem etwas an ihm lag und der seine Freilassung wünschte? Bahari war völlig von der Welt abgeschottet und wusste daher nicht, dass sein Fall in der westlichen

Welt für einiges Aufsehen gesorgt hatte. Erst als ein freundlich gesinnter Gefängnisaufseher ihn »Mister Hillary Clinton« nannte, wurde ihm bewusst, dass ernsthafte Bemühungen im Gange waren, um seine Freilassung zu erwirken. Bahari fragte den Aufseher, wie er das denn meine, und dieser erzählte ihm, Hillary Clinton habe seinen Namen bei einer öffentlichen Rede erwähnt. Das gab Bahari ungeheuren moralischen Auftrieb.

Bahari erzählte, dass ihm, während er in Einzelhaft saß, immer wieder Leonard Cohens Lied »Sisters of Mercy« durch den Kopf gegangen sei, und dieses Lied habe ihm geholfen zu überleben. Mir kam es fast wie ein Treppenwitz der Geschichte vor, dass ihm im berüchtigtsten Gefängnis der Islamischen Republik Iran ausgerechnet das Lied eines kanadischen Juden Hoffnung gegeben hatte. Ich kannte »Sisters of Mercy« nicht, also hörte ich mir das Lied an. Danach wünschte ich mir, es schon in Evin gekannt zu haben. Ich habe es jetzt auf meinem iPod gespeichert und kann den Text auswendig. Das einzige Lied, das ich manchmal in Einzelhaft summte, war *Soltan-eh Ghalbha*. Es half mir, mich an Andres Gesicht zu erinnern, an die Farbe seines Haares und die Liebe in seinen Augen. Ich war schon so lange in Evin gewesen, dass sein Bild in meinem Geist zu verblassen begann.

Eines Nachts träumte ich, dass ich gemeinsam mit Giuliana einen riesigen Traumfänger baute, während Bahari und Leonard Cohen uns dabei zusahen und »Sisters of Mercy« sangen. Der Traumfänger war so groß, dass wir leicht in seine Mitte passten. Vielleicht war er sogar groß genug, um uns alle vor Alpträumen zu bewahren.

Jasmines Gedicht
über den Nachthimmel

Während meiner Inhaftierung im Evin-Gefängnis von Teheran vom Januar 1982 bis zum März 1984 wurden meine Mitgefangenen und ich von den Wachen regelmäßig ins Hosseinieh gebracht, einen turnhallengroßen Raum, der mehrere hundert Personen fasste. Dort mussten wir uns dann Propagandareden anhören, an Gruppengebeten teilnehmen oder zuhören, wie andere Gefangene ihre »Beichten« ablegten. Ich verabscheute zwar das Hosseinieh, doch manchmal merkte ich, dass ich mich fast darauf freute, war es doch die einzige Möglichkeit, der quälenden Langeweile der Gefängnisroutine wenigstens kurzfristig zu entkommen. Viele meiner Freundinnen waren ganz aufgeregt, wenn wir ins Hosseinieh sollten, da uns dort die Augen nicht verbunden wurden. Sie hofften, vielleicht einen kurzen Blick auf Freunde oder Verwandte erhaschen zu können, die in einem anderen Trakt von Evin gefangen gehalten wurden. Häftlinge, die nicht im selben Block saßen, durften nicht miteinander sprechen, doch es war schon Grund zur Freude, geliebte Menschen nur zu sehen. In Evin hatte ich eine Freundin namens Jasmine. Der einzige Grund, warum sie immer dorthin gehen wollte, war, dass sie dann den Nachthimmel sehen konnte. Jasmine war

Muslimin und in Yazd aufgewachsen, einer Stadt im Zentral-iran. Die Wachen führten uns oft zum Hosseinieh, wenn es schon Nacht war. Sobald wir dem Bau näher kamen, befahlen die Wachen uns, unsere Augenbinden abzunehmen. Jasmine bat mich dann stets, sie an der Hand zu nehmen, damit sie nicht hinfiele. Sie wollte ihre Augen nicht vom Nachthimmel abwenden. Sie dichtete ganze Strophen über ihn. Darin hieß es, die Sterne seien Kerzen, welche die Engel entzündet ha-ben. Der Anblick der Sterne ließ mich immer an die Nächte denken, die ich am Kaspischen Meer verbracht hatte. In voll-kommener Dunkelheit lag ich dort am Strand, sah zum Him-mel und zählte Sternschnuppen, während ich dem Flüstern der See lauschte. Vor der Revolution wusste ich noch nichts über die wahre Finsternis, die Grausamkeit, die in nur allzu vielen Teilen der Welt das Leben bestimmt.

Eines Tages trug Jasmine mir eines ihrer Gedichte vor. Wir hatten weder Papier noch Stift, und so konnte sie es nicht auf-schreiben. Ich kann mich nicht mehr an den genauen Wort-laut erinnern, aber es ging ungefähr so:

> *Sterne, flammende Kerzen,*
> *von Engeln an die Fenster des Himmels gestellt.*
> *Ich sehe meine Freunde,*
> *wie sie über den Nachthimmel eilen*
> *und Spuren aus Licht legen.*
> *Warum kann ich nicht bei ihnen sein –*
> *bitte sag mir: Warum?*
> *Das Dunkel hält mich fest in seinem dakhmah.*
> *Doch ich werde entkommen. Versprochen.*
> *Ich werde am Nachthimmel tanzen*
> *und singen und lachen und spielen.*
> *Ich werde im Mondlicht baden*

und von der Milchstraße trinken.
Und ich werde niemals mehr
allein sein oder vergessen.

Jasmine fragte mich, ob ich die Bedeutung des Wortes *dakhmah* kenne. Ich sagte, dass es, soweit ich wisse, einen finsteren, schrecklichen Ort bezeichne, so etwas wie einen Kerker. Sie erklärte mir, dass, auch wenn viele Iraner den Ursprung des Wortes nicht kennen würden, in alten Zeiten die Zoroastrier mit *dakhmah* Friedhöfe bezeichnet haben. Ich war zwar auf eine zoroastrische Schule gegangen, wusste aber nichts über ihre Bestattungsriten. Und so erfuhr ich von Jasmine, dass für die Zoroastrier der Tod nicht das Werk Gottes, sondern des Teufels war, ein vorübergehender Sieg des Bösen über das Gute. Aus diesem Grund gälten Tote als unrein. Nach zoroastrischem Glauben ergriffen nach dem Tod Dämonen Besitz von der Leiche, und so durfte ein Leichnam weder beerdigt noch verbrannt werden, da man fürchtete, er könne die Welt der Lebenden verunreinigen. Deshalb seien in den Wüsten des Iran außerhalb der Stadtmauern spezielle Begräbnisstätten errichtet worden, die als *dakhmah* oder auch – vor allem im Westen – als »Türme des Schweigens« bezeichnet wurden. Auf das Dach dieser Türme legte man die Toten und gab sie so den Elementen preis. Die Geier sollten ihr Fleisch fressen, die Wüstensonne sollte die Knochen bleichen. Diese Türme waren alle von mehr oder weniger gleicher Bauart. Eine kleine Einfassungsmauer umgab das kreisrunde, leicht zur Mitte abgesenkte flache Dach des Turmes, das in drei konzentrische Ringe aufgeteilt war. In den äußersten Ring legte man die Leichname der Männer, in den mittleren jene der Frauen und in den innersten die sterblichen Überreste der Kinder. Nachdem die Sonne die Gebeine der Toten ausgebleicht hatte, was Monate dauern konnte, kamen sie in eine Grube in der Mitte des Turmes, eine Art Beinhaus. Dort wurden sie mit Kalk überschüttet, so dass sie langsam zerfielen. Die Überbleibsel wurden vom Regenwasser in den Boden geschwemmt und gelangten schließlich ins Meer. Die Zoroastrier im Iran gaben zu Beginn des 20. Jahrhunderts ihre alten Begräbnissitten allmählich auf und gingen zur Erd- beziehungsweise Feuerbestattung über.

Jasmine sagte mir, sie habe das Gefühl gehabt, einen *dakhmah* für die Lebenden zu betreten, als sie nach Evin kam. Bei dieser Vorstellung lief es mir kalt über den Rücken.

Einer der Gründe, warum ich *Ich bitte nicht um mein Leben* geschrieben habe, war, dass ich meine Vergangenheit aufarbeiten wollte. Nun wollte ich Verbindung aufnehmen mit meinen ehemaligen Mithäftlingen, zu denen ich den Kontakt verloren hatte. Ich befragte Leute, die ich kannte, suchte in einschlägigen Veröffentlichungen oder im Internet nach ihnen. Schließlich richtete ich selbst eine Website ein, um es anderen zu erleichtern, Kontakt mit mir aufzunehmen. Als Shaadi mich über meinen amerikanischen Verleger ausfindig gemacht hatte, war ich sehr froh, von ihr zu hören, dass sie einige unserer Mitschüler, die etwa zur selben Zeit verhaftet worden waren wie ich, wiedergesehen hatte, als sie vor ein paar Jahren in den Iran gereist war. Sie hatten überlebt und sich eine Existenz aufgebaut. Doch leider war es mir bisher nicht gelungen, meine besten Freundinnen aus Evin ausfindig zu machen. Ich tröstete mich mit dem Gedanken, dass sie überlebt hatten. Ende 2009 jedoch stieß ich auf einer Website auf die Nachricht, dass man Jasmine hingerichtet hatte. In diesem Bericht, den eine glaubwürdige internationale Organisation veröffentlicht hatte, wurden ihr Name und die von

Dutzenden anderer Personen aufgelistet, welche die Islamische Republik Iran in den Jahren 1984 bis 1985 hatte hinrichten lassen. Jasmines Name ist eher selten, darum war eine Verwechslung beziehungsweise Namensgleichheit nicht sehr wahrscheinlich.

Ich las jede Zeile in diesem Bericht wieder und wieder, bis die Buchstaben auf dem Monitor vor meinen Augen verschwammen. Es musste sich einfach um einen Fehler handeln. Andererseits stand ihr Name in dem Bericht, also musste es richtig sein. 1984 hingerichtet. Ich war 1984 freigelassen worden. Man musste sie nach meiner Freilassung hingerichtet haben, andernfalls hätte ich davon gehört. Aber hätte ich wirklich davon gehört? Wir waren von der Gefängnisleitung in verschiedene Trakte verlegt worden. Ich weiß nicht einmal, wo sie Jasmine hingesteckt hatten. 1983 hatten wir ein paar Wochen lang dieselbe Zelle geteilt.

Ich sehe Jasmine noch genau vor mir. Sie war ein bisschen kleiner als ich und ein zierliches Mädchen mit einem ernsten Gesicht. Ihre dunklen Augen kamen mir unglaublich groß vor, aber das lag wohl nur daran, dass sie sehr mager und blass war.

Ich las die Stelle in dem Bericht noch einmal. Warum stand da nicht mehr? War das alles, was von ihr geblieben war – ein Name und ein Datum? Ich versuchte, alles aus meinem Gedächtnis hervorzuholen, was ich über sie wusste, doch mittlerweile waren fünfundzwanzig Jahre vergangen, und meine Erinnerung war lückenhaft geworden. Sie war in meinem Alter gewesen und hatte die Oberschule besucht, als man sie verhaftete.

Ich schrieb an Amnesty International, und man bestätigte mir, dass die Information, die ich im Netz gelesen hatte, zuverlässig sei. Ich wandte mich an die Betreiber der Website, erfuhr aber nur, dass sie auch nicht mehr wissen. Jasmines Name stehe auf der Liste der Hingerichteten, man wisse aber nicht definitiv, ob die Angaben stimmten. Es sei jedoch ein gutes Zeichen, dass Jasmines Name nur auf einer Liste auftauche. *Nur auf einer Liste?* Ich fühlte mich ziemlich entmutigt. Was, wenn sie doch tot war? Hatte man sie erschossen oder aufgehängt? Einige Wachen und Verhörbeamte in Evin waren der Überzeugung, dass ein Mädchen in den Himmel kommt, wenn es bei seinem Tod noch Jungfrau ist, und so wurden – wie ich gehört hatte – Mädchen häufig noch vergewaltigt, bevor man sie umbrachte. Hatten sie Jasmine vor ihrem Tod auch vergewaltigt? Ich hätte sie irgendwie schützen sollen, hätte statt ihrer sterben sollen. Doch was ich nach so langer Zeit auch tun mochte, es würde nichts an der Tatsache ändern, dass sie tot war und ich lebte. Alles, was ich noch für sie tun konnte, war, der Welt zu sagen, was für ein wunderbarer Mensch sie gewesen war. Sie hatte es nicht verdient, ins Gefängnis gesteckt zu werden. Sie hatte es nicht verdient, zu sterben. Ich wünschte, ich könnte die Zeit zurückdrehen und Jasmine zurückbringen. Ich mochte sie von Herzen, doch meine Liebe reichte nicht aus. Ich wünschte mir, etwas Bedeutsames tun zu können, doch ich konnte nur schreiben und so dafür sorgen, dass man sie nicht vergaß.

Jeden Tag las Jasmine im Koran und betete viele Stunden lang. Ihre Gebetsmatte war nass von Tränen, wenn sie ihr rituelles Gebet verrichtete. Wir redeten und redeten, malten uns in unseren Tagträumen die wunderbaren Dinge aus, die wir tun würden, sobald wir wieder nach Hause dürften. Wir wollten am Strand spazieren gehen und unsere Lieblingsbücher lesen. Wir wollten erlesene Mahlzeiten zubereiten und essen, bis wir Bauchweh hatten. Wir wollten ins Kino gehen, tanzen, lachen und singen.

Das Internet war immer meine letzte Option, wenn ich versuchte, meine Freunde ausfindig zu machen, denn in den meisten Fällen finde ich dort nur Hiobsbotschaften. Nie liest man dort, dass Freunde wieder in Freiheit sind, dass sie die Schule abgeschlossen, geheiratet und Kinder bekommen haben. Stattdessen findet man ihre Namen vielleicht auf einer Liste von Personen, die hingerichtet wurden. Ich hatte schon früher, vor Jasmine, die Namen von Freunden gegoogelt. Ihren hatte ich immer weggelassen, warum, weiß ich nicht. Vielleicht, weil sie der stillste, freundlichste und liebevollste Mensch war, der mir in Evin begegnet ist. Welchen Grund gab es, sie zu töten? Im Grunde war das derselbe Denkfehler, den ich schon bei Shahnoosh gemacht hatte. Ich hatte immer noch nicht begriffen, dass weder die Unschuld noch die Güte eines Menschen ihn in Evin schützten.

Ich habe nur mit zwei meiner Mitgefangenen je über den Tod gesprochen. Jasmine war eine von ihnen. Für die Häftlinge in Evin war der Tod etwas, das so gut wie möglich ausgeblendet wurde. Wir lebten damit, redeten aber nicht darüber. Jasmine und ich verbrachten viel Zeit damit, uns gegenseitig Gedichte vorzutragen, vor allem aus den Werken von Forugh Farrochsad und Rumi.

Ich hatte ein paar Monate vor der Revolution von 1979 begonnen, Forughs Gedichte zu lesen. Ich besaß drei ihrer Gedichtbände und hütete sie wie einen Schatz. Sie war eine der bedeutendsten iranischen Dichterinnen des 20. Jahrhunderts und eine sehr starke weibliche Stimme, die zu ihrer Zeit heftig umstritten war. Sie wurde 1935 geboren, heiratete mit sechzehn oder siebzehn und wurde zwei Jahre später wieder geschieden. 1967 kam sie bei einem Autounfall ums Leben. Nach Arashs Tod vergrub ich mich hinter Büchern, unter anderen denen von Forugh Farrochsad. Als ich in Einzelhaft beziehungsweise in Block 246 saß, versuchte ich, mich an Forughs Worte zu erinnern. Ich hatte keines ihrer Gedichte je ganz auswendig gelernt und konnte mich nur an Bruchstücke erinnern. Auch bei dem, in dem sie über den Tod spricht und das ich Jasmine vorgetragen habe:

> *Mein Tod wird kommen eines Tages,*
> *in einem hellen Frühling voller lichter Wellen,*
> *in einem fernen, staubigen Winter*
> *oder einem geräusch- und freudlosen Herbst …*

> *… sie werden kommen und mich in die Erde legen,*
> *vielleicht werden auch meine Liebhaber*
> *Blumen auf mein sorgenvolles Grab betten.*

Mehr hatte ich nicht behalten.
»Komm schon!«, protestierte Jasmine. »Das war doch wohl nicht alles?«
»Ich war noch nie gut im Auswendiglernen. Ein Wunder, dass ich überhaupt so viel behalten habe!«
»Vielleicht fällt dir ja später noch mehr ein.«
»Weißt du, vor ein paar Jahren hätte ich fast mal ein ganzes Röhrchen von Mutters Schlaftabletten genommen«, gestand ich.
»Du sagst ›vor ein paar Jahren‹, gerade so, als ob du schon dreißig wärst!«, versetzte sie lächelnd.
Ich lachte. »Ich frage mich, ob ich wirklich mal dreißig sein werde. Das klingt so komisch.«
»Du hast die Schlaftabletten nicht genommen.«
»Nein.«
»Warum?«
»Ich wollte kein Feigling sein.«

»Wenn du sie genommen hättest, würdest du jetzt nicht hier mit mir sitzen und Gedichte rezitieren.«

»Nein.«

»Ich hätte dich nicht kennengelernt, und du hättest Evin nicht kennengelernt. Ersteres täte mir leid.«

»Ich hätte dich auch nicht kennengelernt, und das täte mir auch leid«, antwortete ich.

»Hast du Angst vor dem Tod?«, fragte sie.

»Ich glaub schon ... aber ich weiß nicht genau, was der Tod eigentlich ist ...«

»Das weiß niemand.«

»Aber ich vertraue auf Gott«, sagte ich.

»Ich auch.«

»Hast du denn Angst vor dem Tod?«

»Nicht wirklich. Selbst wenn Gott beschließt, uns in ein Nichts zu verwandeln, ist es nicht so schlimm.«

»Nein, ist es nicht.«

Jasmines Tod sollte sehr bald kommen, und ich würde niemals erfahren, wann sie diese Welt verlassen hatte. Ihre Familie und ihre Freunde würden niemals Blumen auf ihr Grab legen, vermutlich hatte man es ihnen verboten. Hatten die Wachen den Eltern gesagt, wo ihre Tochter begraben war? Viele der Hingerichteten wurden auf einem Friedhof begraben, den die Regierung als »Land der Verfluchten«[18] bezeichnet, bei den Familien der Opfer aber »der Blumengarten von Khavaran«[19] heißt. Ein ödes Stück Land vor Teheran am Khorasan-Highway mit Massen- und Einzelgräbern, die oftmals nicht einmal gekennzeichnet sind. Die Familien der Opfer versammeln sich manchmal dort, um das iranische Neujahr oder ein anderes Fest zu feiern. Viele von ihnen können nur raten, ob ihre Lieben hier begraben sind. Die Revolutionsgarden sind mehrfach mit Gewalt gegen solche friedlichen Versammlungen von Familien vorgegangen. Einige Hinrichtungsopfer wurden auch auf Teherans Hauptfriedhof Behesht-eh Zahra beigesetzt, manche in namentlich gekennzeichneten, andere in anonymen Gräbern.

Ich musste dauernd an Jasmine denken. Auch wenn sie mit großer Wahrscheinlichkeit tot war, weigerte sich ein Teil von mir, das zu glauben – und das machte mich wütend. Ich nahm mir selbst übel, dass ich die Dinge einfach nicht wahrhaben wollte. Diese Ungewissheit, ob meine Freundin nun schon seit fünfundzwanzig Jahren tot, vielicht aber doch noch am Leben war, und vor allem die fehlende Möglichkeit, mir diesbezüglich Gewissheit zu verschaffen, trieben mich fast in den Wahnsinn. Da ich nicht wusste, ob sie tot war, durfte ich auch keinen Nachruf auf sie schreiben, denn wenn sie noch lebte und sich im Iran aufhielt, würde ich ihr damit natürlich eine Menge Probleme schaffen und vielleicht gar noch die Aufmerksamkeit der iranischen Machthaber auf sie lenken.

In meiner Not wandte ich mich an meinen Freund Steve. Berufsbedingt kannte er sich mit Menschenrechtsfragen und der Situation von Folteropfern gut aus. Auch er hatte in der Vergangenheit einige schwierige Erfahrungen gemacht und konnte sich gut in meine Lage versetzen. Er fragte mich, ob ich schon von den *desaparecidos,* den »Verschwundenen«, in Argentinien und Chile gehört habe. Ich konnte mich an die Fotos von argentinischen und chilenischen Müttern erinnern, die sich auf den Plätzen des Landes versammelten und Bilder ihrer vermissten Söhne und Töchter emporhielten, um Auskunft über ihren Verbleib zu erhalten. Steve sagte, er könne sich durchaus vorstellen, wie quälend es sein müsse, wenn ein geliebter Mensch verhaftet worden war und man nichts von ihm höre, nie erfahre, ob er nun tot sei oder noch lebe. Er erinnerte mich daran, dass Tausende von Menschen auf der ganzen Welt in dieser Situation sind. Und er meinte, ich solle über Jasmine schreiben. Schließlich mache die Ungewissheit über ihr Schicksal einen Großteil meines eigenen Leids aus, und das gelte auch für viele andere. Steve war der Ansicht, ich würde mit meinen Worten ihr Leben würdigen und dadurch bei meinen Lesern ein Bewusstsein für das Schicksal der *desaparecidos* schaffen. Und er sagte, er habe keinerlei Zweifel, dass ich wüsste, was zu tun sei.

Doch das wusste ich eben nicht. Ich war an einem toten Punkt angelangt.

Anfang März 2000 rang ich mich schließlich durch, Facebook beizutreten. Für mich war das vergleichsweise schwierig, denn mit technischen Dingen stehe ich eher auf Kriegsfuß. Andre meint immer, dass ich mich wahrscheinlich in der Steinzeit am wohlsten gefühlt hätte, und damit liegt er vermutlich nicht ganz falsch. Alles, was irgendwie mit Technik zusammenhängt, schüchtert mich immer ein bisschen ein. So weigerte ich mich beispielsweise strikt, den Führerschein zu machen, als wir nach Kanada kamen. Andre brauchte Jahre, bis er mich so weit hatte, dass ich Fahrstunden nahm. Ich bin zwar bei keiner Fahrprüfung durchgefallen, doch selbst noch Monate, nachdem ich meinen Führerschein in der Tasche hatte, schlotterte ich vor Angst, wenn ich hinter das Steuer unseres Wagens musste. Als ich beschloss, einen Verleger für *Ich bitte nicht um mein Leben* zu suchen, war mir klar, dass ich mein Manuskript abtippen musste, doch ich hatte nicht die leiseste Ahnung von Computern und fand diese Dinger geradezu furchteinflößend. Ich konnte nicht mal den Mauszeiger richtig über den Bildschirm bewegen. Um mir die Arbeit zu erleichtern, kaufte Andre eine Spracherkennungssoftware für mich, doch damit zu arbeiten war erst recht frustrierend, da das Programm mit meiner Aussprache nicht zurechtkam. Schließlich lernte ich doch noch tippen, mit Word und anderen Programmen umzugehen und im Netz zu surfen. Freunde forderten mich immer wieder auf, mich doch endlich auf Facebook registrieren zu lassen, doch für mich war das nur eine weitere »Schwierigkeit« am Computer, deren Beherrschung mich zweifellos Monate kosten würde. Nachdem ich es aber nicht geschafft hatte, Gewissheit über Jasmines Tod zu erlangen, kam mir der Gedanke, doch mal bei Facebook alte Freunde zu suchen.

Zunächst stand auf meiner Facebook-Startseite nicht mehr als mein Name und mein Geburtstag, doch bald erhielt ich viele Freundschaftsanfragen von Lesern meines Buches. Das gab mir Mut, mehr Informationen an meiner Pinnwand zu posten, und ich begann, gezielt nach bestimmten Leuten zu suchen. Zuerst nahm ich Kontakt zu ein paar alten Schulfreunden auf, die nie inhaftiert gewesen waren und schließlich den Iran verlassen hatten. Dann begann ich nach meinen Freundinnen aus dem Gefängnis zu suchen – erfolglos. Schließlich gab ich Jasmines Namen in das Suchfeld ein. Ich glaubte zwar nicht mehr, dass das irgendetwas bringen würde, aber ich musste es wenigstens probieren. Die Trefferliste zeigte ihren Namen an. Ich erstarrte. Unmöglich. Das konnte nicht sie sein. Neben dem Namen erschien ein kleines Profilbild. Ich schaute es genauer an und meinte, mein Herz würde vor Freude zerspringen. Auch wenn die Frau auf dem Bild nicht aussah wie die Jasmine, die ich gekannt hatte, so war mir dieses Lachen doch seltsam vertraut. Ich wollte das Foto vergrößern, doch das funktionierte nicht. Also entschloss ich mich, ihr eine Nachricht zu senden. Doch was sollte ich ihr schreiben? »Hallo! Kann es sein, dass wir mal gemeinsam im Gefängnis gesessen haben …« Wenn diese Frau nicht Jasmine wäre, würde sie zweifellos glauben, von einer Verrückten belästigt zu werden. Also formulierte ich meine Nachricht etwas zurückhaltender:

> Hallo. Mein Name ist Marina Nemat (Mädchenname: Moradi-Bakht). Ich bin Schriftstellerin und lebe jetzt in Kanada. Wenn Sie meinen Namen in Google eingeben, können Sie mich finden. Ich suche nach einer Freundin, die den gleichen Namen trägt wie Sie. Sind Sie vielleicht jene Frau, zu der mein Kontakt 1984 abgebrochen ist?

Die nächsten paar Stunden arbeitete ich weiter an meinem Computer und ertappte mich immer wieder dabei, wie ich auf meinen Google Notifier starrte. Würde diese Frau sich bei mir melden? Würde sie schreiben, sie sei nicht die Jasmine, die ich suche? Oder würde meine Jasmine mir ein Nachricht schicken, um mir zu sagen, sie sei am Leben und wohlauf? Am nächsten Morgen fuhr ich als Erstes gleich mein Laptop hoch. Und dann las ich diese Nachricht:

> Oh, mein Gott! Natürlich kennen wir uns aus dieser schrecklichen Zeit. Ich kann es nicht glauben … Ich kann mich noch gut an Dich erinnern und auch an deine Alpträume … Weißt Du noch, wie Du mir immer davon erzählt hast? Wie schön, dass Du mich jetzt gefunden hast …
> Jasmine

Die Welt hörte auf, sich zu drehen. Ich las ihre Nachricht wieder und immer wieder. Es ging ihr gut. Tränen liefen mir übers Gesicht. Ich hatte sie gefunden. Die Toten waren auferstanden. Es gab so vieles, das ich sie fragen, so vieles, das ich ihr erzählen musste. Wusste sie, dass ihr Name auf einer Liste von Hinrichtungsopfern stand?

Jasmine? Das ist ein WUNDER! Wo lebst Du jetzt? Wann haben sie Dich freigelassen? Ich habe die ganze Zeit nach Dir gesucht. Bitte tue mir einen Gefallen und gib Deinen Namen bei Google ein. Es gibt eine Website, auf der steht, Du seist 1984 hingerichtet worden! Diese Nachricht habe ich im Dezember 2008 gelesen und fast einen Nervenzusammenbruch erlitten. Ich habe sogar an Amnesty International geschrieben … Ich habe die Webseiten-Betreiber kontaktiert, aber sie meinten, es gebe keine Möglichkeit, diese Nachricht auf ihre Richtigkeit hin zu überprüfen. Mein Gott! Ich dachte, Du wärst tot! Ich bin mittlerweile Schriftstellerin und habe Dir sogar ein Kapitel in meinem neuen Buch gewidmet. Es ist eine Art Nachruf. Ich war am Boden zerstört, weil ich glaubte, von Dir sei nur noch Dein Name und ein Datum übrig … So viele schreckliche Dinge sind passiert.

Ich bin so glücklich, dass es Dir gutgeht!

Während ich auf ihre Antwort wartete, dachte ich darüber nach, wie seltsam das doch alles war. Auch wenn sie mich anscheinend nicht für tot gehalten hatte, muss meine Nachricht für sie doch ein ziemlicher Schock gewesen sein. Ich hatte die letzten Jahre damit verbracht, die Zeit in Evin gedanklich zu verarbeiten und darüber zu schreiben, während sie vermutlich versucht hatte, all das zu vergessen – und nun stand sie sozusagen Auge in Auge mit den Gespenstern der Vergangenheit. Ich wollte in ihr keinesfalls Erinnerungen an Leid und Schmerz wachrufen, aber alles, was ich aus dieser Zeit noch hatte, waren eben Erinnerungen. Jasmine und ich lebten noch, aber viele, denen es wie uns ergangen war, waren jetzt tot. Und jene, die Evin überlebt hatten, hatten Anspruch darauf, dass man ihre spezielle Situation respektierte. Mir war klar, dass ich Jasmine Zeit lassen musste, um mit der Flut von Erinnerungen, die unser Kontakt sicher auslösen würde, zurechtzukommen. Aber ich sehnte mich danach, ihre Stimme wieder zu hören.

Als Andre an diesem Tag von der Arbeit nach Hause kam, saßen wir wie immer um den Tisch und aßen zu Abend. Ich hatte ihn nicht angerufen und ihm erzählt, dass ich Jasmine wiedergefunden hatte. Ich hatte mich den ganzen Tag erschöpft gefühlt, vor meinem Computer gesessen und über alles nachgedacht.

»Wie war dein Tag?«, fragte er.

»Erzähl erst du.«

»Ehrlich gesagt, nicht besonders.« Dann erzählte er mir, was tagsüber im Büro los gewesen war. Ich hörte ihm ungeduldig zu.

»Und was hat's bei dir gegeben?«, wollte er wissen.

»Ich weiß gar nicht, wo ich anfangen soll. Ich bin immer noch ganz erschüttert.«

»Wieso, was ist denn passiert?«

»Nichts Schlimmes. Eigentlich sogar etwas Tolles. Es ist ein Wunder. Aber ich kann es immer noch nicht richtig fassen.«

»Was?«

»Ich habe Jasmine wiedergefunden. Es geht ihr gut …« Dann erzählte ich ihm die ganze Geschichte. Er war begeistert.

Am nächsten Tag fühlte ich mich ziemlich matschig. Ich hatte noch nichts von Jasmine gehört, doch ich wusste ja, dass ich Geduld haben musste. Zu viel stürmte jetzt zu schnell auf sie ein. Eine Granate, die plötzlich in ihrem Leben explodierte. Jasmine meldete sich zwei Tage später erneut bei mir. Sie war zwei Jahre nach mir entlassen worden und lebte noch im Iran. Nach Evin war sie wieder zur Schule gegangen, hatte studiert und anschließend geheiratet. Es gab so vieles, was ich sie fragen wollte. Hatte sie noch Kontakt zu unseren Mitgefangenen von damals? Hatte sie mit ihrer Familie über alles gesprochen oder über ihre Erfahrungen geschwiegen? Hatte ihre Familie sie je gefragt, was ihr hinter den Gefängnismauern passiert war? Ich wollte unbedingt alles über ihr Leben nach Evin wissen. Doch für sie bestand die konkrete Gefahr, wieder verhaftet zu werden, weil sie zu mir Kontakt hatte. Meines Wissens waren E-Mails eine sichere Möglichkeit, mit Menschen im Iran zu kommunizieren. Doch selbst wenn die neuen Informationstechnologien den iranischen Regimegegnern halfen, so konnten sie doch auch vom Regime gegen sie verwendet werden. Und so beschloss ich, ihr nicht mehr zu schreiben. Wir einigten uns darauf, unsere Kontakte auf ein Minimum zu beschränken. Ich wollte Jasmines Leben nicht in Gefahr bringen. Ich wollte, dass sie glücklich war und in Sicherheit. Ich aber stellte eine Bedrohung für sie dar.

Briefe von meinen Kameradinnen aus der Zelle und meine Barbiepuppe

Seit der Veröffentlichung von *Ich bitte nicht um mein Leben* hatte ich zu vielen ehemaligen politischen Gefangenen aus dem Iran Kontakt, doch die wenigsten sind bereit, über die Vergangenheit zu sprechen. Nach Veranstaltungen wurde ich ein paarmal angesprochen. Meist sagte man mir ein paar ermutigende Worte, oder ich bekam E-Mails von Menschen, die in einer ähnlichen Situation waren und mir alles Gute wünschten. Eine Frau schrieb mir einmal, sie sei als Teenager ebenfalls in Evin gewesen. Später sei sie nach Kanada ausgewandert und Psychologin geworden, doch habe sie nie mit einem Menschen über ihre Gefängniserfahrungen gesprochen, nicht einmal mit ihrem Mann oder ihren Kindern. Als sie mein Buch gelesen hatte, sagte sie ihren Kindern, sie sollten es ebenfalls lesen. Weiter wollte sie nicht gehen. Aber ich ließ den Mut nicht sinken. Ich wusste, dass sich früher oder später auch andere zu Wort melden würden. Die Wahrheit konnte nicht für immer im Verborgenen bleiben.

Im Dezember hatte eine Iranerin – ich werde sie im Folgenden Anamy nennen – über meine Website Kontakt mit mir aufgenommen. Sie war im Alter zwischen sechzehn und neunzehn Jahren in Evin inhaftiert, und zwar etwa zur selben Zeit wie ich. Nach ihrer Entlassung war sie wieder zur Schule gegangen und hatte ihren Abschluss gemacht. Bis vor kurzem hatte sie noch im Iran gelebt, dann aber sei der Wunsch, ihre Geschichte zu erzählen, immer dringender geworden. Sie wollte, dass ich ihr helfe, ihre Erinnerungen niederzuschreiben. In meiner Antwort erklärte ich ihr, wie ich schrieb, welchen Schwierigkeiten ich dabei begegnet war, und gab ihr Tipps zum Verlagswesen im Allgemeinen. Ich betonte, dass sie, wenn sie als Schriftstellerin ernst genommen werden wolle, ihr Manuskript fertigstellen solle, um dann Kurse im kreativen Schreiben zu belegen, wo sie es ausfeilen konnte. Sobald sie so weit wäre, versprach ich, würde ich es lesen und ihr sagen, was ich davon hielte. Wir traten in einen regen Gedankenaustausch.

Liebe Marina,
wie Sie war ich zu jahrelangem Schweigen verurteilt … Ich kann mich nicht daran erinnern, dass mich je ein Mensch danach gefragt hätte, was mir im Gefängnis widerfahren ist … kein Familienangehöriger, kein Freund, keine Freundin, nicht einmal mein Mann … Dieses Schweigen macht sie – ob absichtlich oder unabsichtlich – zu einem von »denen«. Ich denke, das Beste ist, über all das zu schreiben, doch bis ich so weit bin, hat vermutlich auch Reden seine Vorteile … Es war sehr schwer für mich, bestimmte Passagen in Ihrem Buch zu lesen, vor allem jene, in denen es um die Verhöre und um Block 246 geht. Es war, als wäre ich wieder dort, ich rang buchstäblich nach Luft …
In meinen Erinnerungen gibt es gewaltige Lücken, die mir zuvor nicht bewusst waren. So erinnere ich mich beispielsweise überhaupt nicht an die Zelle, in der ich in Bandeh-yek [ein Zellblock in Evin, der auch als 240 bekannt ist] war. Dabei war ich Monate dort. Wie kann das sein? Andererseits erinnere mich noch ganz genau an das nasse Heupferdchen, das ich in einer regnerischen

Nacht, als wir von 246 nach Bandeh-yek verlegt wurden, auf dem Fenstersims sitzen sah. Ich war verzweifelt und ohne Hoffnung …
Mir scheint, ich erinnere mich an die Dinge, die mir damals bedeutsam erschienen …

Vor ein paar Tagen überkam mich nachts das Gefühl, dass ich nicht mehr viel Zeit hätte, dass ich bald sterben würde. Ich vermag nicht zu sagen, ob dies eine Ahnung oder ein heimlicher Wunsch war. Ich denke, dass ich, so wie Sie es in Ihrem Buch beschreiben, wie eine Schlafwandlerin durchs Leben gegangen bin. Zwischen mir und dem Leben war immer ein gewisser Abstand, so als würde ich es eher beobachten, als daran teilzuhaben … Ich war nie ein passiver Mensch, und doch habe ich immer alles distanziert getan. Mir war klar, dass das mit dem zu tun haben musste, was ich im Gefängnis erlebt hatte. Es ist, als sei man aus einem Zug gestiegen und versuche Jahre später, wieder aufzuspringen. In dem Interview am Ende Ihres Buches sagen Sie, dass das Niederschreiben Ihrer Erinnerungen Ihnen geholfen habe, wieder Anschluss ans Leben zu finden. Das finde ich sehr interessant. So habe ich die Dinge noch nie betrachtet.

Als ich Ihre E-Mail las, habe ich lange geweint. Darauf zu antworten war ein schweres Stück Arbeit für mich. Es hat mich tief berührt zu erfahren, dass Sie, während Sie an Ihrem Buch schrieben, ähnliche Empfindungen hatten, was den Tod angeht. Nicht so sehr, weil sich Ihre Empfindungen mit den meinen decken, sondern weil ich allmählich merke, dass das, was ich für rein persönliche Schwierigkeiten hielt, in Wirklichkeit Teil eines Symptomenkomplexes ist, dem alle Ex-Häftlinge ausgesetzt sind – hinter den Mauern des Schweigens, die uns immer noch gefangen halten. Es ist eine so unglaubliche Erfahrung, mit jemandem, den man gar nicht kennt, doch so vieles gemeinsam zu haben. In Evin haben Sie und ich monatelang, vielleicht sogar mehr als ein Jahr, buchstäblich nur ein paar Meter voneinander entfernt gelebt! Und doch waren wir einander fern und kannten uns nicht. Jetzt liegen viele Meilen zwischen uns, und dennoch sind wir einander so nah und verbunden.

Marina, ein Teil von mir lebt immer noch in Evin. Dadurch, dass Sie die sechzehnjährige Marina zu Wort kommen lassen, haben Sie mir das sechzehnjährige Mädchen gezeigt, das ich war – wie es im Gefängnis schweigend an einer Mauer kauert, mir direkt in die Augen schaut und mich bittet, ihr ihre Stimme wiederzugeben. Ja, ich will reden. Ich muss.

Anamy

Nach Anamy meldeten sich noch einige andere ehemalige Häftlinge aus dem Iran bei mir, die über ihre Erfahrungen in den Kerkern der Islamischen Republik schreiben wollten. Anamy und die anderen Mitgefangenen, die sich entschlossen haben, ihr Schweigen zu brechen, sind meine Leuchtfeuer der Hoffnung. Meine Freundinnen in Evin waren meine Stütze, als ich in vollkommener Finsternis nach ein wenig Licht suchte, und auch jetzt blicke ich wieder in ihre Richtung. Ich stehe nicht allein da in meinem Bemühen, die Leiden derer zu dokumentieren, die in die Hände der Islamischen Republik gefallen sind. Meine Mitgefangenen sind da draußen, und früher oder später werden sie ihre Stimme vernehmen lassen. Ich hege die Hoffnung, dass wir eines Tages im Iran vor einem Mahnmal für unsere toten Freunde stehen werden. Doch wir werden nicht unsere Fäuste schwingen und nach Rache schreien. Nein. Wir werden Gerechtigkeit fordern. Und wenn zu viele Jahre verstrichen sind, um unseren toten Freunden und uns Gerechtigkeit zu verschaffen, so werden wir weinen und trauern. Doch wir werden keine Gewalt üben, denn wir wollen nicht hineingezogen werden in den endlosen Strudel von Hass und Unrecht, der schon viel zu viele Leben gekostet hat.

Am 22. September 2008 traf ich mich mit Dr. Rosemary Meier zu einem Gespräch über die Wirkung von Folter auf Kinder. Dr. Meier ist Gerontopsychiaterin und Assistenzprofessorin an der Universität Toronto. Sie arbeitet außerdem am *Canadian Centre for Victims of Torture* mit, einem Verband, der Folteropfern psychologische und sonstige Hilfestellungen bietet.

Dr. Meier erinnerte mich sehr an *Babu*. Als ich den Gemeinschaftsraum des Massey College an der Universität Toronto betrat, sah ich sie auf einem braunen Ledersofa im Stil der sechziger Jahre sitzen. Die ganze Breite der dem Sofa gegenüberliegenden Wand wurde von einem Fenster eingenommen, das sich auf einen Hof öffnete. Dort wogten grüne Grasinseln unter den Schirmen hoher Bäume. Ein kaum merkliches Lächeln lag auf ihrem Gesicht. Ihr dünnes silbergraues Haar hatte sie im Nacken zu einem Knoten gebunden, doch ein paar Strähnen fielen ihr auf Hals und Schultern. Sie war nicht geschminkt und ihre Kleidung einfach und praktisch. Nur ihre Augen glichen nicht denen meiner Großmutter. In *Babus* Augen lag immer eine heimliche Trauer. Dr. Meiers Augen aber wirkten wie weit offene Fenster, auch wenn sich auch dahinter sicherlich ein paar Geheimnisse verbargen. Sie hatte eine freundliche Art, und ihre Freundlichkeit wirkte nicht aufgesetzt. Sie kam gern gleich auf den Punkt: »Erzählen Sie mir, was Sie erlebt haben. Ich würde es gerne hören.«

Bis zu diesem Punkt meines Weges hatte ich mich stets auf meine eigenen Beobachtungen und Erfahrungen verlassen, als ich anfing, verstehen zu wollen, wie die zwei Jahre in Evin mich geprägt hatten. Es wäre mir einfach nicht möglich gewesen, mich von jemandem, der ein ganz »normales« Leben geführt hatte, analysieren zu lassen, um mir mit seiner Hilfe über mich selbst klarzuwerden. Doch mittlerweile hatte ich einiges an Selbsterkenntnis dazugewonnen. Es war an der Zeit, meine Einsichten mit ausgebildeten Therapeuten zu diskutieren.

Ich erzählte ihr, dass *Ich bitte nicht um mein Leben* zu schreiben für mich so gewesen sei, als würde ich – mir fiel kein anderes Wort ein – alles aus mir herauskotzen. Ich konnte die Geschichte nicht mehr länger in mir behalten. Sie war förmlich aus mir herausexplodiert. Der immense Druck, alles zu erzählen, was passiert war, hatte sich einfach entladen. Um meine Vergangenheit akzeptieren und verstehen zu können, musste ich sie vor mir auf dem Papier sehen.

»Ergibt das irgendeinen Sinn?«, fragte ich.

»Ja«, erwiderte sie, »der griechische Begriff ›Katharsis‹, der heute in der Psychologie für emotionale Reinigung steht, hatte ursprünglich auch die Bedeutung ›Reinigung der Gedärme‹.«

Mir sei auch bewusst, erzählte ich weiter, dass Schuldgefühle mein eigentlicher Motor seien. Schuldgefühle seien zwar letztlich negative Emotionen, ich dächte aber, dass sie auch Positives bewirken könnten. Jedenfalls seien Schuldgefühle der Grund gewesen, dass ich wie eine Besessene schrieb, als stünde mein baldiger Tod bevor.

»Das erinnert mich an die Erfahrungen vieler Holocaustopfer«, meinte sie. »Sie konnten jahrelang nicht darüber sprechen, was sie im KZ erlebt hatten. Erst als sie alt und gebrechlich wurden. Sie teilten ihre Erinnerungen mit niemandem. Doch ihre Kinder wollten über diese Dinge Bescheid wissen. Das war auch wichtig. Die KZ-Erfahrungen der Eltern beeinflussten schließlich auch das Leben der Kinder, und sie wollten sie verstehen. Doch für die Eltern war es sehr schwer, über die Vergangenheit zu reden.«

Ich kenne dieses Schweigen, ging es mir durch den Kopf, das Schweigen des Traumas, das lautlos und vorsichtig wie ein zerbrechlicher Gegenstand der nächsten Generation vererbt wird. Ein fest verschnürtes Bündel Geheimnisse, das seinen Besitzer wechselt. Das Problem ist nur, dass der Geber sehr wohl weiß, was in dem Paket ist, der Empfänger jedoch nicht. Der Empfänger sieht nur, wie dieses Bündel überall, wo es auftaucht, für Unruhe sorgt. Ein deutlich sichtbares Warnschild klebt darauf: Nicht öffnen! Explosionsgefahr! So liegt es da als stumme Drohung für die Kinder der Überlebenden. Dieses Schweigen macht mich traurig. Es drückt mir schier das Herz ab. Am liebsten würde ich schreien: *Rede! Rede! So rede doch endlich! Deine Kinder können der Wahrheit ins Gesicht sehen! Sie sollten ihr ins Gesicht sehen! Sie müssen ihr ins Gesicht sehen! Bitte vertrau ihnen! Sie müssen verstehen, was passiert ist, damit sie nicht selbst einen neuen Krieg anfangen, damit sie nicht selbst zum Völkermord aufrufen.*

Ich fragte Dr. Meier, warum ich ihrer Meinung nach meine Geschichte so lange für mich behalten hatte. Sie sagte, das Leben verliefe eben nicht linear, sondern zyklisch. Die Ereignisse unseres Lebens machten uns zu dem, was wir sind. Selbst Erfahrungen, die wir gemacht haben, bevor wir sprechen lernten, seien wichtig. Ereignisse, die wir noch präsent hätten, prägten uns schließlich genauso wie solche, an die wir uns nicht mehr erinnern. Unbearbeitete Trauer könne sich in vielerlei Form manifestieren. Viele Menschen liefen ihr ganzes Leben lang vor ihrem Kummer weg. Andere stellten sich ihm an einem bestimmten Punkt ihres Lebens. Zwar seien die menschlichen Grunderfahrungen stets mehr oder weniger die gleichen, Kummer sei Kummer, und Verlust sei Verlust, dennoch reagiere jeder Mensch individuell.

Ich fragte Dr. Meier weiter, was es denn mit unserem Gedächtnis auf sich habe. Dabei blieb mein Blick starr auf den kleinen Teich im Hof gerichtet. Ein Springbrunnen zeichnete eine zitternde Wasserkuppel in die Luft, kräuselte deren Oberfläche und ließ das Sonnenlicht in goldenen Tropfen herniederregnen. Dr. Meier sagte, mit unserem Gedächtnis verhalte es sich so ähnlich wie mit der Kosmologie. Je intensiver wir das Universum erforschten, desto mehr würden wir entdecken. Je gründlicher wir eine Ecke des Nachthimmels untersuchten, desto mehr Sterne fänden wir darin.

Nach der Begegnung mit Dr. Meier dachte ich über unser Gespräch nach. Alle Etappen meines Lebensweges hatten durch das dunkle Nichts des Schweigens geführt. Nach Evin verharrte ich so lange in dieser Stille, dass ich beinahe alles über die Welt der Stimmen vergaß. Doch man muss kein Folteropfer und kein Holocaust-Überlebender sein, um sich im Netz des Schweigens zu verfangen. Jede traumatische Erfahrung kann einen Menschen in diesen Zustand versetzen. Als der Erscheinungstermin von *Ich bitte nicht um mein Leben* feststand, war dieses Datum wie eine Wand für mich, auf die ich mit Lichtgeschwindigkeit zuraste. Jener Tag würde mein Todestag sein, denn wie sollte ich einen derartigen Aufprall überleben? Doch ich kam an die Wand und ging einfach durch sie hindurch. Dort lauerte keineswegs mein Ende. Im Gegenteil, ich fühlte mich danach so lebendig, wie ich es seit meinen Teenagertagen nicht mehr getan hatte. Der Turm des Schweigens fing an, von Stimmen widerzuhallen.

Während der Arbeit an diesem Buch waren einmal meine Verlegerin Diane und ihr Mann bei mir zum Abendessen zu Gast. Wie üblich drehte sich ein Teil unserer Unterhaltung um meine Zeit im Gefängnis. Nach dem Essen diskutierten wir über das Thema Folter, und plötzlich hatte ich Mühe, nicht in Tränen auszubrechen. Der jüngere meiner Söhne saß mit uns am Tisch. Ein paar Tage später rief Diane an und sagte, sie hätte noch nie gehört, dass ich vor meinen Kindern über Folter gesprochen habe. Das hatte ich schon, nur war sie bei solchen Gelegenheiten nie dabei gewesen. Sie meinte auch, dass sie mich noch nie so emotional erlebt habe. Das war allerdings richtig. Mit jedem Tag gelingt es mir, mich wieder ein bisschen mehr zu spüren. Die Taubheit, die sich in Evin über mich legte, ist eine ungeheuere Macht, mit der ich jeden Tag aufs Neue ringe. Und jeder Tag ist ein kleiner Sieg.

Warum werden wir Menschen es nicht leid, ständig unsere alten Fehler zu wiederholen? Warum foltern und vergewaltigen wir, führen Kriege und begehen andere Akte der Grausamkeit? Ich kann es nicht oft genug wiederholen: Der einzige Weg, diese Spirale der Gewalt anzuhalten, ist, unsere Stimme zu erheben. Solange die Opfer nicht Zeugnis ablegen, wird ihr Leid dem Vergessen anheimfallen. Kinder sollten ermutigt werden, über all das zu reden, worüber man angeblich nicht sprechen sollte. Folter müsste Gesprächsstoff am Esstisch, Unterrichtsstoff in der Schule sein. Im Geschichtsunterricht müsste über das Leid der Menschheit gesprochen werden. Vielleicht könnte man die Lebensgeschichten jener Menschen lesen, die Krieg, Revolution, Völkermord und Tyrannei erlebt haben.

Am 29. Oktober 2008 sollte ich Dr. Donald Payne treffen. Ich war sehr aufgeregt. Seit 1979 hatte Dr. Payne mehr als 1400 Folter- bzw. Kriegsopfer untersucht und behandelt. Er trat als Zeuge bei Anhörungen zur Anerkennung des Flüchtlingsstatus auf, veranstaltete Workshops für die Angestellten der kanadischen Einwanderungs- und Flüchtlingsbehörden, hielt Vorträge und schrieb Artikel über das Thema Folter sowie die Behandlung von Folteropfern.

Dr. Payne empfing mich mit großer Herzlichkeit in seinem Büro. Ich war mir nicht ganz sicher, welche Erwartungen ich eigentlich gehegt hatte, was diesen Mann anging, der mit Hunderten von Folteropfern gearbeitet hatte. Der freundliche Herr, der mir in diesem Büro gegenüberstand, kam mir eher vor wie ein netter Opa, der mit seinem Enkel im Park spazieren geht – ein liebenswürdiger, eher schlichter Mann, der ein durchschnittliches Leben führte. Natürlich war mir klar, dass für Dr. Paynes Leben der Begriff »durchschnittlich« alles andere als zutreffend war.

Er bat mich, doch Platz zu nehmen. Ich hielt mich nicht lange mit Vorreden auf und fragte ihn gleich, warum Folter sich seiner Ansicht auf Teenager anders auswirke als auf Erwachsene. »Hier spielen viele Faktoren eine Rolle«, gab er zur Antwort. »Jüngere Folteropfer sind einerseits verwundbarer, andererseits haben sie aber auch mehr Widerstandskraft. Die Lebenszeit, die vor einem älteren Menschen liegt, ist kürzer, und für ältere Menschen ist es schwerer, sich nach einer traumatischen Erfahrung ein neues Leben aufzubauen. Ist aber jemand knapp zwanzig, so hat er noch eine Zukunft.«

»Und wenn das Opfer erst fünfzehn oder sechzehn ist?«, wollte ich wissen.

»Das kann sehr problematisch sein, dabei hängt aber vieles vom Reife- und Entwicklungsgrad des Opfers ab. Auf ein überbehütetes sechzehnjähriges Kind, das wegen eines Familienangehörigen verhaftet wird, kann sich das katastrophal auswirken.«

Ich erzählte ihm, dass in den achtziger Jahren im Iran Tausende von Teenagern verhaftet worden waren, weil sie bestimmte Bücher oder Zeitungen lasen, Flugblätter verbotener politischer Gruppierungen in ihren Schultaschen hatten oder an Demonstrationen teilnahmen. Sie waren nicht gerade das, was man »politisch engagiert« nennen würde. Sie hatten keinen ideologischen oder sonst wie tragfähigen Hintergrund, der ihnen geholfen hätte, die Folter zu überstehen. Ältere Gefangene brachten meist starke ideologische Überzeugungen mit, die den jüngeren fehlten. Diese reagierten nicht mit Zorn auf die Misshandlungen der Wachen und Verhörbeamten. Sie gaben sich selbst die Schuld an allem, schämten sich und zogen sich ganz in sich zurück.

Dr. Payne stimmte mir zu, dass Selbstanklagen ein häufiges Symptom bei jungen Folteropfern seien, während ältere, politisch aktive Gefangene eine starke Gesinnungstreue besäßen, die etwas quasi Religiöses habe und Teil ihres Selbstverständnisses sei. Wenn Erwachsene unter der Folter zusammenbrächen, verlören sie einen Teil ihrer Identität. Auf Jugendliche träfe dies nicht zu, da sie weder bestimmte Ideologien noch eine politische Gesinnungstreue in dieser Form verinnerlicht hätten.

Als Nächstes sprach ich die Mauer des Schweigens an, die politische Gefangene umgibt. Dr. Payne erzählte mir von einer seiner jungen Patientinnen, einem Mädchen, das vier Jahre inhaftiert gewesen war. Es war der jungen Frau gelungen, zu entkommen und nach Kanada zu fliehen. Sie wollte nicht mit ihren Freunden über ihre Erfahrungen sprechen, da sie wie alle anderen sein wollte. Doch sei ihr bewusst gewesen, dass ihre Weigerung, anderen von ihrer Vergangenheit zu erzählen, sich negativ auf ihre Beziehungen auswirkte und sie oberflächlich machte. Ihre Freunde wussten nicht, wer sie wirklich war, doch sie sei nicht bereit gewesen zu reden. Dr. Payne berichtete noch von einem weiteren Fall, einem argentinischen Ehepaar. Der Mann war in der Haft gefoltert worden. Nach seiner Freilassung wanderte er mit seiner Frau aus. Als sie Kinder bekamen, wollte er nicht, dass sie erfuhren, dass man ihn gefoltert hatte. Seine Frau hingegen war der Ansicht, es wäre wichtig für die Kinder, die Wahrheit zu kennen. Dr. Payne erwähnte auch, dass viele Veteranen aus dem Zweiten Weltkrieg nie über ihre Kriegserfahrungen gesprochen haben.

Ich redete mit Dr. Payne auch darüber, dass viele Iraner, mich eingeschlossen, das Ende des gegenwärtigen Regimes herbeisehnten, doch niemand so recht wisse, was an seine Stelle treten sollte. Vor dreißig Jahren hatten wir die Revolution, und was dabei herausgekommen ist, ist schlicht eine Katastrophe. Wir wollten die Demokratie. Also setzten wir den Schah ab und brachten Khomeini an die Macht – und ersetzten so einen Diktator durch einen anderen. Ich jedenfalls glaube nicht, wie so viele es tun, dass es nicht mehr schlimmer kommen kann. Weder der Marxismus – auch nicht islamischer Prägung – noch eine andere Ideologie können dem Iran die Demokratie bringen. Diese Ideologien haben sich Andersdenkenden gegenüber als ebenso intolerant erwiesen wie das Islamische Regime. Wir Iraner leiden an posttraumatischen Stressstörungen, und ich bin überzeugt, dass nicht nur der Einzelne, sondern eine ganze Nation daran erkranken kann – eine Folge der schrecklichen Erfahrungen, die wir Iraner in den achtziger Jahren durchlebt haben: Das Land lag im Krieg mit dem Irak, die Städte wurden mit Scud-Raketen beschossen, und viele Menschen fanden den Tod. Junge Soldaten fielen an der Front, Tausende von Teenagern wurden in den Gefängnissen gefoltert und hingerichtet. Im Land herrschte Zerstörung von innen wie von außen, unsere Friedhöfe jedenfalls verzeichneten ein ungebremstes Wachstum.

Nach Kriegsende sprachen die Menschen über die Schrecken, die sie erlebt hatten. Dieser Dialog war möglich, weil der Krieg eine kollektive Erfahrung gewesen war und wir um unsere nationale Souveränität kämpften. Doch das Leid der politischen Gefangenen wurde nie öffentlich thematisiert – zumindest nicht bis zu den Unruhen im Gefolge der iranischen Präsidentschaftswahlen im Jahr 2009. Und selbst dann war die Diskussion sehr begrenzt. Das Thema Folter offen anzusprechen ist natürlich sehr, sehr schwer. Wenn man sich zu Hause im privaten Kreis traf, war das Thema politische Gefangene tabu. Es war gerade so, als leide das gesamte Land an einer Art kollektiven Gedächtnisverlusts. Vor den Unruhen von 2009 schrieben nur die Anhänger einiger politischer Gruppierungen, die in westlichen Ländern im Exil lebten, über die Schrecken in den iranischen Gefängnissen, doch ihre Bücher erschienen nur in kleinen Auflagen. Die meisten Iraner zogen es vor, die Augen vor diesen Dingen zu verschließen. Die meisten Ex-Häftlinge schweigen immer noch traumatisiert. Mag es bei der Folter auch immer um eine politische Dimension gehen, ihre schrecklichen Wirkungen werden zunächst einmal individuell erlebt, ihre Opfer in die Isolation getrieben. Auf der anderen Seite würden »normale« Menschen wie meine Freunde und Familienangehörigen die Tatsache, dass ein ihnen Nahestehender dergleichen erlebt hat, am liebsten ganz aus dem Gedächtnis streichen, so als habe es so etwas nie gegeben. Zum einen, weil sie sich dem Schmerz, der mit der Erinnerung an solche Greuel verbunden ist, nicht aussetzen wollen, zum anderen, weil sie sich von jeglicher Mitverantwortung, dass so etwas Schreckliches wie Folter überhaupt geschehen kann, befreien möchten. Denn was, wenn man ihnen eines Tages die Frage stellt: »Und wo warst du, als diese Dinge passiert sind? Warum hast du nichts dagegen getan?« Und wer mag sich schon solch unbequemen Fragen aussetzen.

Ich erzählte Dr. Payne auch, dass ich mir Sorgen mache um die Generation derer, die nach der Revolution geboren worden seien. Diese Kinder hätten immer ein Doppelleben geführt. Als Angehörige der Mittel- und Oberschicht verfügen sie über eine gute Ausbildung, sie stehen auf westliche Musik, Filme, Mode und Technik. Doch die Regierung predigt ihnen ständig, der Westen sei »böse«. Die Kinder scheren sich nicht viel darum. Sie hören westliche Musik und wollen sich anziehen wie ihre Popikonen. In Teheran studieren mehr Frauen als Männer. Viele Iraner haben Satellitenfernsehen und schauen sich die neuesten ausländischen Filme an. Per Internet haben sie Kontakt zum Westen, auch wenn die Regierung versucht, das Internet zu kontrollieren. Zu Hause in ihren vier Wänden können die meisten jungen Leute Musik hören, Bücher lesen und Filme ansehen, wie es ihnen gefällt. Doch sobald sie sich in der Schule oder in der Öffentlichkeit aufhalten, haben sie sich konform zu verhalten, wenn sie nicht riskieren wollen, schwer bestraft zu werden. Selbst ganz kleinen Kindern ist diese Schizophrenie vollkommen in Fleisch und Blut übergegangen.

Weil ich besser verstehen wollte, was es mit posttraumatischen Stressstörungen genau auf sich hat, fragte ich Dr. Payne: »Neigen Menschen, die an posttraumatischen Stressstörungen leiden, wie die amerikanischen Soldaten, die aus dem Irak zurückgekehrt sind, eher zu Gewalttätigkeit?«

»Nein«, gab er zurück, »Soldaten werden zum Gewalteinsatz ausgebildet. Das ist ihr Job. Es wird von ihnen erwartet, dass sie andere töten, und sie erhalten ja auch Auszeichnungen dafür. Doch sobald sie wieder zu Hause sind, dürfen sie keine Gewalt mehr anwenden. Ihr gewalttätiges Verhalten ist nicht Symptom einer posttraumatischen Stressstörung, sondern die Reaktion darauf. Normalerweise sind die Symptome einer posttraumatischen Stressstörung eher unauffällig. Meist äußert sie sich in Alpträumen und Flashbacks, die nicht verschwinden wollen.«

»Aber gibt es da so etwas wie eine zeitliche Lücke?«, fragte ich. »Ich meine, kann es sein, dass solche Alpträume und Flashbacks erst Jahre nach einem traumatischen Erlebnis auftreten?«

»Ja«, gab er zurück. »Das ist durchaus möglich. Eigentlich ist es sogar ziemlich häufig.«

Ich erzählte Dr. Payne, dass ich jahrelang nach außen hin ziemlich normal gewirkt habe: pflichtbewusste Ehefrau, gute Mutter und zuvorkommende Kellnerin. Keiner hätte vermutet, dass mit mir etwas nicht stimmte.

»Ja«, sagte Dr. Payne. »Das falsche Selbst.«

Er musste mir nicht erklären, was dieser Begriff bedeutete. Ich kannte seine Bedeutung aus eigener Erfahrung. Aus dem Gefängnis entlassen, hatte ich eine neue »Marina« geschaffen, einen sorgfältig konstruierten fiktionalen Charakter. Diese neue Marina hatte nie Folter, Vergewaltigung und Demütigung gekannt und lebte fortan glücklich und »normal«.

Ich erzählte Dr. Payne, dass ich mich nach unserer Ankunft in Kanada lange Zeit nicht an das *Canadian Centre for Victims of Torture* (CCTV) gewandt habe, weil ich nicht bereit war, jemandem zu sagen, dass ich ein Folteropfer sei. Er meinte, dass die wenigsten Folteropfer dies täten. Die Haupttätigkeit des CCTV bestehe weniger in der psychologischen Betreuung von Folteropfern, als vielmehr darin, sie durch Sprachunterricht und Hilfe bei der Arbeits- und Wohnungssuche zu unterstützen, dabei also, hier Fuß zu fassen.

»Folteropfer haben große Schwierigkeiten damit, anderen zu vertrauen«, erklärte er mir, »sofern es sich nicht um ehemalige Mithäftlinge handelt, die ihre Erfahrungen teilen. Ich habe einmal eine Zeitlang eine junge Frau behandelt. Eines Abends brachte ich sie und ein paar andere Patienten nach Hause. Außer ihr hatte ich schon alle abgesetzt. Als ich sie nach ihrer Adresse fragte, wollte sie sie mir nicht geben. Obwohl sie schon einige Zeit mit mir gearbeitet hatte und sie mir mittlerweile auch zu vertrauen schien, war ihr dennoch unwohl bei dem Gedanken, mir ihre Adresse zu geben. Sie wollte, dass ich sie an einer Ecke rausließ.«

Ich stimmte ihm zu. Vertrauen war ein zentrales Problem ehemaliger Häftlinge. Viele ehemalige politische Gefangene aus dem Iran vertrauen sich nicht einmal untereinander. Noch jetzt tragen sie ihre politischen Differenzen mit sich herum, die schon im Gefängnis für so viel Leid gesorgt haben. Ich hatte gehört, dass nach meiner Entlassung aus Evin sich die ideologischen Konflikte zwischen den Häftlingen allmählich so verschärft hatten, dass sie einander regelrecht boykottierten. Anhänger bestimmter politischer Gruppierungen redeten im Gefängnis nicht mit den Anhängern anderer politischer Gruppierungen. Diese Frontenbildung wirkte sich sehr destruktiv aus und kostete die Gefangenen viel Kraft.

Dr. Payne, oder Don, wie ich ihn schließlich nannte, und ich blieben in Verbindung. Wir trafen uns ein paarmal zum Essen, unterhielten uns darüber, wie man nach Folter und traumatischen Erfahrungen Heilung finden könne, über Gut und Böse im Menschen und in der Welt, über Gott und Religion. Eines Tages überraschte Don mich mit selbstgebackenen Keksen. Die Kekse waren saftig, köstlich und meine absoluten Lieblingssorten: Hafer-Cranberry-Kekse und Kekse mit Chocolate Chips. Sie schmeckten mir so gut, dass ich beschloss, mich wieder öfter an den Herd zu stellen, denn es gibt nichts Behaglicheres als den Duft frisch gebackener Kekse an einem kalten Wintertag. Dons Kekse jedenfalls erinnerten mich an all die Dinge, die mir ein Gefühl von Frieden und Glück gaben: Bücher, Rosenkränze, Gebete, das Meer, Berge, mit Andre zusammen sein, mein Gebetbuch, unser Haus am Kaspischen Meer … und meine Barbiepuppe.

Als Kind hatte ich mir nichts sehnlicher gewünscht als eine Barbiepuppe, aber meine Mutter hielt Puppen für reine Geldverschwendung. Ich hatte nur zwei Puppen. Die eine hieß Lucy wie Lucy Pevensie, das jüngste der Pevensie-Geschwister aus *Der König von Narnia* von C. S. Lewis. Mein Bruder hatte sie mir zu Weihnachten geschenkt, als ich neun war. Die andere Puppe hatte keinen Namen. Ich hatte sie mit fünf vom besten Freund meines Vaters bekommen, den ich Onkel Partef nannte. Sie war fast so groß wie ich und trug ein rosa Prinzessinnenkleid. Ich hatte Angst vor ihr, und so sagte ich zu *Babu,* sie solle die Puppe im Keller verstecken.

Als ich zwölf war, ein Jahr vor der Revolution, sparte ich etwas Geld und kaufte mir selbst eine Barbiepuppe, auch wenn ich schon zu alt war, um noch damit zu spielen. Sie hatte braunes Haar und trug ein langes blaues Kleid mit weißen Stöckelschuhen. Ich stellte sie neben meine Lieblingsbücher auf mein Bücherregal. Wenn ich sie anschaute, musste ich immer lächeln.

Nach der Revolution, als unsere Lehrer durch Revolutionsgardistinnen ersetzt wurden, war meine Barbiepuppe eines der Dinge, die mir Mut machten. Jeden Tag stand unsere neunzehnjährige Schulleiterin am Eingang und kontrollierte jedes Mädchen, ob es auch ja nicht geschminkt war. Wenn sie eine Schülerin im Verdacht hatte, Make-up zu tragen, packte sie sie am Haarschopf und tauchte ihr das Gesicht in einen Eimer Schmutzwasser, um ihr die Schminke abzuwaschen. Immer bevor ich zur Schule ging, sah ich meine Barbiepuppe an und versprach mir, dass ich einmal so schön sein würde wie sie, ohne Angst haben zu müssen.

Nach meiner Entlassung aus dem Gefängnis stellte ich fest, dass meine Mutter meine Barbiepuppe weggeschmissen hatte. Vielleicht dachte sie ja, dass eine junge Frau, die als politische Gefangene inhaftiert gewesen war, so etwas Kindisches wie eine Puppe nicht mehr brauchte, aber ich vermisste sie doch sehr.

Nachdem *Ich bitte nicht um mein Leben* erschienen war, bekam ich von einer Freundin zum Geburtstag eine Barbiepuppe geschenkt. Ich hatte ihr erzählt, wie sehr ich mir als Kind eine gewünscht hatte. Meine neue Barbie ist blond. Sie hat blaue Augen und ein strahlendes Lächeln. In ihrem rosa Ballettröckchen sieht sie einfach hinreißend aus. Sie steht auf meinem Schreibtisch und leistet mir beim Schreiben Gesellschaft. Sie ist für mich das Symbol dafür, dass jedes Kind das Recht hat, Spaß an schönen Dingen zu haben, ohne Gefängnis, Missbrauch oder Folter befürchten zu müssen.

Ein Gummihaarband
für Pferdeschwanzfrisuren

Im Februar 2009, als ich an diesem Buch arbeitete und Jasmines Namen auf der Liste von Hinrichtungsopfern gelesen hatte, überfielen mich erneut Flashbacks. Die letzten lagen schon lange zurück, 2004, daher erwischte der Rückfall mich sozusagen kalt. Damals schrieb ich sieben Stunden am Tag und hielt pro Woche wenigstens zwei Vorträge. Ich hatte mir einfach viel zu viel aufgehalst, außerdem war mein Vater krank. All das führte schließlich zur vollkommenen körperlichen und emotionalen Erschöpfung.
Nachdem ich mehrere Tage hintereinander Flashbacks gehabt hatte, beschloss ich, mich an Don zu wenden. Leider war er zu jener Zeit gerade in Urlaub. Ungeduldig wartete ich auf seine Rückkehr und machte mir nicht wenige Sorgen um meine geistige Gesundheit. Sobald ich hörte, dass Don aus dem Urlaub zurück war, schickte ich ihm eine E-Mail und bat ihn um Rat. Er schrieb zurück:

Tut mir leid, dass Du so Schlimmes durchmachen musstest. Ich kenne Fälle, in denen unter Stress selbst nach vielen Jahren noch starke Flashbacks auftreten. Gewöhnlich handelt es sich dabei um Einzelfälle, die durch bestimmte Stresssituationen verursacht werden. Eine Frau aus Argentinien, deren Haft und Folterung über zwanzig Jahre zurücklagen, berichtete mir, dass sie, als sie wegen der Verteidigung ihrer Dissertation unter starkem Druck stand, einen Flashback in ihre Haftzeit hatte – während sie unterrichtete.

Ich glaube, dass Deine Flashbacks mit dem Stress, den Du im Augenblick hast, und Deiner emotionalen und körperlichen Erschöpfung zusammenhängen. Eine weitere Rolle dürfte spielen, dass die Themen, über die Du in Deinem neuen Buch schreibst, emotional stark besetzt sind. Du solltest Dir etwas Ruhe gönnen und versuchen, ein paar der Stressfaktoren abzustellen. Ich weiß, das ist natürlich immer leichter gesagt als getan, vor allem, wenn bestimmte Erlebnisse einfach über Dich hereinbrechen, ohne dass Du sie kontrollieren kannst.

Ich hoffe und gehe auch davon aus, dass diese Flashbacks nicht mehr auftreten werden. Falls doch, sag Dir, dass dies nur Flashbacks sind und nichts, vor dem Du wirklich Angst haben müsstest, dann gehen sie vorüber. Ich weiß, auch das ist leichter gesagt als getan, wenn man starke Angst empfindet.

Melde Dich auf alle Fälle bei mir, wenn es nötig sein sollte.

Nachdem ich Dons Nachricht gelesen hatte, ging es mir um einiges besser. Zu hören, dass andere Menschen durch ähnliche Erfahrungen gegangen waren, half mir, meine Perspektive wieder etwas zurechtzurücken.

Einer dieser Flashbacks, die mir solche Angst gemacht hatten, ließ sich zunächst eher harmlos an. Es verwirrte mich, dass diese Erinnerung überhaupt auftauchte, anfangs waren es auch nicht wirklich Bilder, die ich sah: Ich band mir die Haare zu einem Pferdeschwanz, hatte aber keinen Spiegel und konnte mich daher nicht sehen. Ich konnte spüren, wie meine Finger durch mein Haar glitten und dabei mein Herz raste. Diese Erinnerung beunruhigte mich, ich konnte sie aber nicht einordnen. Sie war wie ein altes, unscharfes Foto, ohne Vergangenheit oder Zukunft, herausgelöst aus dem Fluss der Zeit. Warum sollte ich Angst haben, wenn ich meine Haare zu einem Pferdeschwanz band? Ich fand keinen Schlaf mehr. Woher kam diese Erinnerung? Je mehr ich darüber nachdachte, desto öfter kam sie wieder. Dennoch wusste ich nicht, was es damit auf sich hatte. Ich beschloss zu tun, was Don mir geraten hatte: meine Angst zu kontrollieren und mir zu sagen, dass dies nichts weiter als eine Erinnerung war. Vielleicht würde ich ja ihren Ursprung entdecken, wenn ich nicht mehr so viel Angst davor hatte. Stück für Stück begann sich das Bild meiner Erinnerung zusammenzufügen. Langsam erkannte ich, wo ich mich in diesem Bild befand: in Evin, in einer Zelle in Block 209. Ich schürfte tiefer, fragte mich: »Was siehst du? Was hörst du?«

»Binde dir die Haare zusammen«, sagt Ali. »Ich will nicht, dass sie mir im Weg sind.« Er steht über mir.
Meine Hände gehen zum Kopf, mit meinen Fingern streiche ich durch meine Haare. Ich streife das Gummihaarband ab, das ich wie ein Armband ums Handgelenk trage, fasse meine Haare und binde mir einen Pferdeschwanz. Ich schließe meine Augen, die Tränen laufen mir übers Gesicht.

Die Vergangenheit holt uns mitunter auf seltsamen Wegen ein. So schnell wir auch rennen, wir können ihr nicht entkommen. Einer der Gründe, warum ich mich schließlich meiner Vergangenheit stellte, war, dass ich mir selbst beweisen musste, dass sie keine Macht über mich hatte. Der zeitliche Abstand, der zwischen meiner Entlassung aus Evin und dem Tag, da ich zu schreiben anfing, lag, wirkte wie ein Puffer, der mir eine gewisse Stabilität verlieh, wenn ich mich mit der Vergangenheit beschäftigte. Fast hatte ich schon das Gefühl gehabt, alles bewältigt zu haben. Was ich bisweilen vergaß, war, dass nichts auf dieser Welt endgültig ist. Ich hatte nie die Möglichkeit in Betracht gezogen, dass längst Vergangenes zu neuem Leben erwachen und mich heimsuchen könnte.

Im September 2009 hatte ich eingewilligt, einem in Kanada ansässigen persischsprachigen Radiosender ein Interview zu geben. Die Moderatorin der Sendung, die ich im Folgenden Setareh nennen möchte, rief mich an, um die Einzelheiten des Interviews mit mir zu besprechen. Dabei erzählte sie mir, dass sie mein Buch nicht gelesen habe, da sie Angst hatte, es würde ihr zu sehr unter die Haut gehen. Doch sie hatte meine Fernsehinterviews gesehen und Presseartikel über mich gelesen. Ich sagte ihr, dass ich ihre Haltung verstehen könne, dass ich aber der Ansicht sei, dass wir uns unserer Vergangenheit stellen müssten, wenn wir eine bessere Zukunft anstreben. Dann fragte sie, ob ich damit einverstanden wäre, wenn die Zuhörer E-Mails mit ihren Fragen an sie schickten. Ich hatte keine Einwände. Das Interview verlief gut, ich beantwortete alle Fragen, die sich kaum von denen unterschieden, die man mir bereits früher häufig gestellt hatte. Es gab allerdings einen etwas merkwürdigen Beitrag von einer Frau, die behauptete, *Ich bitte nicht um mein Leben* sei zuerst bei einem Kleinverlag erschienen, bevor Penguin das Buch ins Programm genommen habe. In dieser Erstausgabe hätte ich auf Seite 19 geschrieben, der Name meines Vaters sei Gholamreza, der meiner Mutter Roghieh, was typisch muslimische Namen seien. Mir war nicht klar, warum sie unrichtige Behauptungen hinsichtlich meines Verlegers aufstellte, doch ich vermutete, sie glaube, auf Unstimmigkeiten gestoßen zu sein. Ich sagte ihr, dass Penguin Canada die kanadische Ausgabe meines Buches besorgt habe und ich zuvor keinen anderen Verleger hatte. Dann erklärte ich ihr, dass zu Zeiten von Reza Schah, als meine Großeltern die Papiere für sich und ihre Kinder erhielten, kein iranischer Bürger einen ausländischen Namen haben durfte, selbst wenn er kein Muslim war. Ich hätte aus den Namen meiner Eltern nie ein Geheimnis gemacht. Als das Interview vorbei war, sagte Setareh, dass sehr viele E-Mails eingegangen seien, aber die Sendezeit nicht ausreiche, sie alle zu beantworten. Ich bot an, die Zuhörer könnten ihre Fragen auch an meine Pinnwand bei Facebook posten, dann würde ich sie der Reihe nach beantworten.

Als ich drei Tage später, kurz nachdem ich um halb sieben aufgestanden war, mein Facebook-Konto kontrollierte, hatte Setareh eine Nachricht an meiner Pinnwand hinterlassen. Es gebe eine »zuverlässige Quelle«, derzufolge Ali noch lebe und sich im Iran aufhalte.

Ich traute meinen Augen nicht. Ali sollte noch leben? Das war schlicht lächerlich. Schließlich war ich dabei gewesen, als er starb. Niemand konnte einen derartigen Blutverlust überleben. Er war in meinen Armen gestorben. Er war tot. Seit sechsundzwanzig Jahren tot. Ich stand auf und ging im Zimmer auf und ab. War das ein Irrtum? Ein bösartiger Angriff? Plötzlich fühlte ich einen Stich in meiner Brust. Meine Hausärztin hatte mich deswegen schon untersucht und nichts gefunden. Sie hatte mir geraten, langsam und tief zu atmen, sobald ich Schmerzen hatte. Ich setzte mich hin und befolgte ihren Rat. Danach ging es mir besser. Ich ging wieder an den Computer, um die Nachricht noch einmal zu lesen. Setareh hatte behauptet, ihre Information stamme aus einer »zuverlässigen Quelle«. Wenn sie eine derartige Nachricht hier postete, wo sie einer breiten Öffentlichkeit zugänglich war, musste sie sicher gewesen sein, dass sie stimmte. Ich hatte in den zwei Jahren viel mit Journalisten zu tun gehabt und einige auch näher kennengelernt. Sie hätten niemals eine Nachricht verbreitet, ohne vorher ausreichend recherchiert zu haben. Warum hatte sie mich nicht vorher angerufen? Warum musste ich das im Internet lesen? Mein Geist raste in die Vergangenheit zurück. Ich durchforstete alle Erinnerungen, die ich an die Nacht hatte, in der Ali starb.

Am 26. September 1983 um elf Uhr abends verabschieden Ali und ich uns von seinen Eltern und verlassen ihr Haus. Es ist kalt, daher begleiten sie uns nicht hinaus. Das Metalltor, das den Hof ihres Hauses von der Straße trennt, quietscht, als Ali es aufstößt. Das Schloss klickt vernehmlich in der Stille, als das Tor hinter uns zufällt. Wir gehen zu unserem Auto, das zwanzig oder dreißig Meter weiter an einer Stelle geparkt ist, an der die Straße etwas breiter ist. In der Ferne bellt ein Hund. Plötzlich erfüllt Motorradlärm die Nacht. Ich schaue auf und sehe ein Motorrad um die Ecke biegen und auf uns zukommen. Zwei dunkel gekleidete Gestalten sitzen darauf. Sobald ich sie sehe, weiß ich instinktiv, was geschehen wird. Auch Ali weiß es, er gibt mir einen Stoß. Ich verliere das Gleichgewicht und stürze zu Boden. Schüsse werden abgefeuert. Einen Augenblick lang, der sich zwischen Leben und Tod dehnt, schlingt eine schwerelose Dunkelheit ihren sanften, seidigen Leib um mich. Dann breitet sich ein schwaches Licht in meinen Augen aus, und ich spüre einen dumpfen Schmerz in den Knochen. Ali liegt auf mir. Ich kann mich kaum bewegen, doch ich kann mich zu Ali drehen.

»Ali, ist alles in Ordnung mit dir?«

Er stöhnt und sieht mich an, in seinen Augen Schrecken und Schmerz. Mein Körper und meine Beine fühlen sich seltsam warm an, als wäre ich in eine Decke gehüllt.

Seine Eltern kommen auf uns zugelaufen.

»Krankenwagen!«, schreie ich. »Ruft einen Krankenwagen!«

Seine Mutter rennt zurück ins Haus. Ihr weißer Tschador ist

ihr auf die Schultern gerutscht und hat ihr graues Haar ent-
hüllt. Sein Vater kniet neben uns.
»Bist du unverletzt?«, fragt mich Ali.
Mein Bauch tut ein bisschen weh, aber ich habe keine Schmer-
zen. Ich bin überströmt von seinem Blut.
»Mir fehlt nichts.«
Ali greift nach meiner Hand. »Vater, bring sie zu ihrer Familie
zurück«, bringt er mit Mühe heraus.
Ich drücke ihn an mich. Sein Kopf liegt an meiner Brust. Hät-
te er mich nicht gestoßen, wäre auch ich getroffen worden.
»Gott, bitte, lass ihn nicht sterben«, schreie ich.
Er lächelt.
Ich hatte ihn gehasst, ich hatte versucht, ihm zu vergeben,
und vergeblich hatte ich versucht, ihn zu lieben.
Er ringt um Atem. Seine Brust hebt und senkt sich, dann hält
sie in der Bewegung inne. Die Welt dreht sich weiter, doch uns
hat sie zurückgelassen. Wir stehen auf unterschiedlichen Sei-
ten einer unüberwindlichen Kluft. Ich möchte die Hand aus-
strecken in die dunklen Tiefen des Todes und ihn zurückholen.
Das blinkende Licht des Krankenwagens … Ich spüre einen
stechenden Schmerz im Unterleib … Und dann löst die Welt
um mich herum sich in Dunkelheit auf.

Ich hatte mich wieder auf mein Bett gesetzt und versuchte,
langsam und tief zu atmen. Ali lebte noch? Warum sollte er so
etwas abziehen? Warum würde er ein solches Risiko eingehen, nur um zu verschwinden, nach allem, was passiert war?
So tun, als sei er tot? Ali *war* tot. Ich war da, ich hatte es mit
eigenen Augen gesehen. Wäre es möglich, dass sie ihn wieder-
belebt hatten, nachdem ich ohnmächtig geworden war? Nach
der Schießerei hatte man mich erst ins Krankenhaus und dann
ins Gefängnis gebracht. Monatelang hatte ich zu niemandem

Kontakt außer zu seiner Familie. Ich war immer noch in Haft, und seine Familie hätte mich im Dunkeln lassen können, wenn sie das gewollt hätte. Doch ich sah, wie sie um ihn trauerten. Ich sah ihre Tränen, wurde Zeugin ihres Schmerzes und ihrer Qual. So etwas kann niemand vortäuschen. Niemand.

Ich beruhigte mich wieder ein bisschen. Aber ich musste die Wahrheit wissen, und zwar die ganze Wahrheit. Ich beschloss, Setareh eine E-Mail zu schicken. Ich setzte mich an meinen Computer und fing an zu schreiben. Ich wollte Beweise von ihr. Woher hatte ihre Quelle diese Information? Kannte die Person, die behauptete, Ali sei noch am Leben, ihn persönlich? Hatte der oder die Betreffende ein Foto neueren Datums von Ali? Es schnürte mir die Brust zusammen. Ich musste langsam atmen und eine Pause einlegen. Sollte ich Andre im Büro anrufen und ihm alles erzählen? Nein. Das war eine verrückte Idee. Was hätte ich ihm erzählen sollen? Ich musste warten, bis ich Beweise hatte.

Der Tag verstrich im Zeitlupentempo. Obwohl mich selbst die einfachsten Aufgaben überforderten, erledigte ich meine Pflichten, so gut ich konnte. Ich fuhr meinen Sohn zur Schule und ließ mir erzählen, was er heute alles vorhabe. Außerdem hatte ich an diesem Vormittag Yoga, die erste Stunde im Herbstsemester. Nachmittags besuchte ich meinen Vater, wie ich es ihm versprochen hatte. Wir hatten uns seit zehn Tagen nicht mehr gesehen, weil ich die Woche zuvor unterwegs gewesen war.

Als ich wieder zu Hause war, rief ich als Erstes meine E-Mails ab. Nichts. Mein Herz raste. Ich musste mit jemandem reden, doch von meiner Familie kam niemand in Frage. Erst musste ich eindeutige Beweise haben. Warum sollte ich sie mit einer Behauptung beunruhigen, die sich vielleicht als völlig falsch herausstellen könnte? Wen könnte ich anrufen? Steve. Ich musste Steve anrufen. Ich wusste, dass er im Augenblick arbeitsmäßig ziemlich eingespannt war, also berichtete ich ihm kurz per E-Mail, dass jemand behauptet habe, Ali sei noch am Leben, und bat ihn, mich anzurufen. Am frühen Nachmittag meldete er sich bei mir.

»Hallo, Marina«, sagte er, und seine Stimme klang besorgt.

»Ich kann selbst nicht glauben, dass ich die Möglichkeit überhaupt in Betracht ziehe, aber was ist, wenn er wirklich noch lebt?«

»Marina, halten wir uns einfach mal an die Fakten. Du warst dabei, als er starb. Journalisten ziehen manchmal solche Nummern ab. Einige Journalisten, sicher nicht alle, stürzen sich auf eine Information, ohne sie vorher auf ihren Wahrheitsgehalt zu überprüfen, einfach weil sie eine gute Geschichte abwirft. Diese Frau hätte dich vorher anrufen müssen. Vor allem hätte sie diese Nachricht nicht einfach auf Facebook posten dürfen. Das ist total unverantwortlich.«

»Aber wäre es rein theoretisch nicht möglich, dass sie ihn reanimiert haben, nachdem ich ohnmächtig geworden bin, und er untergetaucht ist, weil man ihn umbringen wollte?«

»Vielleicht. Aber denkst du nicht, dass er dann versucht hätte, Kontakt zu dir aufzunehmen? Immerhin hat er dich geliebt. Glaubst du wirklich, er hätte sich all die Jahre von dir fernhalten können?«

»Nein.«

»Angenommen, Ali lebt tatsächlich noch. Was wäre das Schlimmste, was passieren kann?«

»Keine Ahnung. Vermutlich nichts.«

»Schreib dieser Journalistin und besteh darauf, dass sie dir ihre Quelle nennt. Das ist sie dir schuldig.«

»Ich habe ihr schon geschrieben. Aber ich schreibe ihr noch einmal. Aber wenn Ali noch lebt … Steve, weißt du, was das bedeuten würde? Ich wäre mit zwei Männern verheiratet!

Was soll ich Andre dann sagen? Er hat meinetwegen schon so viel durchgemacht. Er war immer so gut …«

»Marina, du bist nicht mit zwei Männern verheiratet. Du hast nicht dein Einverständnis gegeben. Man hat dich gezwungen. Die Heirat mit Ali ist juristisch nicht gültig.«

»Ich weiß, ich weiß. Aber er glaubte, dass ich seine gesetzlich angetraute Frau sei. Nach iranischem Recht war ich das auch …«

»Ist Andre eher der eifersüchtige Typ?«

»Ja. Ziemlich sogar. Aber Steve, versetz dich mal in seine Lage. Wie würde es dir gehen, wenn du herausfindest, dass deine Frau mit einem anderen Mann verheiratet war?«

»Wenn sie durch die Hölle gegangen wäre, durch die du gegangen bist, dann würde ich sie unterstützen.«

»Ich werde trotzdem warten, bis ich Beweise habe. Ich muss Andre schützen.«

»Aber wird er so nicht eher das Gefühl haben, du willst etwas vor ihm verheimlichen? Ich als Mann möchte lieber die Wahrheit wissen.«

»Ich kann ihm das jetzt nicht zumuten. Andre ist manchmal ein bisschen paranoid. Er glaubt sonst noch, dass Ali sich bei unseren Nachbarn im Schuppen versteckt und auf eine Gelegenheit wartet, mich zu entführen oder so etwas.«

»Tatsächlich?«

»Tatsächlich.«

»Ruf diese Journalistin an. Ihre Information beruht wahrscheinlich nur auf Hörensagen. Du musst ihre Quelle überprüfen.«

»Falls Ali noch lebt, soll ich dann mit ihm reden?«

»Auf gar keinen Fall!«

»Nein, wohl besser nicht. Aber es gibt noch so vieles, das ich ihn fragen müsste. Zum Beispiel, warum er alle diese Dinge getan hat.«

Ich erzählte Steve von meinem Flashback mit dem Pferdeschwanz. Ich wollte, dass Ali erfuhr, was er mir angetan hatte. Aber könnte ich es ertragen, in einem Raum mit ihm zu sein? Nein. Könnte ich es ertragen, seine Stimme am Telefon zu hören? Nein.

»Steve, falls diese Nachricht stimmt«, sagte ich, »dann werde ich Nonne. Eine von diesen Einsiedlernonnen, die in einem abgeschiedenen Kloster auf einem Berg oder so leben …«

Er lachte.

»Marina, halt dich an deinen logischen Verstand. Ich weiß, es gibt immer irgendeine Verschwörungstheorie oder ein ›Was, wenn …‹. Doch du hast gesehen, was du gesehen hast.«

»Ja. Ich habe gesehen, was ich gesehen habe.«

Steve hatte recht. Ich musste mich an meinen logischen Verstand halten. Das Problem war nur, dass ich auch Emotionen hatte. Wenn Vernunft und Emotionen friedlich koexistieren, dann ist das kein Problem. Wenn sie sich aber in die Wolle geraten, dann gibt es eine explosive Entladung. Fakt ist, dass das, was mir im Iran widerfahren war, nichts mit Logik zu tun hatte. Warum also sollte die Reaktion darauf logisch sein? Ich schrieb noch einmal an Setareh: Wenn sie eine »zuverlässige Quelle« habe, so möge sie mir doch konkrete Beweise schicken.

Dann machte ich mich daran, das Abendessen zuzubereiten. Meine Gedanken kreisten die ganze Zeit um Ali. Ich hatte mir nicht gewünscht, dass er stirbt. Nie in meinem Leben hatte ich einem anderen Menschen den Tod gewünscht. Doch sein Tod war eine Tatsache, die ich akzeptiert hatte und nicht ändern konnte. Ich dachte noch einmal über die Möglichkeit nach, die ich Steve gegenüber erwähnt hatte: Was, wenn die Sanitäter Ali nach der Schießerei reanimiert haben? Vielleicht hatte er beschlossen, die Gelegenheit zu nutzen, um mich gehen zu lassen. Er wusste, dass er mich unglücklich machte. Er wusste, dass ich ihn nicht liebte. Er hatte geglaubt, dass ich mich irgendwann an ihn gewöhnen, ja mich sogar in ihn verlieben könnte. Wenn er nun im Angesicht des Todes begriffen hatte, dass es dazu niemals kommen würde … Wenn er sich entschlossen hatte, das einzig Richtige zu tun?

Wenn das stimmte, würde das bedeuten, dass er mich wirklich liebte – mehr, als ich je für möglich gehalten hatte.

Ich spürte ein Gefühl der Panik in meiner Brust. Ein heilloser Schrei schwoll in meinem Hals. Ich rannte ins Bad und drehte die Dusche auf. Mit einem Handtuch bedeckte ich mein Gesicht und schrie los. Thomas war in seinem Zimmer und spielte Videospiele, so konnte er mich nicht hören.

Als meine Schreie zu einem Schluchzen verebbten, zog ich mich aus und stellte mich unter die Dusche. Ali hätte mich nie gehen lassen. Er war ein Folterer … aber er war auch ein Opfer gewesen.

»Ali ist tot«, sagte ich. »Er ist in meinen Armen gestorben.«

Das warme Wasser mischte sich mit meinen Tränen und lief mir in den Mund. Ich spuckte aus. Ich konnte den Gedanken nicht ertragen, dass Ali um meinetwillen ein solches Opfer gebracht haben könnte. Er hatte nicht das Recht, so gut zu sein. Wie würde ich dann dastehen? Ich war entsetzt bei dem Gedanken, dass Ali vielleicht ein besserer Mensch war, als ich dachte, und dieser Gedanke drückte mir das Herz ab. War ich ihm gegenüber grausam gewesen? Warum verlor ich schier den Verstand wegen bloßer Vermutungen? Warum hatte ich derartige Schuldgefühle?

Mit tropfnassen Haaren setzte ich mich wieder an meinen Computer und starrte den Bildschirm an. Ein paar Minuten später kam eine E-Mail von Setareh herein:

Liebe Marina!
Ich habe Ihnen diese Nachricht nur weitergeleitet. Bitte glauben Sie
mir, dass ich Ihnen diese Information genau in der Form gegeben
habe, wie ich sie bekommen habe. Ich hätte nicht gedacht, dass sie
Sie so beunruhigen würde. Ich habe Ihre Mail [an die betreffende
Person mit der Bitte um konkrete Beweise] weitergeleitet. Seien Sie
versichert, dass ich Sie informieren werde, sobald ich etwas Neues
erfahre.
Bitte regen Sie sich nicht auf.
Mit freundlichen Grüßen
Ihre Setareh

Wie sollte ich mich *nicht* aufregen?
Ein halbe Stunde später kam ihre zweite Nachricht:

Liebe Marina!
Die betreffende Person sagt nun, niemals behauptet zu haben,
dass Ali noch lebe. Ich kann es kaum glauben. Was soll ich dazu
sagen? Ich hatte Ihnen die Information weitergeleitet, wie ich sie
von diesem Zuhörer bekommen habe. Nun behauptet er, einen
ganz anderen Vernehmungsbeamten gemeint zu haben. Ich bin
wirklich entsetzt. Ich habe meine Nachricht sofort von Ihrer
Pinnwand [auf Facebook] genommen. Ich bedaure sehr, dass Sie
solche Unannehmlichkeiten hatten. Ich habe einfach nur eine
Nachricht weitergegeben.

Ihre »zuverlässige Quelle« war also ein Zuhörer, den sie nicht
einmal kannte? Jetzt brauchte ich irgendetwas Starkes zum
Trinken. Dann ging ich zu Bett. Ich zitterte am ganzen Leib.
Es gibt Ereignisse, die unser ganzes Leben umkrempeln, und
in meinem Leben gab es einige davon: Das erste war die Islamische Revolution im Iran, das zweite meine Inhaftierung in

Evin, die Heirat mit Ali das dritte und sein Tod das vierte. Als ich nach seinem Tod wieder nach Hause kam, baute ich mein neues Leben auf der Tatsache auf, dass Ali tot war. Plötzlich war ich nach sechsundzwanzig Jahren mit der – wenn auch nicht sonderlich wahrscheinlichen – Möglichkeit konfrontiert, dass er vielleicht lebte. Und meine ganze Welt stürzte in sich zusammen wie ein Kartenhaus. Ich hatte das Gefühl, plötzlich keinen Boden mehr unter den Füßen zu haben und ins Ungewisse zu stürzen. Ich hatte die Kontrolle verloren.

Ich brauchte ein paar Tage, um meine Gedanken zu ordnen und wieder einen klaren Kopf zu bekommen. Ich ging aus dieser Erfahrung mit einem neuen Verständnis für die Macht der Vergangenheit hervor. Ich hatte erfahren, wie die Vergangenheit im Handumdrehen zur Gegenwart werden und allem ihren Stempel aufdrücken konnte. Sicher, ich hatte mich meiner Vergangenheit und meinen Dämonen gestellt, und doch musste ich mir ins Gedächtnis rufen, dass auf dem Weg, den ich noch zu gehen habe, mich weitere Gefahren erwarten konnten.

Ich ging ins Badezimmer und fand dort ein Gummihaarband. Ich trug die Haare jetzt zwar kürzer, aber ich konnte sie immer noch im Nacken zusammenbinden. Mit zitternden Händen streifte ich mir den Haarring übers rechte Handgelenk, sah mein Bild im Spiegel an und band mir einen Pferdeschwanz. Trotz meiner Momente der Schwäche, trotz der Tatsache, dass ich aus vielen Kämpfen als Verliererin hervorgegangen war, war ich meiner Vergangenheit ein würdiger Gegner. Schließlich stand ich immer noch. Tränen liefen mir die Wangen hinunter. Aber das war in Ordnung. Es sah ja keiner.

Ich hörte, wie ein Schlüssel in der Eingangstür umgedreht wurde. Andre war zu Hause.

Danksagung

Als Erstes möchte ich Margaret MacMillan danken für ihre freundliche Unterstützung. Sie hat mir Türen geöffnet, von denen ich gar nicht wusste, dass sie existieren. Margaret, ich stehe für immer in Ihrer Schuld.

Ein herzliches Dankeschön geht auch an John Fraser, der mir ein Stipendium am Massey College verschafft hat, sowie an Peter Munk und die Area Foundation, deren großzügige Förderung es mir ermöglicht hat, mich ein Jahr lang ganz der Arbeit an diesem Buch zu widmen.

Diane Turbide, meine Verlegerin und Freundin: Es vergeht kein Tag, an dem ich nicht Gott danke, dass es dich gibt. Du hast die erstaunliche Fähigkeit, meinen Weg zu erhellen, wenn ich in die Irre gehe. Du hast das Potenzial in diesem Buch gesehen, als es noch ein fragmentarisches Rohmanuskript war. Danke, dass du an mich geglaubt hast.

Beverly Sotolos: Sie sind die sorgfältigste Lektorin, die ich je hatte. Danke für Ihre akribische Aufmerksamkeit fürs Detail, für Ihre Geduld und dafür, dass Sie immer für mich da waren.

Des Weiteren gilt mein Dank dem Team von Penguin Canada. Sie alle sind für mich wie eine zweite Familie geworden.

Beverly Slopen: Du bist für mich viel mehr als nur meine Agentin. Danke für deine klugen Ratschläge und deine wertvolle Freundschaft.

Schwester Mary Jo Leddy: Danke, dass du versucht hast, Anamy zu helfen. Und danke, dass du deine Bücher, Gedanken, Rezepte und Geschichten mit mir getauscht hast.

Steve: Durch unsere Freundschaft habe ich viel über die Welt und über mich selbst gelernt. Danke, dass du immer da warst, für deine E-Mails, die meinen Gedankenfluss angeregt haben, für deinen Rat, deine lustigen Witze, deine Gedichte – dafür, dass du du bist. Danke, dass du die Frühfassung meines Manuskripts gelesen hast. Deine Kommentare und deine redaktionellen Tipps waren mir eine große Hilfe. Deine Freundlichkeit, dein Mitgefühl, deine Kraft und Menschlichkeit machen die Welt zu einem besseren Ort.

Danke auch an all meine Freunde an der School of Continuing Studies der Universität Toronto, vor allem an Nory Siberry, Lee Gowan, Ed Carson und Marilynn Booth: Eure fortgesetzte Freundschaft und Unterstützung bedeuten mir sehr viel. Danke, dass ihr mir dieses Gefühl von Gemeinschaft und Zugehörigkeit gebt.

Liebe Elena: Du bist eine meiner besten Freundinnen, obwohl wir uns noch nie begegnet sind! Danke für deine erhebenden E-Mails, die mich zum Lachen bringen, wenn ich eine Aufmunterung brauchen kann. Danke für deine Tipps. Ohne deine Hilfe hätte ich dieses Buch nicht in eine sinnvolle Form gebracht.

Martha, meine begabte und fleißige Freundin: Danke für die Barbiepuppe, die du mir geschenkt hast, und für die fröhlichen Momente, die du in mein Leben bringst.

E. H., meine lange Zeit verschollene Schulfreundin. Danke, dass du mich gesucht hast und dich an all die kleinen Dinge erinnerst, von denen ich nie geglaubt hätte, dass sie noch jemand weiß. Und vielen, vielen Dank an all meine Mitschüler von der Anooshiravan-eh Dadgar Highschool, die mir geschrieben haben. Wie ein paar von euch gesagt haben, sind wir alle Überlebende. Unsere Träume hatten sich in Alpträume verwandelt, aber wir haben nicht aufgegeben. Ich hoffe, wir können eines Tages ein Klassentreffen veranstalten und unserer toten Freunde gedenken. Wir tragen sie in unseren Herzen und in unseren Gedanken. Ihr Mut und ihr Opfertod sind wie ein Licht, das für immer leuchten wird.

Mein lieber A. R.: Ich werde dich immer in meinem Herzen tragen, und ich wünsche dir alles Glück dieser Welt. Ich wünsche mir, dass wir uns nie wieder aus den Augen verlieren. Du bist immer ein wahrer Freund gewesen, auch wenn unsere Wege sich getrennt haben.

Danke auch an Crystal Loszchuk. Die Sängerin und Liedermacherin aus Calgary schrieb mir im Jahr 2008 eine E-Mail. Ich hatte sie vorher nicht gekannt. Die Lektüre von *Ich bitte nicht um mein Leben* hatte sie dazu inspiriert, für die politischen Gefangenen im Iran ein Lied zu schreiben: *Lift Your Voice.* Eine Aufnahme dieses Liedes war als Attachment an ihre E-Mail gehängt. Als ich es anhörte, hatte ich Tränen in den Augen. Das Lied war wunderschön. Später besuchte Crystal mich in Toronto und sang ihr Lied, als ich einen Vortrag an einer Highschool hielt. *Lift Your Voice* ist mittlerweile auf iTunes erhältlich. Crystal, ich weiß nicht, wie ich dir danken soll. Du bist eine wunderbare, begabte junge Frau mit einem großen Herzen.

Botschafter Alex Himelfarb, Nicoletta Barbarito, Simonetta d'Aquino Allder, Peter Egyed und allen anderen Mitarbeitern der Kanadischen Botschaft in Rom: Danke für Ihre Hilfe, Ihren Einsatz und Ihre Gastfreundschaft, die meinen Romaufenthalt zu einer bleibenden Erinnerung gemacht haben.

Botschafterin Renata E. Wielgosz, Zoe Delibasis, Denys Tessier und allen anderen Mitarbeitern der Kanadischen Botschaft in Athen: Ohne Ihre Hilfe wäre es mir unmöglich gewesen, nach Griechenland zu reisen. Danke für Ihre freundliche und fürsorgliche Unterstützung.

Mein aufrichtiger Dank gilt ferner der Foreign Affairs and International Trade Canada und dem Canada Arts Council, die mir Reisekostenzuschüsse gewährt haben.

Es ist nicht leicht, mit mir zu leben, und ohne die Unterstützung und Geduld meines Mannes und meiner Kinder hätte ich nie schreiben und auf Reisen gehen können. Sie sind mir Säulen der Kraft und Hoffnung, und ich liebe und schätze sie mehr, als sie sich vorstellen können.

Und nicht zuletzt möchte ich mich bei all meinen Lesern bedanken, vor allem bei denen, die mir geschrieben haben oder die zu meinen Vorträgen gekommen sind, um mir zu sagen, dass meine Arbeit etwas bewirkt hat. Was könnte sich ein Schriftsteller mehr wünschen?

Anmerkungen

1 Der Tschador ist eine Art Umhang, den die iranischen Frauen in der Öffentlichkeit tragen. Das Tragen des Tschadors ist eine der Möglichkeiten, wie Musliminnen den islamischen Kleidungsvorschriften, bekannt als Hidschab, Genüge tun können. Der Tschador bedeckt den Körper der Frau zur Gänze, so dass nur das Gesicht sichtbar bleibt.

2 Der Koran, aus dem Arabischen von Max Henning, überarbeitet von Murad Wilfried Hofmann, Kreuzlingen/München 2001.

3 *Ich bitte nicht um mein Leben* ist im Original unter dem Titel »Prisoner of Tehran« 2008 erschienen.

4 Was sie vermutlich nicht sofort tat, sondern erst ein paar Jahre später.

5 Übersetzung aus dem Persischen.

6 Wie *agha* bedeutet auch das Wort *khan* im Persischen »Herr«. Dabei steht *agha* gewöhnlich (nicht immer) vor dem Namen, *khan* jedoch immer danach.

7 Reis mit Rinderhack.

8 Imre Kertész, Roman eines Schicksallosen, Reinbek 2009, S. 381 f.

9 In *Ich bitte nicht um mein Leben* berichte ich unter anderem, wie gern ich vor meiner Haft englischsprachige Bücher gelesen hatte.

10 Eliz Sanasarian, *Religious Minorities in Iran*, Cambrigde 2000, S. 85.

11 Siehe Seite 6 des Berichts »Discrimination against Religious Minorities in Iran«, vorgelegt von der *Fédération Internationale des Ligues des Droits de l'Homme* (FIDH – Internationale Föderation für Menschenrechte) und der *Ligue de Defénse des Droits de l'Homme en Iran* (Liga zur Verteidigung der Menschenrechte im Iran), 63. Sitzung des Komitees zur Beseitigung rassistischer Diskriminierung, August 2003 (http://www.fidh.org/IMG/pdf/ir0108a.pdf).

12 Medjugorje ist ein Ort im Westen von Bosnien-Herzegowina. Er wurde weltweit bekannt durch Berichte von Marienvisionen, die sechs Jugendliche, beginnend mit dem 24. Juni 1981, dort gehabt haben sollen.

13 Sanasarian, *Religious Minorities in Iran*, S. 40.

14 http://www.eslam.de/manuskripte/verfassung_iri/kapitel01.htm

15 Sanasarian, *Religious Minorities in Iran*, S. 77.

16 Aus einem Brief von Diane Ala'i, Sprecherin der Internationalen Bahai-Gemeinde am Sitz der Vereinten Nationen in Genf.

17 Giuliana Sgrena, *Friendly Fire. Als Geisel zwischen den Fronten*, Berlin 2006.

18 *Lanaat Abad.*

19 *Golzar-eh Khavaran.*